高职高专“十二五”规划教材

企业会计综合实训

主　编　杨　瑜　郑　军　刘　蓉
副主编　江　姗　程华安　苏效圣

南京大学出版社

内容提要

本书包括了3家制造业公司12月的经济业务内容，每家公司按出纳、会计、业务员岗位设计会计业务。学生按照3人一组，通过预设的经济业务，并按照划定各岗位在经济业务中的职责，处理经济业务。在业务的处理过程中，产生原始凭证，通过制单、签证、传递凭证、记账、审核、结账、编制报表等，完成会计业务处理的过程。本书可供学生按3人或3人的倍数组成实习小组，进行分岗模拟实训。每一个企业的业务完成后，学生进行轮岗。完成本书的全部任务后，每个学生都能完成每个岗位的实训。

本书适合财经类各专业高职高专学生作为实训教材选用。

图书在版编目(CIP)数据

企业会计综合实训 / 杨瑜，郑军，刘蓉主编. -- 南京：南京大学出版社，2015.8（2017.8重印）
高职高专"十二五"规划教材
ISBN 978-7-305-15686-1

Ⅰ. ①企… Ⅱ. ①杨… ②郑… ③刘… Ⅲ. ①企业管理—会计—高等职业教育—教材 Ⅳ. ①F275.2

中国版本图书馆CIP数据核字(2015)第191270号

出版发行 南京大学出版社
社　　址 南京市汉口路22号　　邮　编 210093
出 版 人 金鑫荣

丛 书 名 高职高专"十二五"规划教材
书　　名 企业会计综合实训
主　　编 杨　瑜　郑　军　刘　蓉
责任编辑 谢　云　王抗战　　编辑热线 025-83597087

照　　排 南京南琳图文制作有限公司
印　　刷 南京京新印刷有限公司
开　　本 787×1092　1/16　印张 16.5　字数 408千
版　　次 2015年8月第1版　2017年8月第2次印刷
ISBN 978-7-305-15686-1
定　　价 35.00元

网址：http://www.njupco.com
官方微博：http://weibo.com/njupco
官方微信号：njupress
销售咨询热线：(025) 83594756

前　言

会计的综合实训通常有三种实训方式:混岗实训、分岗实训、轮岗实训。

混岗实训是最常见的方式。这种方式的优点是学生能训练会计工作的各个环节,组织比较简单。这种方式的缺点是每一个实训学生包办实训企业所有的会计工作,不符合企业的实际情况,也不能体现会计内部控制制度的特色,不能锻炼学生的团队配合精神,且所有实训学生最后完成的实训资料相同,这也助长了学生中等、靠、抄的行为。

分岗实训是在实训中设置了如出纳、会计等岗位,学生在实训中分别承担某一个岗位的工作。这种方式的优点是符合企业的实际情况,体现了会计内部控制制度的特色,锻炼学生的团队配合精神。但缺点是每个学生只能实训到某个岗位的工作,无法锻炼多岗位技能。且会计各岗位的工作量、难度差异较大,学生实训的量和难度都无法统一,成绩评定不公平。

轮岗实训是在实训中学生在不同时间承担不同会计岗位的工作,这种方式克服了分岗实训无法锻炼多岗位技能的缺点。但这种方式的不足之处在于,学生无法实训到一个会计岗位完整的工作周期。

本书所设计的实训方式是将会计综合实训由实训一个企业一个会计周期的方式改为实训多个企业一个会计周期的方式,将分岗实训和轮岗实训相结合。其具体的思路是:提供三个制造业企业12月份的完整会计资料,在每个企业中设置了出纳、会计、业务员三个岗位,可供学生按3人或3人的倍数组成实习小组,进行分岗模拟实训。每一个企业的业务完成后,学生进行轮岗。在完成全部实训任务后,每个学生都能完成每个岗位在一个会计期间完整的会计实训。

本书的特点主要是:

1. 将分岗实训与轮岗、混岗实训相结合。本书可以提供以下模拟实训的模式:

(1) 单个学生的混岗实训,在这种模式下,本书相当于提供了3套模拟实训的资料。

(2) 在每一个实习周期中安排3人或3人倍数一组的分岗实训,在一个实习周期结束后,进入下一个实习周期时,原小组成员进行岗位轮换,三个实习周期完成后,每个学生都进行了各个岗位实训。

(3) 如果学生的水平足够,也可以同时进行三个企业的业务,即每个学生同时在不同的企业中担任不同的岗位。在同一时间,每个学生同时担任3个不同企业的不同会计岗位。

2. 本书在编制的过程中每个环节都进行了业务流程及岗位责任的描述，可以极大地减轻实习指导教师在组织分岗实习时的工作量，保证实习程序的流畅。

本书由重庆工业职业技术学院杨瑜、广西经济管理干部学院郑军、重庆工业职业技术学院刘蓉担任主编，由重庆工业职业技术学院江姗、湖南大众传媒职业技术学院程华安、重庆工业职业技术学院苏效圣担任副主编。

对肖珍、左斌、张丽萍、段莉远、刘礼鹏、罗文凯为本书出版付出的辛勤劳动表示衷心的感谢。

由于编者水平有限，书中难免存在疏漏和不妥之处，敬请使用本书的师生与读者批评指正，以便修订时改进。

编　者

2015年5月

企业会计综合实训实施方案

会计轮岗实训是基于工作过程开设的一门实践教学过程。实施本课程的教学对学生、教师、教学条件都有一定的要求。

一、会计轮岗实训实施要求

（一）会计轮岗实训对学生的要求

会计轮岗实训，是学生在具有仿真环境中所进行的实作训练。在每一个实习周期中安排3人或3人倍数一组的分岗实训，每个学生都被确定在不同公司的不同岗位，一人一岗，进行相对独立和互相配合的会计操作。在一个实习周期结束后，进入下一个实习周期时，原小组成员进行岗位轮换，三个实习周期完成后，每个学生都进行了各个岗位实训。因此，进入会计轮岗实训之前，学生必须学完会计基础、会计基础实训、财务会计等课程。

（二）会计轮岗实训对教师的要求

会计轮岗实训中教师的主要职责是组织指导，而非系统的课程讲授。因此对教师的要求更高，担任会计轮岗实训指导的教师，应该具备深厚的会计理论知识和熟练的会计操作技能，更重要的是具备会计工作的组织能力。

（三）会计轮岗实训对教学条件的要求

会计轮岗实训教学必须具备的教学条件包括实训场地、实训教材、实训用品。

实训场地为会计手工实训室，为3人台位或6人台位，每台位按照实习公司的名字和人员岗位，制作座签。准备必要的实训用品。

二、会计轮岗实训岗位职责

（一）出纳岗位职责

出纳的岗位职责：负责现金的收付和保管、支票的签发和银行结算业务，负责库存现金日记账、银行存款日记账的开立、登记、结账等工作。

在会计轮岗实训中，出纳主要负责以下工作：

（1）严格按照现金管理制度办理现金的收付业务，填制相关现金收付凭证。

（2）严格按照银行结算纪律和结算原则办理银行结算业务，填制相关银行结算凭证。

(3) 开立库存现金日记账、银行存款日记账，根据审核无误的记账凭证登记库存现金日记账、银行存款日记账，做到日清月结、账款相符。

(4) 登记“原材料”“周转材料”“库存商品”等物资明细账。

(5) 其他相关工作。

(二) 会计岗位职责

会计的岗位职责：负责记账凭证的编制，总账及部分明细账的开立、登记、结转工作，科目汇总表和会计报表的编制工作。

在会计轮岗实训中，会计主要负责以下工作：

(1) 全面组织财务科的工作，负责各岗位的分工协作。

(2) 审核原始凭证，保证原始凭证的真实性、合理性与合法性。

(3) 根据审核无误的原始凭证，编制记账凭证。

(4) 根据记账凭证，登记相关明细账。

(5) 每10天，汇总编制科目汇总表。

(6) 根据审核无误的科目汇总表登记总账。

(7) 完成月末的对账和结转工作。

(8) 编制会计报表。

(9) 其他相关工作。

(三) 业务员岗位职责

业务员岗位职责：按照经济业务的要求，以不同的身份填制各种原始凭证，完成凭证的传递工作和其他相关工作。

三、会计轮岗实训操作组织建议

本课程大纲的学时安排为会计轮岗实训的组织和节奏安排的建议意见，由于学生的水平不一样，不可能做到所有学生的实际操作进度完全一致。

目　录

财务会计轮岗实训教程一
江城贝尔食品有限公司

任务一　江城贝尔食品有限公司概况

一　江城贝尔食品有限公司性质、注册资金及经营范围

（一）公司性质：私营股份制制造业企业

（二）注册资金：人民币 920 万元

江城贝尔食品有限公司股东名册　　　　单位：万元

股东	出资额	所占股份比例	出资方式	备注
罗文林	300	32.60%	现金	董事长
田毅	100	10.87%	现金	总经理
胡华	100	10.87%	现金	
黄慧	70	7.61%	现金	
李林	70	7.61%	现金	
谢平	70	7.61%	现金	
刘宇	70	7.61%	现金	
徐辉	70	7.61%	现金	
邓加	70	7.61%	现金	
合计	920	100%		

（三）法人代表：罗文林（董事长）

（四）主营业务：生产销售沙琪玛及饼干

（五）纳税人登记号：170138759871211（增值税一般纳税人）

（六）公司注册地址及电话：江城市人民南路 128 号，68678888

（七）公司开户情况：

1. 基本存款账户：中国银行江城市分行高新支行　账号：6322 1212 0005 5599
2. 证券资金账户：万达证券公司　账号：538661788

二　江城贝尔食品有限公司内部组织机构

江城贝尔食品有限公司在册职工共 100 人。公司设董事会为最高决策机构，第一大股东

罗文任董事长，为公司的法人代表。田毅为总经理，负责公司日常经营活动。设有供应部、生产部、市场部、人力资源部、行政部、财务部6个管理部门。供应部下设材料仓库，市场部下设库存商品仓库。生产部下设沙琪玛车间、饼干车间两个封闭式生产车间，分别生产鸡蛋沙琪玛、芝麻沙琪玛、夹心饼干、巧克力饼干4种产品。

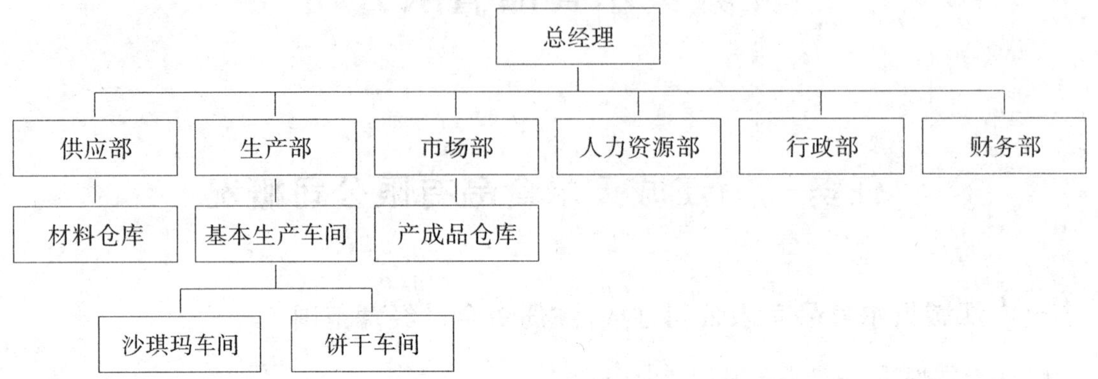

三　江城贝尔食品有限公司会计核算组织程序

江城贝尔食品有限公司实行公司、车间二级会计核算。

江城贝尔食品有限公司采用科目汇总表会计核算组织程序，即根据记账凭证定期编制科目汇总表，再根据科目汇总表登记总账。具体处理程序如下：

1. 按照业务发生的时间顺序取得或填制原始凭证，根据原始凭证编制汇总原始凭证并进行审核。

2. 根据审核无误的原始凭证或汇总原始凭证，编制通用记账凭证。

3. 根据记账凭证及所附原始凭证逐笔登记现金日记账、银行存款日记账。

4. 根据原始凭证、汇总原始凭证和记账凭证，逐笔登记各种明细分类账。

5. 根据记账凭证分旬汇总编制科目汇总表(12月31日业务单独编制科目汇总表)。

6. 根据科目汇总表登记总账。

7. 期末结账后，总账与所属明细分类账的余额、总账与现金日记账、银行存款日记账的余额核对相符。

8. 期末，根据总账和明细账的记录，编制财务报表。

四　江城贝尔食品有限公司相关会计核算制度

(一) 资产业务核算

1. 货币资金核算

本公司库存现金限额为5 000元，超过限额的现金应及时送存银行。公司每笔现金收支，由会计编制记账凭证，以进行总分类核算；由出纳根据审核后的记账凭证及所附原始凭证，按照业务发生的先后顺序逐日逐笔序时登记库存现金日记账。每日终了，结出库存现金日记账余额，与现金实际数进行核对，做到账实相符。月份终了，“库存现金日记账”余额必须与“库存现金”总账余额核对相符。

公司每笔银行存款收支，由会计编制记账凭证，以进行总分类核算；由出纳根据审核后的记账凭证及所附原始凭证，按照业务发生的先后顺序逐日逐笔序时登记银行存款日记账。每日终了，结出银行存款日记账余额。“银行存款日记账”每月定期与“银行对账单”核对，据以编制“银行存款余额调节表”。月份终了，“银行存款日记账”余额必须与“银行存款”总账余额核对相符。

2. 坏账准备核算

应收账款减值损失采用备抵法核算。本公司于每年年末采用应收账款余额百分比法提取坏账准备，计提比例为年末应收账款余额的0.5%。实际发生坏账损失时，直接冲减已计提的坏账准备。

3. 存货核算

本公司原材料采用计划成本核算。供应部采购后计算原材料的实际成本，材料仓库按计划成本入库，结转入库材料的成本差异。材料仓库按计划成本发出原材料，月末统一结转发出材料的计划成本和成本差异。所有原材料统一计算材料成本差异。

公司周转材料分为包装物和低值易耗品两类，均采用实际成本计价核算，发出时按先进先出法计价。包装物主要为生产过程领用，构成产品成本，发出时采用一次摊销法结转成本。低值易耗品为劳保用品，发出时采用五五摊销法结转成本。

库存商品采用实际成本核算，发出时按全月一次加权平均法计价。本月销售商品在月末统一结转成本。

4. 固定资产核算

本公司固定资产采用平均年限法分类计算折旧。年折旧率分别为：房屋及建筑物3.6%，机器设备10%，运输设备9%，管理设备12%。不考虑残值。

5. 无形资产核算

无形资产中商标权不摊销，年末进行减值测试，计提减值准备。土地使用权按10年平均摊销，已摊销5年。

6. 长期股权投资核算

贝尔饼屋为本公司的全资子公司，采用成本法核算。

7. 持有至到期投资核算

持有至到期投资为2010年1月1日购进的5年期国债，面值50 000元，票面利率4%，到期一次还本付息，票面利率和实际利率没有差异。每年年末计提利息。

8. 资产减值损失核算

应收账款计提坏账准备，无形资产的商标权于年末进行减值测试。其余资产不进行减值测试，也不计提减值准备。

（二）负债业务核算

1. 短期借款核算

短期借款为中行的9个月期流动资金借款，2012年9月1日借入，利率6%，利息按月预提，按季支付。

2. 应付职工薪酬核算

本公司的应付职工薪酬包括工资、职工福利费、社会保险费、住房公积金、工会经费、职工教育经费和非货币性福利。工资计算采用月薪制，日工资按21.5天计算。事假扣发当天全部基本工资，病假扣发当天30%的基本工资。

公司按工资的20%为职工缴纳养老保险，按工资的6%为职工缴纳医疗保险，按工资的2%为职工缴纳失业保险，按工资的0.8%为职工缴纳工伤保险，按工资的1%为职工缴纳生育保险，按工资的7%为职工缴纳住房公积金。职工个人按工资的8%缴纳养老保险，按工资的2%缴纳医疗保险，按工资的1%缴纳失业保险，按工资的7%缴纳住房公积金。

公司按14%、2%、1.5%分别计提职工福利费、工会经费、职工教育经费。

每月10日，公司缴纳上月社保费和住房公积金，包括单位缴纳和职工个人缴纳两部分。社保费由银行代扣，住房公积金由公司签发转账支票缴纳。

3. 应交税费核算

本公司为增值税一般纳税人，适用增值税税率为17%，符合条件的运费按7%抵扣增值税。月末将本月增值税从“应交增值税”转入“未交增值税”，结转后“应交增值税”无余额。按7%计算城市维护建设税，按2%计算教育费附加。流转税月末计算，于次月10日内缴纳。

公司所得税适用税率为25%，按年计算，分月预交，年终汇算清缴。本年度每月预交所得税20 000元。

4. 长期借款核算

长期借款是2012年1月为新建车间而借入的长期借款，借款期限3年，借款利率10%（与实际利率没有差异），利息按年计提，年末支付。

(三) 收入、成本、费用业务核算

1. 收入核算

本公司所有销售业务由市场部统一开票，由财务部核算，月末一次性结转销售成本。销售产品执行批量折扣和现金折扣。现金折扣条件为2/10，1/20，*n*/30，只对价格折扣。

销售价格统一定为：

品名	计量单位	单价	备注
夹心饼干	公斤	30	每次购买总量在5 000(含)公斤以上折扣1%，10 000(含)公斤以上折扣2%，150 000(含)公斤以上折扣3%。
巧克力饼干	公斤	45	
鸡蛋沙琪玛	公斤	25	
芝麻沙琪玛	公斤	28	

2. 成本费用核算

本公司成本核算采用品种法，成本项目按“直接材料”“直接人工”“制造费用”设置。车间共同耗用费用采用“产品产量比例法”进行分配。月末计算结转完工产品成本，无在产品。

制造费用按车间设置明细账，采用“产品产量比例法”进行分配，结转生产成本。

计算过程中，各项费用分配率、材料成本差异率均保留4位小数、分配金额保留2位小数。尾差在期末各分配项目的最后一项调整。

3. 所得税核算

所得税采用“资产负债表债务法”核算，设置“递延所得税资产”“递延所得税负债”账户。按照国家规定调整差异，核算“递延所得税资产”“递延所得税负债”。

(四) 利润及利润分配核算

1. 利润核算

12月末，将本月损益类账户结转“本年利润”，将“本年利润”结转“利润分配”。税后利润首先弥补亏损，然后进行分配。

2. 提取盈余公积

本公司于年末按10%提取法定盈余公积。

3. 利润分配

本公司按当年提取盈余公积后净利润的60%向投资者分配利润，于第二年年初进行支付。

任务二　江城贝尔食品有限公司2012年12月经济业务核算

一　江城贝尔食品有限公司2012年12月期初资料

（一）建账资料

1. 表1：江城贝尔食品有限公司2012年12月期初账户余额

总账				二级明细账				三级明细账			
总账		期初余额		二级明细账		期初余额		三级明细账		期初余额	
编号	名称	借方	贷方	编号	名称	借方	贷方	编号	名称	借方	贷方
1001	库存现金	2 376									
1002	银行存款	632 220.62									
1015	其它货币资金	100 500		101501	存出投资款	100 500					
1101	交易性金融资产	51 500		110101	实德股份	51 500		11010101	成本	60 000	
								11010102	公允价值变动		8 500
1121	应收票据	35 275		112101	江城副食商场	20 000					
				112102	新苑饼屋	15 275					
1122	应收账款	246 104		112201	昕昕食品店	50 000					
				112202	正信副食商场	35 000					
				112203	华龙商厦	24 600					
				112204	吴兴副食商场	40 604					
				112205	德州华联超市	95 900					
1123	预付账款										
1131	应收股利										
1132	应收利息										
1231	其它应收款	7 000		123101	销售部备用金	6 000					
				123102	李信	1 000					
1241	坏账准备		2 680								
1401	材料采购	5 000①		140101	原阳面粉厂	5 000					
1402	在途物资										

（续表）

总账				二级明细账				三级明细账			
总账		期初余额		二级明细账		期初余额		三级明细账		期初余额	
编号	名称	借方	贷方	编号	名称	借方	贷方	编号	名称	借方	贷方
1403	原材料	2 781 250			见表 2						
1404	材料成本差异	23 065									
1406	库存商品	3 203 200			见表 3						
1407	发出商品										
1411	委托加工物资										
1431	周转材料	56 880			见表 4						
1461	存货跌价准备										
1521	持有至到期投资	52 000		152101	1001 国债	52 000		15210101	成本	50 000	
								15210102	应计利息	2 000	
1522	持有至到期投资减值准备										
1523	可供出售金融资产										
1524	长期股权投资	500 000		152401	贝尔饼屋	500 000					
1525	长期股权投资减值准备										
1526	投资性房地产										
1531	长期应收款										
1541	未实现融资收益										
1601	固定资产	8 849 050		160101	房屋及建筑物	3 820 000					
				160102	机器设备	2 863 450					

（续表）

总账				二级明细账				三级明细账			
总账		期初余额		二级明细账		期初余额		三级明细账		期初余额	
编号	名称	借方	贷方	编号	名称	借方	贷方	编号	名称	借方	贷方
				160103	运输设备	1 897 600					
				160104	管理设备	268 000					
1602	累计折旧		3 014 715								
1603	固定资产减值准备										
1604	在建工程	1 136 900		160401	生产车间厂房	1 136 900					
1605	工程物资										
1606	固定资产清理										
1701	无形资产	1 600 000		170101	商标权	1 000 000					
				170102	土地使用权	600 000					
1702	累计摊销		300 000								
1703	无形资产减值准备		20 000	170301	商标权		20 000				
1711	商誉										
1801	长期待摊费用										
1811	递延所得税资产	10 905		181101	商标权	5 000					
				181102	亏损	5 905					
1901	待处理财产损益										
2001	短期借款		130 000	200101	中行流动贷款		130 000[②]				
2201	应付票据		178 680	220101	河源面粉厂		152 360				
				220102	长环糖厂		26 320				

（续表）

总账				二级明细账				三级明细账			
总账		期初余额		二级明细账		期初余额		三级明细账		期初余额	
编号	名称	借方	贷方	编号	名称	借方	贷方	编号	名称	借方	贷方
2202	应付账款		319 460	220201	临清副食品厂		245 980				
				220202	欧鹏养鸡场		5 600				
				220203	风轻食品油厂		15 890				
				220204	华阳糖厂		51 990				
2205	预收账款										
2211	应付职工薪酬		580 168	221101	工资		376 000				
				221102	社会保险费		112 048				
				221103	住房公积金		26 320				
				221104	工会经费		7 520				
				221 105	职工教育经费		5 640				
				221106	职工福利费		52 640				
2221	应交税费	140 268		222101	应交增值税						
				222102	未交增值税		54 800				
				222103	应交营业税						
				222104	应交城建税		3 836				
				222105	应交教育费附加		1 096				
				222106	应交所得税	200 000					
2231	应付股利										
2232	应付利息		1 300	223201	中行流动贷款利息		1 300				

（续表）

总账				二级明细账				三级明细账			
总账		期初余额		二级明细账		期初余额		三级明细账		期初余额	
编号	名称	借方	贷方	编号	名称	借方	贷方	编号	名称	借方	贷方
2241	其他应付款		67 680	224101	应付社会保险费		41 360③				
				224102	应付住房公积金		26 320				
2411	预计负债										
2601	长期借款		250 000	260101	中行基本建设贷款		250 000				
2602	应付债券										
2801	长期应付款										
2901	递延所得税负债										
4001	实收资本		9 200 000								
4002	资本公积										
4101	盈余公积		4 688 646.8								
4103	本年利润		703 783.82								
4104	利润分配	23 620									
5000	生产成本										
5101	制造费用										
5201	劳务成本										
5301	研发支出										
6001	主营业务收入										
6051	其他业务收入										
6101	公允价值变动损益										

（续表）

总账				二级明细账				三级明细账			
总账		期初余额		二级明细账		期初余额		三级明细账		期初余额	
编号	名称	借方	贷方	编号	名称	借方	贷方	编号	名称	借方	贷方
6111	投资收益										
6301	营业外收入										
6401	主营业务成本										
6402	其它业务成本										
6405	营业税金及附加										
6601	销售费用										
6602	管理费用										
6603	财务费用										
6701	资产减值损失										
6711	营业外支出										
6801	所得税费用										
合计		19 457 113.62	19 457 113.62								

注①：材料采购的期初余额 5 000 元为从原阳面粉厂采购的面粉 1 400 公斤，3.4 元/公斤，共 4 760 元，运费 240 元。材料采购不设明细账户。

注②：短期借款为 9 月 27 日借入的 3 个月短期借款，利率为 6%，按月计提利息，到期一次还本付息。

注③：其他应付款的应付社会保险费，包括应付养老保险费 30 080 元，应付医疗保险费 7 520 元，应付失业保险费 3 760 元。

2. 表2:江城贝尔食品有限公司2012年12月期初原材料结存表

材料类别	材料编号	材料名称	计量单位	数量	计划单价	金额
原料及主要材料	ZL01	面粉	公斤	65 000	3.5	227 500
	ZL02	植物油	公斤	7 600	16	121 600
	ZL03	白砂糖	公斤	42 500	6	255 000
	ZL04	鸡蛋	公斤	25 600	8	204 800
	ZL05	食用盐	公斤	3 000	2	6 000
	ZL06	可可粉	公斤	6 000	150	900 000
	ZL07	黄油	公斤	6 700	40	268 000
	ZL08	香精	公斤	720	200	144 000
	ZL09	食品添加剂	公斤	1 500	60	90 000
	ZL10	乳粉	公斤	7 800	50	390 000
	小计					**2 606 900**
辅助材料	FL01	芝麻	公斤	850	20	17 000
	FL02	果酱	公斤	5 800	15	87 000
	FL03	苏打	公斤	480	5	2 400
	小计					**106 400**
备件	BJ01	漏斗	个	50	200	10 000
	BJ02	螺丝	公斤	650	12	7 800
	小计					**17 800**
燃料	RL01	煤	吨	100	500	50 000
	RL02	天然气	立方米	50	3	150
	小计					**50 150**
合计						**2 781 250**

3. 表3:江城贝尔食品有限公司2012年12月期初库存商品结存表

品名	计量单位	数量	实际单位成本	金额
夹心饼干	公斤	14 800	25	370 000
巧克力饼干	公斤	43 224	30	1 296 720
鸡蛋沙琪玛	公斤	42 400	24	1 017 600
芝麻沙琪玛	公斤	22 560	23	518 880
合计				**3 203 200**

4. 表4:江城贝尔食品有限公司2012年12月期初周转材料结存表

种类	品名	状态	计量单位	数量	单价	金额
包装物	夹心饼干包装袋		包	80	40	3 200
	巧克力饼干包装袋		包	120	40	4 800
	鸡蛋沙琪玛包装袋		包	130	40	5 200
	芝麻沙琪玛包装袋		包	150	40	6 000
	夹心饼干包装箱		个	288	10	2 880
	巧克力饼干包装箱		个	280	10	2 800
	鸡蛋沙琪玛包装箱		个	320	10	3 200
	芝麻沙琪玛包装箱		个	280	10	2 800
低值易耗品	劳保用品	在库	套	400	50	20 000
		在用	套	240	50	12 000
		摊销				6 000(贷方)
合计						**56 880**

5. 表5:江城贝尔食品有限公司2012年1－11月损益类账户累计发生额

编号	总账科目	借方发生额合计	贷方发生额合计
6001	主营业务收入		8 220 000
6051	其他业务收入		15 423
6101	公允价值变动损益		
6111	投资收益		
6301	营业外收入		25 340
6401	主营业务成本	7 245 670	
6402	其它业务成本	21 352	
6405	营业税金及附加	12 078	
6601	销售费用	25 230	
6602	管理费用	235 354.18	
6603	财务费用	13 095	
6701	资产减值损失		
6711	营业外支出	4 200	
6801	所得税费用		

(二) 工作流程及岗位任务

1. 业务员进行期初试算平衡,编制期初试算平衡表。
2. 会计建总账。

3. 出纳负责建现金、银行存款日记账，原材料、周转材料、库存商品等存货明细账；会计负责建其他明细账。

4. 会计、出纳和业务员按照任务分工处理日常业务。

5. 业务员编制1－10、11－20、21－30、31日的科目汇总表，会计根据科目汇总表登记总账。

6. 业务员编制12月31日的期末试算平衡表，会计编制12月31日的资产负债表，出纳编制2012年度利润表。

7. 会计、出纳和业务员分别完成本人所负责工作的总结，由会计汇总为本小组工作总结。

二　江城贝尔食品有限公司2012年12月经济业务

业务1

1. **业务描述**：12月1日，上月购入的材料已到并验收入库。

2. **业务流程及岗位责任**：

业务员：根据相关资料填制一式三联的入库单，留存入库单①，将②交给会计，将③交给出纳。

会计：根据入库单②编制记账凭证，登记相关明细账。

出纳：根据入库单③登记"原材料"明细账。

注：材料入库单验收人填"李严"，保管人填出纳的名字，经办人填业务员的名字。

业务2

1. **业务描述**：12月2日，行政部李信报销差旅费（出差事由为外出开会，时间为11月8－11日，出差补助为75元/天）。

2. **业务流程及岗位责任**：

业务员：根据相关票据填制报销单，交给出纳。

出纳：审核报销单，支付现金，将相关票据交给会计。

会计：编制记账凭证，登记相关明细账。

出纳：登记现金日记账。

3. **附件**：

江城贝尔食品有限公司差旅费报销单

部门：　　　　　　　　　填报日期　　　　　　　　年　　月　　日

姓名						出差事由					出差日期		自　年　月　日 至　年　月　日				共　　天	
起讫时间及地点						车船费		夜间乘车补助费			出差补助费			住宿费			其他	
月	日	起	月	日	讫	类别	金额	时间	标准	金额	日数	标准	金额	日数	标准	金额	摘要	金额
								小时	%									
								小时	%									
								小时	%									
								小时	%									
								小时	%									
								小时	%									
小　计																		
共计金额（大写）											预支______核销______退补______							

附单据共　张

主管　李华　　部门　　李华　　审核　　严国瑞　　填报人

吴江市服务业统一发票

发　票　联

2012 年 11 月 11 日　　No:66449

客户名称	江城贝尔食品有限公司											
项　目	摘　要	数量	单价	金　额								
				百	十	万	千	百	十	元	角	分
住宿		2	250					5	0	0	0	0
合计人民币(大写)	伍佰元整						¥	5	0	0	0	0

第二联：发票

收费专用章　　地址　　制单：

发车日期：　20121108

发车时间：　1330

发车班次：　DW9595

江城站 → 吴江站

人数：　1　　上车地点：　江城站

总金额：　221.0　　上车门号：　6

保费：　0.0　　座位号：　2

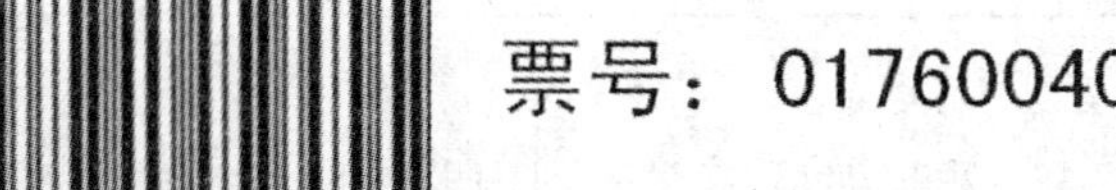

票号：017600401428

发车日期：　20121112

发车时间：　1330

发车班次：　DW9898

吴江站 → 江城站

人数：　1　　上车地点：　吴江站

总金额：　221.0　　上车门号：　8

保费：　0.0　　座位号：　5

票号：017600405436

业务 3

1. **业务描述：**见附件。

2. **业务流程及岗位责任：**

会计：根据相关附件编制记账凭证，登记相关明细账。

出纳：根据记账凭证登记银行存款日记账。

3. **附件：**

托收凭证（收款通知） 4

委托日期：2012 年 11 月 20 日　　付款期限　2012 年 12 月 1 日

<table>
<tr><td colspan="2">业务类型</td><td colspan="13">委托收款（□邮划、☑电划）　托收承付（□邮划、□电划）</td></tr>
<tr><td rowspan="3">付款人</td><td>全　称</td><td colspan="4">德州华联超市</td><td rowspan="3">收款人</td><td>全　称</td><td colspan="7">江城贝尔食品有限公司</td></tr>
<tr><td>账　号</td><td colspan="4">8892 3476 4532 1578</td><td>账　号</td><td colspan="7">6322 1212 0005 5599</td></tr>
<tr><td>地　址</td><td>山东省</td><td>德州市 县</td><td>开户行</td><td>工商银行</td><td>地　址</td><td>江西省</td><td>江城市 县</td><td>开户行</td><td colspan="4">中国银行</td></tr>
<tr><td rowspan="2">金额</td><td colspan="3" rowspan="2">人民币
（大写）玖万伍仟玖佰元整</td><td>亿</td><td>千</td><td>百</td><td>十</td><td>万</td><td>千</td><td>百</td><td>十</td><td>元</td><td>角</td><td>分</td></tr>
<tr><td></td><td></td><td></td><td>¥</td><td>9</td><td>5</td><td>9</td><td>0</td><td>0</td><td>0</td><td>0</td></tr>
<tr><td>款项内容</td><td colspan="2">货款</td><td>托收凭据名称</td><td colspan="2">发票</td><td colspan="3">附寄单证张数</td><td colspan="6">2</td></tr>
<tr><td>商品发运情况</td><td colspan="5">已发运</td><td colspan="3">合同名称号码</td><td colspan="6">20121132</td></tr>
<tr><td colspan="3">备注：
复核　　记账</td><td colspan="4">款项收妥日期：
2012 年 12 月 2 日
年　月　日</td><td colspan="8">收款人开户银行签章
年　月　日</td></tr>
</table>

此联付款人开户银行凭以汇款或收款人开户行作收款通知

业务 4

1. **业务描述：**12 月 2 日，采购部员工文海到内蒙古呼和浩特采购黄油，申请办理金额为 58 500 元银行汇票一张（呼和浩特林海乳品厂，账号 7633 3445 3336）。

2. **业务流程及岗位责任：**

出纳：填写银行汇票申请书，办理银行汇票，将汇票卡片和解讫通知交给业务员。

业务员：收存汇票卡片和解讫通知。

会计：根据相关附件编制记账凭证，登记相关明细账。

出纳：根据记账凭证登记银行存款日记账。

3. **附件：**

中国银行汇票申请书(存根)　1

第 1202 000345 号

申请日期　　年　　月　　日

申请人		收款人	
账　号 或住址		账　号 或住址	
用途		代　理 付款行	
汇票金额	人民币 (大写)	千 百 十 万 千 百 十 元 角 分	

上列款项请从我账户内支付　　　科　　目(借)________________

对方科目(贷)________________

申请人盖章　　财务主管　　复核　　经办

此联出票行给汇款人的回单

付款期限
壹 个 月

中国银行

银行汇票(卡片)　1　　　汇票号码 1202000345

出票日期　贰零壹贰年壹拾贰月零贰日
(大写)

代理付款行:中国银行　　行号:

收款人:呼和浩特林海乳品厂		账　号:7633 3445 3336									
出票金额	人民币 (大写)伍万捌仟伍佰元整										
实际结算金额	人民币 (大写)	千	百	十	万	千	百	十	元	角	分
					5	8	5	0	0	0	0

申请人:江城贝尔食品有限公司　　　账号:6322 1212 0005 5599

出票行:________　行号:________

备　注:________

复核　　经办　　　　　　　复核　　记账

此联出票行结算汇票时作汇出汇款借方凭证

付款期限 壹 个 月

中国银行

银行汇票(解讫通知) 3　　汇票号码 1202000345

出票日期　贰零零玖年壹拾贰月零贰日
(大写)

代理付款行:中国银行　　行号:

收款人:呼和浩特林海乳品厂					账　号:7633 3445 3336						
出票金额	人民币 (大写)伍万捌仟伍佰元整										
实际结算金额	人民币 (大写)	千	百	十	万	千	百	十	元	角	分
					5	8	5	0	0	0	0

此联代理付款行兑付后随报单寄出票行

由出票行做多余款贷方凭证

申请人:江城贝尔食品有限公司　　账号:6322 1212 0005 5599

出票行:＿＿＿＿　行号:＿＿＿＿

备　注:＿＿＿＿＿＿＿＿

复核　　记账

复核　　经办

业务 5

1. **业务描述:**12 月 3 日,向扶风超市销售夹心饼干 500 公斤。

2. **业务流程及岗位责任:**

业务员:开具增值税发票,将发票联和抵扣联交给市场部业务员李欣。

名　　称:扶风超市
纳税人识别号:480246242205497
地址、电话:长胜路 58 号　68697083
开户银行及账号:工商行长胜分理处　78822050

将李欣交来的转账支票交给出纳,将发票记账联交给会计。

开具产品出库单,将③仓库联交给出纳,留存第①和②联。

出纳:根据交来的转账支票填写进账单。

会计:根据相关附件编制记账凭证,登记相关明细账。

出纳:根据记账凭证登记银行存款日记账。根据产品出库单③仓库联登记库存商品明细账。

3. **附件：**

江西省增值税专用发票

49124435421　　　　记 账 联　　　　No 00121201

开票日期：　　年　　月　　日

<table>
<tr><td rowspan="4">购货单位</td><td colspan="2">名　　称：</td><td colspan="6" rowspan="4">密码区</td></tr>
<tr><td colspan="2">纳税人识别号：</td></tr>
<tr><td colspan="2">地址、电话：</td></tr>
<tr><td colspan="2">开户银行及账号：</td></tr>
<tr><td colspan="2">货物或应税劳务名称</td><td>规格型号</td><td>单位</td><td>数量</td><td>单价</td><td>金　额</td><td>税率</td><td>税　额</td></tr>
<tr><td colspan="2"></td><td></td><td></td><td></td><td></td><td></td><td></td><td></td></tr>
<tr><td colspan="2"></td><td></td><td></td><td></td><td></td><td></td><td></td><td></td></tr>
<tr><td colspan="2"></td><td></td><td></td><td></td><td></td><td></td><td></td><td></td></tr>
<tr><td colspan="2"></td><td></td><td></td><td></td><td></td><td></td><td></td><td></td></tr>
<tr><td colspan="2">合　计</td><td></td><td></td><td></td><td></td><td></td><td></td><td></td></tr>
<tr><td colspan="2">价税合计（大写）</td><td colspan="7">（小写）¥</td></tr>
<tr><td rowspan="4">销货单位</td><td colspan="2">名　　称：</td><td colspan="6" rowspan="4">备注</td></tr>
<tr><td colspan="2">纳税人识别号：</td></tr>
<tr><td colspan="2">地址、电话：</td></tr>
<tr><td colspan="2">开户银行及账号：</td></tr>
</table>

第三联　记账联　销货方记账凭证

收款人：　　　　复核：　　　　开票人：　　　　销货单位（章）

注：收款人为出纳，复核人为刘洋，开票人为业务员。适用于本单位所开的增值税发票。

中国工商银行　转账支票　Ⅶ00572301

出票日期（大写）贰零壹贰年壹拾贰月零叁日　付款行名称：工行长胜分理处

收款人：江城贝尔食品有限公司　　出票人账号：78822050

本支票付款期限10天

<table>
<tr><td rowspan="2">人民币（大写）</td><td rowspan="2">壹万柒仟伍佰伍拾元整</td><td>亿</td><td>千</td><td>百</td><td>十</td><td>万</td><td>千</td><td>百</td><td>十</td><td>元</td><td>角</td><td>分</td></tr>
<tr><td></td><td></td><td></td><td>¥</td><td>1</td><td>7</td><td>5</td><td>5</td><td>0</td><td>0</td><td>0</td></tr>
</table>

用　途　付货款

上列款项请从我账户内支付

出票人签章　　　　复核　　　　记账

<u>中国银行进账单 （回 单）</u> 1

年 月 日

<table>
<tr><td rowspan="3">付款人</td><td>全 称</td><td></td><td rowspan="3">收款人</td><td>全 称</td><td colspan="11"></td></tr>
<tr><td>账 号</td><td></td><td>账 号</td><td colspan="11"></td></tr>
<tr><td>开户银行</td><td></td><td>开户银行</td><td colspan="11"></td></tr>
<tr><td rowspan="2">金额</td><td colspan="4" rowspan="2">人民币
（大写）</td><td>亿</td><td>千</td><td>百</td><td>十</td><td>万</td><td>千</td><td>百</td><td>十</td><td>元</td><td>角</td><td>分</td></tr>
<tr><td></td><td></td><td></td><td></td><td></td><td></td><td></td><td></td><td></td><td></td><td></td></tr>
<tr><td colspan="2">票据种类</td><td>转账支票</td><td colspan="13" rowspan="3">

开户银行盖章</td></tr>
<tr><td colspan="2">票据张数</td><td>1张</td></tr>
<tr><td colspan="3">
复核 记账</td></tr>
</table>

此联是开户银行交给持（出）票人的回单

注：产品出库单验收人为李伟，保管人为刘星，经办人为业务员。

业务 6

1. **业务描述：**12 月 4 日，按以下资料领用原材料。

领用单位	用途	材料编号	材料名称	计量单位	数量
饼干车间	生产用	ZL01	面粉	公斤	11 200
饼干车间	生产用	ZL02	植物油	公斤	1 400
饼干车间	生产用	ZL03	白砂糖	公斤	1 000
饼干车间	生产用	ZL04	鸡蛋	公斤	1 000
饼干车间	生产用	ZL05	食用盐	公斤	600
饼干车间	生产用	ZL06	可可粉	公斤	1 000
饼干车间	生产用	ZL07	黄油	公斤	1 000
饼干车间	生产用	ZL08	香精	公斤	400
饼干车间	生产用	ZL09	食品添加剂	公斤	280
饼干车间	生产用	ZL10	乳粉	公斤	1 000
沙琪玛车间	生产用	ZL01	面粉	公斤	8 000
沙琪玛车间	生产用	ZL02	植物油	公斤	500
沙琪玛车间	生产用	ZL03	白砂糖	公斤	4 000
沙琪玛车间	生产用	ZL04	鸡蛋	公斤	6 000
沙琪玛车间	生产用	ZL05	食用盐	公斤	100
沙琪玛车间	生产用	ZL07	黄油	公斤	400
沙琪玛车间	生产用	ZL08	香精	公斤	100
沙琪玛车间	生产用	ZL09	食品添加剂	公斤	200
沙琪玛车间	生产用	ZL10	乳粉	公斤	400

2. **业务流程及岗位责任：**

业务员：开具材料出库单，将③仓库联交给出纳，留存第①和②联。

出纳：根据材料出库单③仓库联登记原材料明细账。

注：材料出库单验收人为李伟，保管人为刘星，经办人为业务员。

业务 7

1. **业务描述：**12 月 5 日，开出转账支票支付前欠欧鹏养鸡场货款。

2. **业务流程及岗位责任：**

出纳：开具转账支票。

会计：根据相关附件编制记账凭证，登记相关明细账。

出纳：根据记账凭证登记银行存款日记账。

3. **附件：**

中国银行
转账支票存根
Ⅶ00362301
科　　目＿＿＿＿＿＿
对方科目＿＿＿＿＿＿
出票日期　　年　月　日

收款人：
金额：
用途：

单位主管　　　　会计

本支票付款期限10天

中国银行　转账支票　Ⅶ00362301

出票日期（大写）　　年　　月　　日　付款行名称：
收款人：　　　　　　　　　　出票人账号：

人民币（大写）	亿	千	百	十	万	千	百	十	元	角	分

用　途＿＿＿＿＿＿

上列款项请从我账户内支付

出票人签章　　　　　　　　复核　　　　记账

业务 8

1. **业务描述：**12 月 7 日，从欧鹏养鸡场采购鸡蛋 1 000 公斤，签发转账支票支付货款。

2. **业务流程及岗位责任：**

出纳：签发转账支票。

会计：根据相关附件编制记账凭证，登记相关明细账。

出纳：根据记账凭证登记银行存款日记账。

3. **附件：**

中国银行 转账支票存根 Ⅶ00362302 科　　目＿＿＿＿＿ 对方科目＿＿＿＿＿ 出票日期　　年　月　日 收款人： 金额： 用途： 单位主管　　　会计	本支票付款期限10天	中国银行　转账支票　Ⅶ00362302 出票日期(大写)　　年　　月　　日　付款行名称： 收款人：　　　　出票人账号： 人民币（大写）　亿 千 百 十 万 千 百 十 元 角 分 用　途＿＿＿＿＿ 上列款项请从我账户内支付 出票人签章　　　　复核　　　记账

江西省增值税专用发票

45491442321　　　　发 票 联　　　　No 00151513

开票日期：2012 年 12 月 7 日

购货单位	名　　称：江城贝尔食品有限公司 纳税人识别号：170138759871211 地址、电话：江城市人民南路 128 号 68678888 开户银行及账号：中国银行江城市分行高新支行 6322 1212 0005 5599			密码区			
货物或应税劳务名称	规格型号	单位	数量	单价	金　额	税率	税　额
鸡蛋		公斤	1 000	8.6	8 600	17%	1 462
合　计					8 600	17%	1 462
价税合计（大写）	壹万零陆拾贰元整			(小写)￥10 062.00			
销货单位	名　　称：欧鹏养鸡场 纳税人识别号：281249860982322 地址、电话：江城市欧鹏路 12 号 62673425 开户银行及账号：工商银行江城市欧鹏分理处 63432 1561 0305 4422			备注			

第一联　发票联　销货方购货凭证

收款人：　　　复核：　　　开票人：　　　销货单位(章)

业务 9

1. **业务描述**：12 月 8 日，从欧鹏养鸡场采购鸡蛋 1 000 公斤入库时发现其中 100 公斤已变质。

2. **业务流程及岗位责任**：

业务员：填制材料入库单及索赔单。

会计：根据相关附件编制记账凭证，登记相关明细账。

出纳：根据材料入库单登记原材料明细账。

3. **附件**：

材料索赔书

赔偿单位	赔偿事由	赔偿金额						备注
		数量	单价	金额	增值税	运费	合计	

采购部负责人： 采购员： 仓库负责人：

业务 10

1. **业务描述**：12 月 8 日，向德州华联超市销售下列产品。

品名	计量单位	数量
夹心饼干	公斤	1 000
巧克力饼干	公斤	1 000
鸡蛋沙琪玛	公斤	1 000
芝麻沙琪玛	公斤	1 000

2. **业务流程及岗位责任**：

业务员：开具增值税发票，将发票联和抵扣联交给市场部业务员。开具产品出库单，将③仓库联交给出纳，留存第①和②联。购货单位信息：

名　　称：德州华联超市
纳税人识别号：580636224209872
地址、电话：德州市城西路 38 号　43567038
开户银行及账号：工商行城西分理处　56433061

出纳：开出转账支票替对方垫付运费 1 200 元。

会计：根据相关附件编制记账凭证，登记相关明细账。

出纳：根据产品出库单③仓库联登记库存商品明细账，根据记账凭证登记银行存款日记账。

3. **附件：**

江西省增值税专用发票

49124435421　　记 账 联　　No 00121202

开票日期：　年　月　日

购货单位	名　称： 纳税人识别号： 地址、电话： 开户银行及账号：	密码区					
货物或应税劳务名称	规格型号	单位	数量	单价	金　额	税率	税　额
合　计							
价税合计（大写）	（小写）¥						
销货单位	名　称： 纳税人识别号： 地址、电话： 开户银行及账号：	备注					

第三联　记账联　销货方记账凭证

收款人：　　复核：　　开票人：　　销货单位（章）

江州市运输专用发票

（发票联）

顾客名称：德州华联超市　　2012年12月8日　　No：001212

项　目	超过拾万元无效	金额 万	千	百	十	元	角	分
运费			1	2	0	0	0	0
合计（大写）壹仟贰佰元整		¥	1	2	0	0	0	0

填票：李红　　收款人：王雪　　业户名称：欣欣运输公司

中国银行 转账支票存根 Ⅶ00362303	中国银行　转账支票　Ⅶ00362303
科　　目____________ 对方科目____________ 出票日期　　年　月　日	出票日期（大写）　　年　　月　　日　付款行名称： 收款人：　　　　　　　　　　出票人账号：
收款人： 金额： 用途：	本支票付款期限10天
单位主管　　　　会计	上列款项请从我账户内支付 出票人签章　　　　　　复核　　　　记账

人民币（大写）	亿	千	百	十	万	千	百	十	元	角	分

用　途____________

业务 11

1. **业务描述**：12 月 8 日，按以下资料领用原材料。

领用单位	用途	材料编号	材料名称	计量单位	数量
饼干车间	生产夹心饼干用	FL02	果酱	公斤	1 000
饼干车间	生产用	FL03	苏打	公斤	120
沙琪玛车间	生产用	FL03	苏打	公斤	200
沙琪玛车间	生产芝麻沙琪玛用	FL01	芝麻	公斤	50

2. **业务流程及岗位责任**：

业务员：开具材料出库单，将③仓库联交给出纳，留存第①和②联。

出纳：根据材料出库单③仓库联登记原材料明细账。

业务 12

1. **业务描述**：行政部购买办公用品。

2. **业务流程及岗位责任**：

业务员：填写报销单。

会计：根据相关附件编制记账凭证，登记相关明细账。

出纳：用现金付讫，根据记账凭证登记现金日记账。

3. **附件**：

商业普通发票　　　　发票号码：№03793

2012 年 12 月 9 日

购货单位：

品　名	规　格	单　位	数　量	单　价	金　额						
					万	千	百	十	元	角	分
文件夹		个	20	20			4	0	0	0	0
钢　笔		支	10	20			2	0	0	0	0
签字笔		盒	20	15			3	0	0	0	0
合　计						¥	9	0	0	0	0
金额大写（人民币合计）：玖佰元整											

第二联　发票联

开票：杨学　　　　　　收款：祁阳

江城贝尔食品有限公司费用报销单

年　　月　　日

部门名称					
费用项目					
序号	品名	单价	数量	金额	备注
1					
2					
3					
合计					
备注					
结算方式	1. 冲借款________元；2. 转账________元；3. 现金付讫________元。				
报销人签字或证明人签字：					
审批人			审核人：		

业务 13

1. **业务描述：**12 月 10 日，车间报废劳保用品。饼干车间和沙琪玛车间报废 2012 年 6 月 10 日领用的劳保用品各 120 套。

2. **业务流程及岗位责任：**

业务员：填写报废单。

会计：根据相关附件编制记账凭证，登记相关明细账。

出纳：根据记账凭证登记周转材料明细账。

3. **附件：**

江城贝尔食品公司周转材料报废单

年　　月　　日

部门：

劳保用品原值：

摊销方法：

领用日期		领用数量		已摊销金额		备注
报废日期		报废数量		摊销金额		
				摊销合计		

申请人：　　　　　　　　　　审批人：

业务 14

1. **业务描述：**12 月 10 日，饼干车间和沙琪玛车间各领用劳保用品 50 套。

2. **业务流程及岗位责任：**

业务员：填写周转材料领用单。

会计：根据周转材料领用单编制记账凭证，登记相关明细账。

出纳：根据记账凭证登记周转材料明细账。

业务 15

1. **业务描述**：12 月 10 日，饼干车间和沙琪玛车间按以下资料领用包装材料。

种类	品名	计量单位	数量
包装物	夹心饼干包装袋	包	10
	巧克力饼干包装袋	包	10
	鸡蛋沙琪玛包装袋	包	10
	芝麻沙琪玛包装袋	包	10
	夹心饼干包装箱	个	100
	巧克力饼干包装箱	个	100
	鸡蛋沙琪玛包装箱	个	100
	芝麻沙琪玛包装箱	个	100

2. **业务流程及岗位责任**：

业务员：填写周转材料领用单。

会计：根据周转材料领用单编制记账凭证，登记相关明细账。

出纳：根据记账凭证登记周转材料明细账。

业务 16

1. **业务描述**：12 月 10 日，提现备发上月工资。

2. **业务流程及岗位责任**：

出纳：填写现金支票，提取现金。

会计：根据相关附件编制记账凭证。

出纳：根据记账凭证登记现金、银行存款日记账。

3. **附件**：

中国银行
转账支票存根
Ⅶ00262301
科　　目________
对方科目________
出票日期　　年　月　日

收款人：
金额：
用途：

单位主管　　　会计

本支票付款期限十天

中国银行　现金支票　Ⅶ00262301

出票日期(大写)　　年　　月　　日　付款行名称：
收款人：　　　　　出票人账号：

人民币(大写)	亿	千	百	十	万	千	百	十	元	角	分

用　途________　　　科　目(借)________
上列款项
请从我账户内支付　　　对方科目(贷)________
出票人签章　　　年　　月　　日
复核　　　记账

业务 17

1. **业务描述**：12 月 10 日，发放上月工资。

2. **业务流程及岗位责任：**

会计：编制记账凭证，登记相关明细账。

出纳：根据记账凭证登记现金日记账。

业务 18

1. **业务描述：**12 月 10 日，缴纳上月各项税金。

2. **业务流程及岗位责任：**

会计：根据相关附件编制记账凭证。

出纳：根据记账凭证登记银行存款日记账。

3. **附件：**

中 华 人 民 共 和 国
税 收 通 用 缴 款 书 ㊖

隶属关系：市属　　　　(2012)缴：No235754301

注册类型：民营企业　　填发日期：2012 年 12 月 10 日　　征收机关：江城市国税局

缴款单位(人)	代码	170138759871211	预算科目	编码	
	全称	江城贝尔食品有限公司		名称	增值税
	开户银行	中国银行江城市分行高新支行		级次	地市收
	帐号	6322 1212 0005 5599	收款国库		江城市金库
税款所属时期	2012 年 11 月 1 日-2012 年 11 月 30 日		税款限缴时期	2012 年 12 月 10 日	

品目名称	课税数量	计税金额或销售收入	税率或单位税额	已缴或扣除额	实缴金额
		322 352.94	17%	0	54 800
金额合计	(大写)伍万肆仟捌佰元整				

缴款单位(人)(盖章) 经办人(章)	税务机关(盖章) 填票人(章)	上列款项已收妥并划转收款单位账户。国库(银行)盖章　年　月　日	备注	

第一联(收据)国库(银行)收款盖章后退缴款单位(人)作完税凭证

无银行收讫章无效　　　　逾期不缴按税法规定加收滞纳金

中　华　人　民　共　和　国
税　收　通　用　缴　款　书

隶属关系：市属　　　　　　　　　　　　　　　　　　　　(2012)缴：No236864301

注册类型：民营企业　　　　填发日期：2012 年 12 月 10 日　　　　征收机关：江城市地税局

缴款单位(人)	代码	170138759871211	预算科目	编码	
	全称	江城贝尔食品有限公司		名称	城建税、教育费附加 企业所得税
	开户银行	中国银行江城市分行高新支行		级次	地市收
	帐号	6322 1212 0005 5599	收款国库		江城市金库
税款所属时期	2012 年 11 月 1 日-2012 年 11 月 30 日		税款限缴时期	2012 年 12 月 10 日	

品目名称	课税数量	计税金额或销售收入	税率或单位税额	已缴或扣除额	实缴金额
城建税		54 800	7%	0	3 836
教育费附加		54 800	2%	0	1 096
企业所得税					20 000
金额合计	(大写)贰万肆仟玖佰叁拾贰元整				

缴款单位(人)(盖章)经办人(章)	税务机关(盖章)填票人(章)	上列款项已收妥并划转收款单位账户。国库(银行)盖章　年　月　日	备注

无银行收讫章无效　　　　　　　　　　　　逾期不缴按税法规定加收滞纳金

第一联(收据)国库(银行)收款盖章后退缴款单位(人)作完税凭证

业务 19

1. **业务描述：**12 月 10 日，缴纳上个月社保及住房公积金。

2. **业务流程及岗位责任：**

业务员：填制社保及住房公积金缴款书。

出纳：签发转账支票缴纳住房公积金。

会计：根据相关附件编制记账凭证，登记相关明细账。

出纳：根据记账凭证登记银行存款日记账。

3. **附件：**

中国银行
转账支票存根
Ⅶ00362304

科　目＿＿＿＿＿＿
对方科目＿＿＿＿＿＿
出票日期　　年　月　日

收款人：
金额：
用途：

单位主管　　　　会计

中国银行　现金支票　**Ⅶ00362304**

本支票付款期限10天

出票日期(大写)　　年　　月　　日　付款行名称：
收款人：　　　　　　　　　　出票人账号：

人民币(大写)	亿	千	百	十	万	千	百	十	元	角	分

用　途＿＿＿＿＿＿
上列款项请从我账户内支付
出票人签章
　　　　　　　　　　复核　　　　记账

江城市社会保险费征收专用票据

年　月　日

缴费单位名称		单位开户行			银行帐号	
缴费项目	基本养老保险	基本医疗保险	失业保险	工伤保险	生育保险	合计
单位缴纳						
个人缴纳						
合计						

大写：

收款单位：江城市社保中心

开票人：

住房公积金汇(补)缴书

填表时间：　　年　月　日

金额单位：元

单位全称(盖章)						单位代码								
缴存金额(大写)						百	十	万	千	百	十	元	角	分
☑ 汇缴　年　月份 ☐ 补缴　年　月份；补缴原因　　；补缴　　人。														
项目		上月汇缴	调整前后差额	本月增加汇缴	本月减少汇缴	本月汇缴	本月补缴							
人数			—											
金额	单位													
	个人													
	合计													
支票号码：				住房公积金管理中心签章：										
受托银行签章：														
年　月　日														
				经办人：　　年　月　日										

填表说明：

1. 本表由单位每月在柜台汇缴住房公积金时填写；"调整前后差额"为年度缴存额调整时产生的差额，应在调整后的首月填写。

2. 本月汇缴＝上月汇缴＋本月增加汇缴－本月减少汇缴；缴存金额＝本月汇缴＋本月补缴。

3. 发生"本月增加汇缴"、"本月减少汇缴"、"本月补缴"情形的，需附相应的《住房公积金汇缴变更清册》或《住房公积金个人补缴清册》。

4. 本表至少填写一式两份，住房公积金管理中心和单位各一份。

业务 20

1. **业务描述**：见附件。

2. **业务流程及岗位责任**：

会计：根据相关附件编制记账凭证，登记相关明细账。

出纳：根据记账凭证登记银行存款日记账。

3. **附件**：

托收凭证(收款通知)　4

委托日期：2012 年 12 月 8 日　　付款期限　2012 年 12 月 11 日

<table>
<tr><td colspan="2">业务类型</td><td colspan="5">委托收款(□邮划、☑电划)　托收承付(□邮划、□电划)</td></tr>
<tr><td rowspan="3">付款人</td><td>全　称</td><td>德州华联超市</td><td rowspan="3">收款人</td><td>全　称</td><td colspan="2">江城贝尔食品有限公司</td></tr>
<tr><td>账　号</td><td>8892 3476 4532 1578</td><td>账　号</td><td colspan="2">6322 1212 0005 5599</td></tr>
<tr><td>地　址</td><td>山东省 德州市县　开户行 工商银行</td><td>地　址</td><td colspan="2">江西省 江城市县　开户行 中国银行</td></tr>
<tr><td colspan="2">金额</td><td colspan="3">人民币
(大写)壹拾伍万零玖佰陆拾元整</td><td colspan="2">亿 千 百 十 万 千 百 十 元 角 分
¥ 1 5 0 9 6 0 0 0</td></tr>
<tr><td colspan="2">款项内容</td><td>货款</td><td>托收凭据名称</td><td>发票</td><td>附寄单证张数</td><td>2</td></tr>
<tr><td colspan="2">商品发运情况</td><td colspan="3">已发运</td><td>合同名称号码</td><td>20121203</td></tr>
<tr><td colspan="3">备注：

复核　　记账</td><td colspan="2">款项收妥日期：
2012 年 12 月 11 日
年　月　日</td><td colspan="2">收款人开户银行签章
年　月　日</td></tr>
</table>

此联付款人开户银行凭以汇款或收款人开户行作收款通知

业务 21

1. **业务描述**：12 月 11 日，收到昕昕食品店交来的转账支票，支付前欠货款。

2. **业务流程及岗位责任**：

出纳：根据交来的转账支票填写进账单。

会计：根据相关附件编制记账凭证，登记相关明细账。

出纳：根据记账凭证登记银行存款日记账。

3. **附件**：

中国工商银行　转账支票　Ⅶ08704132

出票日期(大写)贰零壹贰年壹拾贰月零壹拾壹日　付款行名称：工行长永兴分理处

收款人：江城贝尔食品有限公司　出票人账号：**699333670**

人民币(大写)	伍万元整	亿	千	百	十	万	千	百	十	元	角	分
					¥	5	0	0	0	0	0	0

用　途　付货款

上列款项请从我账户内支付

出票人签章　　复核　　记账

本支票付款期限10天

中国银行 进账单 (回 单)

年 月 日

<table>
<tr><td rowspan="3">付款人</td><td>全 称</td><td colspan="2"></td><td rowspan="3">收款人</td><td>全 称</td><td colspan="11"></td></tr>
<tr><td>账 号</td><td colspan="2"></td><td>账 号</td><td colspan="11"></td></tr>
<tr><td>开户银行</td><td colspan="2"></td><td>开户银行</td><td colspan="11"></td></tr>
<tr><td rowspan="2">金额</td><td colspan="5" rowspan="2">人民币
(大写)</td><td>亿</td><td>千</td><td>百</td><td>十</td><td>万</td><td>千</td><td>百</td><td>十</td><td>元</td><td>角</td><td>分</td></tr>
<tr><td></td><td></td><td></td><td></td><td></td><td></td><td></td><td></td><td></td><td></td><td></td></tr>
<tr><td colspan="2">票据种类</td><td>转账支票</td><td colspan="14" rowspan="3">开户银行盖章</td></tr>
<tr><td colspan="2">票据张数</td><td>1 张</td></tr>
<tr><td colspan="3">复核 记账</td></tr>
</table>

此联是开户银行交给持(出)票人的回单

业务 22

1. **业务描述**:12 月 12 日,饼干车间和沙琪玛车间入库各种产品各 10 000 公斤。

2. **业务流程及岗位责任**:

业务员:填写产品入库单。

出纳:根据产品入库单第③联登记库存商品明细账。

业务 23

1. **业务描述**:12 月 13 日,向吴兴副食商场销售下列产品,收到对方交来的银行汇票。

品名	计量单位	数量
夹心饼干	公斤	20 000
巧克力饼干	公斤	50 000
鸡蛋沙琪玛	公斤	50 000
芝麻沙琪玛	公斤	30 000

2. **业务流程及岗位责任**:

业务员:开具增值税发票,将发票联和抵扣联交给市场部业务员。购货单位资料如下:

名 称:吴兴副食商场
纳税人识别号:758525236307278
地址、电话:吴兴市河东路 17 号 48096666
开户银行及账号:工商行河东路分理处 465890134

将银行汇票交给出纳,将发票记账联交给会计。开具产品出库单,将③仓库联交给出纳,留存第①和②联。

出纳:根据交来的银行汇票填写进账单。

会计:根据相关附件编制记账凭证,登记相关明细账。

出纳:根据记账凭证登记银行存款日记账。根据产品出库单③仓库联登记库存商品明细账。

3. **附件：**

付款期限
壹 个 月

中国银行

银行汇票(卡片) 1　　　　汇票号码 1202000345

出票日期（大写）　贰零壹贰年壹拾贰月零捌日　　代理付款行：中国银行　　行号：

<table>
<tr><td colspan="2">收款人：江城贝尔食品有限公司</td><td colspan="10">账　号：6322 1212 0005 5599</td></tr>
<tr><td>出票金额</td><td colspan="11">人民币
（大写）伍佰柒拾万元整</td></tr>
<tr><td rowspan="2">实际结算金额</td><td rowspan="2">人民币
（大写）</td><td>千</td><td>百</td><td>十</td><td>万</td><td>千</td><td>百</td><td>十</td><td>元</td><td>角</td><td>分</td></tr>
<tr><td></td><td>5</td><td>7</td><td>0</td><td>0</td><td>0</td><td>0</td><td>0</td><td>0</td><td>0</td></tr>
</table>

申请人：吴兴副食商场　　　账号：**465 890 134**

出票行：________　行号：________

备　注：________

复核　　经办　　　　　　复核　　记账

此联出票行结算汇票时作汇出汇款借方凭证

付款期限
壹 个 月

中国银行

银行汇票(解讫通知) 3　　　　汇票号码 1202000345

出票日期（大写）　贰零壹贰年壹拾贰月零捌日　　代理付款行：中国银行　　行号：

<table>
<tr><td colspan="2">收款人：江城贝尔食品有限公司</td><td colspan="10">账　号：6322 1212 0005 5599</td></tr>
<tr><td>出票金额</td><td colspan="11">人民币
（大写）伍佰柒拾万元整</td></tr>
<tr><td rowspan="2">实际结算金额</td><td rowspan="2">人民币
（大写）</td><td>千</td><td>百</td><td>十</td><td>万</td><td>千</td><td>百</td><td>十</td><td>元</td><td>角</td><td>分</td></tr>
<tr><td></td><td>5</td><td>7</td><td>0</td><td>0</td><td>0</td><td>0</td><td>0</td><td>0</td><td>0</td></tr>
</table>

申请人：吴兴副食商场　　　账号：**465 890 134**

出票行：________　行号：________

备　注：________

复核　　经办　　　　　　复核　　记账

此联代理付款行兑付后随报单寄出票行　由出票行做多余款贷方凭证

江西省增值税专用发票

49124435421 记 账 联 No 00121203

开票日期： 年 月 日

<table>
<tr><td rowspan="4">购货单位</td><td colspan="3">名　　称：</td><td colspan="5" rowspan="4">密码区</td></tr>
<tr><td colspan="3">纳税人识别号：</td></tr>
<tr><td colspan="3">地址、电话：</td></tr>
<tr><td colspan="3">开户银行及账号：</td></tr>
<tr><td colspan="2">货物或应税劳务名称</td><td>规格型号</td><td>单位</td><td>数量</td><td>单价</td><td>金　额</td><td>税率</td><td>税　额</td></tr>
<tr><td colspan="2"></td><td></td><td></td><td></td><td></td><td></td><td></td><td></td></tr>
<tr><td colspan="2"></td><td></td><td></td><td></td><td></td><td></td><td></td><td></td></tr>
<tr><td colspan="2"></td><td></td><td></td><td></td><td></td><td></td><td></td><td></td></tr>
<tr><td colspan="2">合　计</td><td></td><td></td><td></td><td></td><td></td><td></td><td></td></tr>
<tr><td colspan="2">价税合计（大写）</td><td colspan="7">（小写）¥</td></tr>
<tr><td rowspan="4">销货单位</td><td colspan="3">名　　称：</td><td colspan="5" rowspan="4">备注</td></tr>
<tr><td colspan="3">纳税人识别号：</td></tr>
<tr><td colspan="3">地址、电话：</td></tr>
<tr><td colspan="3">开户银行及账号：</td></tr>
</table>

第三联 记账联 购货方记账凭证

收款人： 复核： 开票人： 销货单位（章）

中国银行　进账单　（回　单） 1

年　月　日

<table>
<tr><td rowspan="3">付款人</td><td>全　称</td><td colspan="4"></td><td rowspan="3">收款人</td><td>全　称</td><td colspan="11"></td></tr>
<tr><td>账　号</td><td colspan="4"></td><td>账　号</td><td colspan="11"></td></tr>
<tr><td>开户银行</td><td colspan="4"></td><td>开户银行</td><td colspan="11"></td></tr>
<tr><td rowspan="2">金额</td><td colspan="7" rowspan="2">人民币（大写）</td><td>亿</td><td>千</td><td>百</td><td>十</td><td>万</td><td>千</td><td>百</td><td>十</td><td>元</td><td>角</td><td>分</td></tr>
<tr><td></td><td></td><td></td><td></td><td></td><td></td><td></td><td></td><td></td><td></td><td></td></tr>
<tr><td colspan="2">票据种类</td><td colspan="3">转账支票</td><td colspan="14" rowspan="3">开户银行盖章</td></tr>
<tr><td colspan="2">票据张数</td><td colspan="3">1张</td></tr>
<tr><td colspan="5">复核　记账</td></tr>
</table>

此联是开户银行交给持（出）票人的回单

业务 24

1. **业务描述：**12 月 13 日，购进 5 台烤箱（不需安装）。

2. **业务流程及岗位责任：**

业务员：填写固定资产验收单交给会计。

出纳：办理电汇付款，支付货款及对方代垫运费。

会计：根据相关附件编制记账凭证，登记相关明细账。

出纳：根据记账凭证登记银行存款日记账。

3. **附件：**

广州市运输专用发票

（发票联）

顾客名称：江城贝尔食品有限公司　　2012 年 12 月 11 日　　No：004718

项　目	超过拾万元无效	金额 万	千	百	十	元	角	分
运费		￥	2	0	0	0	0	0
合计(大写)贰仟元整		￥	2	0	0	0	0	0

填票：成平　　收款人：李永生　　业户名称：广州永平运输公司

银行　信汇凭证　（回单）　1

委托日期　　年　月　日

汇款人	全　称		收款人	全　称	
	账　号			账　号	
	汇出地点	省　市/县		汇入地点	省　市/县
汇出行名称			汇入行名称		
金额	人民币（大写）		亿 千 百 十 万 千 百 十 元 角 分		
			支付密码		
汇出行签章			附加信息及用途： 复核　记账		

此联汇出行给汇款人的回单

广东省增值税专用发票

4391365208　　发　票　联　　No 00128259

开票日期:2012 年 12 月 11 日

购货单位	名　　称:江城贝尔食品有限公司 纳税人识别号:170138759871211 地址、电话:江城市人民南路 128 号 68678888 开户银行及账号:中国银行江城市分行高新支行 6322 1212 0005 5599	密码区					
货物或应税劳务名称	规格型号	单位	数量	单价	金　额	税率	税　额
豪华型电烤炉	SEB-3Y	台	5	22 900.00	114 500.00	17%	19 465.00
合　计					¥114 500.00		¥19 465.00
价税合计(大写)	壹拾叁万叁仟玖佰陆拾伍元整				(小写)¥133 965.00		
销货单位	名　　称:广州三迈机械设备公司 纳税人识别号:440106 000644807 地址、电话:广州花都区复兴路 26 号 66705560 开户银行及账号:建行广州分行复兴路分理处 64186387	备注					

第一联　发票联　购货方记账凭证

江城贝尔食品有限公司固定资产验收单

验收日期:

资产类别		资产名称		规格	
数量		单位成本		总金额	
单位原值		单位残值		年折旧率	
生产厂家		取得方式		使用部门	
使用寿命					

主管:　　验收:　　采购:

业务 25

1. **业务描述:**12 月 13 日,收到欧鹏养鸡场的赔偿款。

2. **业务流程及岗位责任:**

出纳:根据收到的转账支票填写进账单。

会计:根据相关附件编制记账凭证,登记相关明细账。

出纳:根据记账凭证登记银行存款日记账。

3. **附件：**

中国工商银行　转账支票　Ⅶ00594013

本支票付款期限10天

出票日期(大写)贰零壹贰年壹拾贰月零壹拾叁日　付款行名称：建行永兴分理处

收款人：江城贝尔食品有限公司　　出票人账号：69933078

人民币（大写）	壹仟零陆元贰角整	亿	千	百	十	万	千	百	十	元	角	分
						¥	1	0	0	6	2	0

用　途　付赔偿款

上列款项请从我账户内支付

出票人签章　　　　复核　　　　记账

中国银行进账单　（回　单）

年　　月　　日

付款人	全　称		收款人	全　称	
	账　号			账　号	
	开户银行			开户银行	

金额	人民币（大写）	亿	千	百	十	万	千	百	十	元	角	分

票据种类	转账支票	
票据张数	1张	
复核　记账		开户银行盖章

此联是开户银行交给持（出）票人的回单

业务26

1. **业务描述：**12月14日，销售部支付广告费15 600元。

2. **业务流程及岗位责任：**

出纳：填写转账支票。

会计：根据相关附件编制记账凭证，登记相关明细账。

出纳：根据记账凭证登记银行存款日记账。

3. **附件：**

江城市服务业统一发票

发 票 联

2012 年 12 月 14 日 No:78556

客户名称	江城贝尔食品有限公司											
项 目	摘 要	数量	单价	金 额								
				百	十	万	千	百	十	元	角	分
广告费		1	15 600		¥	1	5	6	0	0	0	0
合计人民币(大写)	壹万伍仟陆佰元整				¥	1	5	6	0	0	0	0

第二联：发票

收费专用章 制单 业户名称：袁熙广告公司

中国银行 转账支票存根 Ⅶ00362305 科 目______ 对方科目______ 出票日期 年 月 日 收款人： 金额： 用途： 单位主管 会计	本支票付款期限10天	中国银行 转账支票 Ⅶ00362305 出票日期(大写) 年 月 日 付款行名称： 收款人： 出票人账号： 人民币(大写) | 亿 | 千 | 百 | 十 | 万 | 千 | 百 | 十 | 元 | 角 | 分 用 途______ 上列款项请从我账户内支付 出票人签章 复核 记账

业务 27

1. **业务描述：**12 月 14 日，饼干车间和沙琪玛车间各领用漏斗 10 个，作为车间生产管理用。

2. **业务流程及岗位责任：**

业务员：开具材料出库单，将③仓库联交给出纳，留存第①和②联。

出纳：根据材料出库单③仓库联登记原材料明细账。

业务 28

1. **业务描述：**12 月 14 日，从中凯食品科技有限公司购买香精 500 公斤，办理期限为 3 个月的银行承兑汇票支付货款，材料入库。

2. **业务流程及岗位责任：**

业务员：填写材料入库单。

出纳：办理银行承兑汇票。

会计：根据相关附件编制记账凭证，登记相关明细账。

出纳：根据记账凭证登记银行存款日记账、原材料明细账。

3. **附件**：

江西省增值税专用发票

45491442321　　发票联　　No 00171768

开票日期：2012 年 12 月 14 日

购货单位	名　　称：江城贝尔食品有限公司 纳税人识别号：170138759871211 地址、电话：江城市人民南路 128 号 68678888 开户银行及账号：中国银行江城市分行高新支行 6322 1212 0005 5599	密码区					
货物或应税劳务名称	规格型号	单位	数量	单价	金　额	税率	税　额
香精		公斤	500	220	110 000	17%	18 700
合　计					110 000	17%	18 700
价税合计（大写）	壹拾贰万捌仟柒佰元整				（小写）¥128 700.00		
销货单位	名　　称：中凯科技食品有限公司 纳税人识别号：986240982600100 地址、电话：江城市中凯路 15 号 62681203 开户银行及账号：工商银行江城市中凯分理处 63432 1561 8183 2200	备注					

第一联　发票联　购货方购货凭证

收款人：　　复核：　　开票人：　　销货单位(章)

江西省增值税专用发票

45491442321　　抵 扣 联　　No　00171768

开票日期:2012 年 12 月 14 日

<table>
<tr><td rowspan="4">购货单位</td><td colspan="4">名　　称:江城贝尔食品有限公司</td><td colspan="4" rowspan="4">密码区</td></tr>
<tr><td colspan="4">纳税人识别号:170138759871211</td></tr>
<tr><td colspan="4">地址、电话:江城市人民南路 128 号
68678888</td></tr>
<tr><td colspan="4">开户银行及账号:
中国银行江城市分行高新支行
6322 1212 0005 5599</td></tr>
<tr><td>货物或应税劳务名称</td><td>规格型号</td><td>单位</td><td>数量</td><td>单价</td><td>金　额</td><td>税率</td><td>税　额</td></tr>
<tr><td>香精</td><td></td><td>公斤</td><td>500</td><td>220</td><td>110 000</td><td>17%</td><td>18 700</td></tr>
<tr><td></td><td></td><td></td><td></td><td></td><td></td><td></td><td></td></tr>
<tr><td></td><td></td><td></td><td></td><td></td><td></td><td></td><td></td></tr>
<tr><td></td><td></td><td></td><td></td><td></td><td></td><td></td><td></td></tr>
<tr><td>合　计</td><td></td><td></td><td></td><td></td><td>110 000</td><td>17%</td><td>18 700</td></tr>
<tr><td>价税合计(大写)</td><td colspan="7">壹拾贰万捌仟柒佰元整　　　　(小写)¥128 700.00</td></tr>
<tr><td rowspan="4">销货单位</td><td colspan="4">名　　称:中凯科技食品有限公司</td><td colspan="4" rowspan="4">备注</td></tr>
<tr><td colspan="4">纳税人识别号:986240982600100</td></tr>
<tr><td colspan="4">地址、电话:江城市中凯路 15 号
62681203</td></tr>
<tr><td colspan="4">开户银行及账号:
工商银行江城市中凯分理处
63432 1561 8183 2200</td></tr>
</table>

第二联　抵扣联　购货方抵扣凭证

收款人:　　复核:　　开票人:　　销货单位(章)

银行承兑协议(存根)　1

编号:

银行承兑汇票的内容:

收款人全称＿＿＿＿＿＿　　付款人全称＿＿＿＿＿＿

开户银行＿＿＿＿＿＿　　开户银行＿＿＿＿＿＿

账　　号＿＿＿＿＿＿　　账　　号＿＿＿＿＿＿

汇票号码＿＿＿＿＿＿　　汇票金额(大写)＿＿＿＿＿＿

签发日期＿＿年＿＿月＿＿日　　到期日期＿＿年＿＿月＿＿日

以上汇票经承兑银行承兑,承兑申请人(下称申请人)愿遵守《银行结算办法》的规定以及下列条款:

一、申请人于汇票到期日前将应付票款足额交存承兑银行。

二、承兑手续费按票面金额万分之(五)计划,在银行承兑时一次付清。

三、承兑汇票如发生任何交易纠纷,均由收付双方自行处理,票款于到期前仍按第一条办理。

四、承兑汇票到期日,承兑银行凭票无条件支付票款。如到期日之前申请人不能足额交付票款,承兑银行对不足支付票款转作承兑申请逾期贷款,并按照有关规定计收罚息。

五、承兑汇票款付清后,本协议自动失效。

本协议第一、二联分别由承兑银行信贷部门和承兑申请人存执,协议副本由承兑银行会计部门存查。

承兑申请人签章:　　承兑银行签章:

订立承兑协议日期:　　年　　月　　日

业务 29

1. **业务描述**：12 月 14 日，按以下资料领用原材料。

领用单位	用途	材料编号	材料名称	计量单位	数量
饼干车间	生产用	ZL01	面粉	公斤	11 200
饼干车间	生产用	ZL02	植物油	公斤	1 400
饼干车间	生产用	ZL03	白砂糖	公斤	1 000
饼干车间	生产用	ZL04	鸡蛋	公斤	1 000
饼干车间	生产用	ZL05	食用盐	公斤	600
饼干车间	生产用	ZL06	可可粉	公斤	1 000
饼干车间	生产用	ZL07	黄油	公斤	1 000
饼干车间	生产用	ZL08	香精	公斤	400
饼干车间	生产用	ZL09	食品添加剂	公斤	280
饼干车间	生产用	ZL10	乳粉	公斤	1 000
沙琪玛车间	生产用	ZL01	面粉	公斤	8 000
沙琪玛车间	生产用	ZL02	植物油	公斤	500
沙琪玛车间	生产用	ZL03	白砂糖	公斤	4 000
沙琪玛车间	生产用	ZL04	鸡蛋	公斤	6 000
沙琪玛车间	生产用	ZL05	食用盐	公斤	100
沙琪玛车间	生产用	ZL07	黄油	公斤	400
沙琪玛车间	生产用	ZL08	香精	公斤	100
沙琪玛车间	生产用	ZL09	食品添加剂	公斤	200
沙琪玛车间	生产用	ZL10	乳粉	公斤	400

2. **业务流程及岗位责任**：

业务员：开具材料出库单，将③仓库联交给出纳，留存第①和②联。

出纳：根据材料出库单③仓库联登记原材料明细账。

业务 30

1. **业务描述**：12 月 15 日，缴电费。

2. **业务流程及岗位责任**：

出纳：填写转账支票。

会计：根据相关附件编制记账凭证，登记相关明细账。

出纳：根据记账凭证登记银行存款日记账。

3. **附件：**

江西省增值税专用发票

发 票 联

49124435421　　　　No 00131579

开票日期：2012 年 12 月 15 日

购货单位	名　　称：江城贝尔食品有限公司 纳税人识别号：170138759871211 地址、电话：江城市人民南路 128 号 68678888 开户银行及账号：中国银行江城市分行高新支行 6322 1212 0005 5599	密码区					
货物或应税劳务名称	规格型号	单位	数量	单价	金　额	税率	税　额
电		度	12 500	0.45	5 625	17%	956.25
合　计					5 625		956.25
价税合计（大写）	陆仟伍佰捌拾壹元贰角伍分				（小写）¥6 581.25		
销货单位	名　　称：江城市电力公司 纳税人识别号：986240982600100 地址、电话：江城市中兴路 20 号 63792313 开户银行及账号：工商银行江城市中兴分理处 65654 3783 0305 4422	备注					

第一联　发票联　购货方记账凭证

收款人：　　　　复核：　　　　开票人：　　　　销货单位(章)

江西省增值税专用发票

49124435421　　　　抵 扣 联　　　　No 00131579

开票日期：2012 年 12 月 15 日

购货单位	名　　称：江城贝尔食品有限公司 纳税人识别号：170138759871211 地址、电话：江城市人民南路 128 号 68678888 开户银行及账号：中国银行江城市分行高新支行 6322 1212 0005 5599	密码区

货物或应税劳务名称	规格型号	单位	数量	单价	金　额	税率	税　额
电		度	12 500	0.45	5 625	17%	956.25
合　计					5 625		956.25
价税合计（大写）	陆仟伍佰捌拾壹元贰角伍分　　（小写）￥6 581.25						

销货单位	名　　称：江城市电力公司 纳税人识别号：986240982600100 地址、电话：江城市中兴路 20 号 63792313 开户银行及账号：工商银行江城市中兴分理处 65654 3783 0305 4422	备注

收款人：　　复核：　　开票人：　　销货单位（章）

第二联 抵扣联 购货方抵扣凭证

中国银行 转账支票存根 Ⅶ00362306 科　　目________ 对方科目________ 出票日期　　年　月　日 收款人： 金额： 用途： 单位主管　　会计	本支票付款期限10天	中国银行　转账支票　Ⅶ00362306 出票日期（大写）　　年　　月　　日　付款行名称： 收款人：　　　　出票人账号： 人民币（大写）　亿 千 百 十 万 千 百 十 元 角 分 用　途________ 上列款项请从我账户内支付 出票人签章　　　　复核　　　记账

业务 31

1. **业务描述**：12 月 15 日，缴水费。

2. **业务流程及岗位责任**：

出纳：填写转账支票。

会计：根据相关附件编制记账凭证，登记相关明细账。

出纳：根据记账凭证登记银行存款日记账。

3. **附件**：

江西省增值税专用发票

49124435421　　发 票 联　　No 00151789

开票日期：2012 年 12 月 15 日

购货单位	名　　称：江城贝尔食品有限公司 纳税人识别号：170138759871211 地址、电话：江城市人民南路 128 号 68678888 开户银行及账号：中国银行江城市分行高新支行 6322 1212 0005 5599	密码区					
货物或应税劳务名称	规格型号	单位	数量	单价	金　额	税率	税　额
自来水		吨	2 500	2.6	6 500	17%	1 105
合　计					6 500		1 105
价税合计（大写）	柒仟陆佰零伍元整		（小写）¥7 605				
销货单位	名　　称：江城市自来水公司 纳税人识别号：219573215900400 地址、电话：江城市中兴路 35 号 66025646 开户银行及账号：工商银行江城市中兴分理处 65654 3783 3638 7755	备注					

第一联　发票联　购货方记账凭证

收款人：　　复核：　　开票人：　　销货单位（章）

江西省增值税专用发票

49124435421　　抵 扣 联　　No 00151789

开票日期:2012年12月15日

购货单位	
名　　称:江城贝尔食品有限公司 纳税人识别号:170138759871211 地址、电话:江城市人民南路128号 68678888 开户银行及账号:中国银行江城市分行高新支行 6322 1212 0005 5599	密码区

货物或应税劳务名称	规格型号	单位	数量	单价	金额	税率	税额
自来水		吨	2 500	2.6	6 500	17%	1 105
合　计					6 500		1 105
价税合计(大写)	柒仟陆佰零伍元整			(小写)¥7 605			

销货单位	
名　　称:江城市自来水公司 纳税人识别号:219573215900400 地址、电话:江城市中兴路35号 66025646 开户银行及账号:工商银行江城市中兴分理处 65654 3783 3638 7755	备注

收款人:　　复核:　　开票人:　　销货单位(章)

第二联 抵扣联 购货方抵扣凭证

中国银行 转账支票存根

Ⅶ00362307

科　　目________

对方科目________

出票日期　　年　月　日

收款人:

金额:

用途:

单位主管　　会计

中国银行　转账支票　Ⅶ00362307

本支票付款期限10天

出票日期(大写)　　年　　月　　日　付款行名称:

收款人:　　出票人账号:

人民币(大写)	亿	千	百	十	万	千	百	十	元	角	分

用　途________

上列款项请从我账户内支付

出票人签章　　复核　　记账

业务 32

1. **业务描述**:12 月 16 日,王林以现金 150 万元入股,使本公司注册资本增加至 1 000 万元。

2. **业务流程及岗位责任**:

业务员:更新股东名册。

出纳:根据转账支票填写进账单。

会计:根据相关附件编制记账凭证,登记相关明细账。

出纳:根据记账凭证登记银行存款日记账。

3. **附件**:

中国农业银行　转账支票　Ⅶ22685631

本支票付款期限10天

出票日期(大写)贰零壹贰年壹拾贰月零壹拾陆日　付款行名称:农行永胜分理处

收款人:江城贝尔食品有限公司　出票人账号:566330560

人民币(大写)		亿	千	百	十	万	千	百	十	元	角	分
	壹佰伍拾万元整		¥	1	5	0	0	0	0	0	0	0

用　途　投资款

上列款项请从我账户内支付

出票人签章　复核　记账

江城贝尔食品有限公司股东名册　单位:万元

股东	出资额	所占股份比例	出资方式	备注
罗文林	300		现金	董事长
田毅	100		现金	总经理
胡华	100		现金	
黄慧	70		现金	
李林	70		现金	
谢平	70		现金	
刘宇	70		现金	
徐辉	70		现金	
邓加	70		现金	
王林			现金	
合计	1 000	100%		

中国银行进账单　（回　单）

年　　月　　日

付款人	全　称		收款人	全　称											
	账　号			账　号											
	开户银行			开户银行											
金额	人民币（大写）				亿	千	百	十	万	千	百	十	元	角	分
票据种类	转账支票														
票据张数	1张														
复核　记账			开户银行盖章												

此联是开户银行交给持（出）票人的回单

业务33

1. **业务描述**：12月17日，发出代销商品。

2. **业务流程及岗位责任**：

业务员：根据代销协议的内容填制出库单。

出纳：根据出库单登记库存商品明细账。

3. **附件**：

代销协议

甲方：江城贝尔食品有限公司

乙方：利德便利连锁店

甲方为扩大产品销售，委托乙方代销其产品共计5 000公斤，具体情况如下：夹心饼干1 000公斤，单价30元；巧克力饼干2 000公斤，单价45元；鸡蛋沙琪玛1 000公斤，单价25元；芝麻沙琪玛1 000公斤，单价28元。乙方销售后结算货款，按售价的5%（不含增值税）收取代销手续费。

甲方签章：　　　　　　　　乙方签章：

2012年12月16日　　　　　　2012年12月16日

业务34

1. **业务描述**：见附件。

2. **业务流程及岗位责任**：

会计：根据相关附件编制记账凭证，登记相关明细账。

3. **附件：**

万达证券江城人民路证券营业部卖出交割凭证

成交日期	2012.12.17	证券名称	实德股份
资金账号	538661788	成交数量	60 张
代码	A598058802	面值	60 000.00
姓名	江城贝尔食品有限公司	成交金额	62 500.00
席位代码	65023	实收佣金	93.75
申请编号	512062	印花税	6.25
申报时间	10:29:32	过户费	
成交时间	10:32:45	附加费	0.00
单位股利		结算价格	624 00.00
成交编号	85173871	实付金额	62 400.00
上次资金	100 500.00	本次资金	162 900.00
上次数量		本次数量	60 张
委托来源	IN	打印日期	2012.12.16

业务 35

1. **业务描述**：12 月 18 日，出租货车 5 台给欣欣运输公司，共收取押金 100 000 元，租金 25 000 元。

2. **业务流程及岗位责任：**

业务员：开具发票，计算营业税。

出纳：根据转账支票填写进账单，填写收取押金的收据。

会计：根据相关附件编制记账凭证，登记相关明细账。

出纳：根据记账凭证登记银行存款日记账。

3. **附件：**

中国农业银行　转账支票　Ⅶ22685678

本支票付款期限10天

出票日期(大写)贰零壹贰年壹拾贰月零壹拾捌日　付款行名称：农行盛行分理处

收款人：江城贝尔食品有限公司　　出票人账号：344118240

人民币(大写)		亿	千	百	十	万	千	百	十	元	角	分
	壹拾贰万伍仟元整			¥	1	2	5	0	0	0	0	0

用　途　押金和租金

上列款项请从我账户内支付

出票人签章　　　　复核　　　　记账

中国银行进账单　(回　单)

年　　月　　日

<table>
<tr><td rowspan="3">付款人</td><td>全　称</td><td></td><td rowspan="3">收款人</td><td>全　称</td><td colspan="11"></td></tr>
<tr><td>账　号</td><td></td><td>账　号</td><td colspan="11"></td></tr>
<tr><td>开户银行</td><td></td><td>开户银行</td><td colspan="11"></td></tr>
<tr><td rowspan="2">金额</td><td colspan="4" rowspan="2">人民币
(大写)</td><td>亿</td><td>千</td><td>百</td><td>十</td><td>万</td><td>千</td><td>百</td><td>十</td><td>元</td><td>角</td><td>分</td></tr>
<tr><td></td><td></td><td></td><td></td><td></td><td></td><td></td><td></td><td></td><td></td><td></td></tr>
<tr><td colspan="2">票据种类</td><td>转账支票</td><td colspan="13" rowspan="3">开户银行盖章</td></tr>
<tr><td colspan="2">票据张数</td><td>1 张</td></tr>
<tr><td colspan="3">复核　　记账</td></tr>
</table>

此联是开户银行交给持(出)票人的回单

租赁业普通发票　　　　发票号码:№06026

年　　月　　日

租赁单位:

<table>
<tr><td rowspan="2">出租项目</td><td rowspan="2">租赁期</td><td rowspan="2">单　位</td><td rowspan="2">数　量</td><td rowspan="2">单　价</td><td colspan="7">金　额</td></tr>
<tr><td>万</td><td>千</td><td>百</td><td>十</td><td>元</td><td>角</td><td>分</td></tr>
<tr><td></td><td></td><td></td><td></td><td></td><td></td><td></td><td></td><td></td><td></td><td></td><td></td></tr>
<tr><td></td><td></td><td></td><td></td><td></td><td></td><td></td><td></td><td></td><td></td><td></td><td></td></tr>
<tr><td></td><td></td><td></td><td></td><td></td><td></td><td></td><td></td><td></td><td></td><td></td><td></td></tr>
<tr><td colspan="5">合　　计</td><td></td><td></td><td></td><td></td><td></td><td></td><td></td></tr>
<tr><td colspan="12">金额大写(人民币合计):</td></tr>
</table>

第一联　存根联

开票:　　　　　　　　　　收款:

租赁业普通发票　　　　发票号码:№06026

年　月　日

租赁单位:

<table>
<tr><td rowspan="2">出租项目</td><td rowspan="2">租赁期</td><td rowspan="2">单　位</td><td rowspan="2">数　量</td><td rowspan="2">单　价</td><td colspan="7">金　额</td></tr>
<tr><td>万</td><td>千</td><td>百</td><td>十</td><td>元</td><td>角</td><td>分</td></tr>
<tr><td></td><td></td><td></td><td></td><td></td><td></td><td></td><td></td><td></td><td></td><td></td><td></td></tr>
<tr><td></td><td></td><td></td><td></td><td></td><td></td><td></td><td></td><td></td><td></td><td></td><td></td></tr>
<tr><td></td><td></td><td></td><td></td><td></td><td></td><td></td><td></td><td></td><td></td><td></td><td></td></tr>
<tr><td colspan="5">合　　计</td><td></td><td></td><td></td><td></td><td></td><td></td><td></td></tr>
<tr><td colspan="12">金额大写(人民币合计):</td></tr>
</table>

第二联　发票联

开票:　　　　　　　　　　收款:

租赁业普通发票 发票号码:№06026

年 月 日

租赁单位:

出租项目	租赁期	单 位	数 量	单 价	金 额						
					万	千	百	十	元	角	分
合 计											
金额大写(人民币合计):											

第三联 记账联

开票: 收款:

营业税计算

年 月 日

应税项目	计税金额(元)	税率	应纳税额(元)

业务 36

1. **业务描述:**12 月 18 日,按以下资料领用原材料及包装材料。

领用单位	用途	材料编号	材料名称	计量单位	数量
饼干车间	生产夹心饼干用	FL02	果酱	公斤	1 000
饼干车间	生产用	FL03	苏打	公斤	60
沙琪玛车间	生产用	FL03	苏打	公斤	60
沙琪玛车间	生产芝麻沙琪玛用	FL01	芝麻	公斤	50

种类	品名	计量单位	数量
包装物	夹心饼干包装袋	包	10
	巧克力饼干包装袋	包	10
	鸡蛋沙琪玛包装袋	包	10
	芝麻沙琪玛包装袋	包	10
	夹心饼干包装箱	个	100
	巧克力饼干包装箱	个	100
	鸡蛋沙琪玛包装箱	个	100
	芝麻沙琪玛包装箱	个	100

2. **业务流程及岗位责任:**

业务员:开具材料出库单、周转材料出库单,将③仓库联交给出纳,留存第①和②联。

会计：根据周转材料仓库单编制记账凭证。

出纳：根据材料出库单登记原材料明细账，根据周转材料出库单登记周转材料明细账。

业务 37

1. **业务描述**：12 月 19 日，饼干车间和沙琪玛车间入库各种产品各 10 000 公斤。

2. **业务流程及岗位责任**：

业务员：填写产品入库单。

出纳：根据产品入库单第③联登记库存商品明细账。

业务 38

1. **业务描述**：12 月 18 日，提取现金 4 000 元备用。

2. **业务流程及岗位责任**：

会计：根据相关附件编制记账凭证。

出纳：根据记账凭证登记现金、银行存款日记账。

3. **附件**：

<table>
<tr><td>中国银行
转账支票存根
Ⅶ00262302
科　　目______
对方科目______
出票日期　　年　月　日
收款人：
金额：
用途：
单位主管　　　会计</td><td>本支票付款期限10天</td><td>中国银行　转账支票　Ⅶ00262302
出票日期(大写)　　年　　月　　日　付款行名称：
收款人：　　　　出票人账号：
人民币(大写)　｜亿｜千｜百｜十｜万｜千｜百｜十｜元｜角｜分｜
用　途______　　科　目(借)______
上列款项
请从我账户内支付　　对方科目(贷)______
出票人签章　　　复核　　记账</td></tr>
</table>

业务 39

1. **业务描述**：12 月 19 日，行政部报销餐饮费 1 750 元，出纳支付现金。

2. **业务流程及岗位责任**：

业务员：填写报销单。

会计：根据相关附件编制记账凭证，登记相关明细账。

出纳：根据记账凭证登记现金日记账。

3. **附件：**

江城贝尔食品有限公司费用报销单

年　月　日

部门名称					
费用项目					
序号	品名	单价	数量	金额	备注
1					
2					
3					
合计					
备注					
结算方式	1. 冲借款________元；2. 转账________元；3. 现金付讫________元。				
报销人签字或证明人签字：					
审批人			审核人：		

江城市地方税务局通用机打发票
发票联

发票代码：250001300205
发票号码：22178141
机打号：22178141
机器编号：000100000080660
行业分类：服务业
收款单位：高新区长乐餐厅

纳税人识别号：5102150781102712504
开票日期：20121219　　　　收款人：系统管理员
付款单位(个人)：江城贝尔食品有限公司

经营项目	单价	数量	金额
餐饮费	1 750	1	1 750

加盖发票专用章有效

小写合计：1 750.00
大写合计：壹仟柒佰伍拾元整

业务 40

1. **业务描述**：12 月 20 日，销售部报销江城市有限电视台广告费 27 900 元，出纳开出转账支票支付。

2. **业务流程及岗位责任**：

业务员：填写报销单。

出纳：开转账支票。

会计：根据相关附件编制记账凭证，登记相关明细账。

出纳：根据记账凭证登记银行存款日记账。

3. **附件**：

服务业普通发票　　发票号码：№03737

2012 年 12 月 20 日

购货单位：江城贝尔食品有限公司

品　名	规　格	单　位	数　量	单　价	金额						
					万	千	百	十	元	角	分
广告费		分钟	93	300	2	7	9	0	0	0	0
合　计					2	7	9	0	0	0	0
金额大写(人民币合计)：贰万柒仟玖佰元整											

第二联　发票联

开票：雪莹　　收款：杨芹

中国银行 转账支票存根 Ⅶ00362308	本支票付款期限10天	中国银行　转账支票　Ⅶ00362308
科　目		出票日期(大写)　年　月　日　付款行名称：
对方科目		收款人：　出票人账号：
出票日期　年　月　日		人民币(大写)　亿 千 百 十 万 千 百 十 元 角 分
收款人：		
金额：		用　途
用途：		上列款项请从我账户内支付
单位主管　会计		出票人签章　复核　记账

江城贝尔食品有限公司费用报销单

年 月 日

部门名称					
费用项目					
序号	品名	单价	数量	金额	备注
1					
2					
3					
合计					
备注					
结算方式	1. 冲借款________元;2. 转账________元;3. 现金付讫________元。				
报销人签字或证明人签字:					
审批人			审核人:		

业务 41

1. **业务描述**:12 月 21 日,江城市中级人民法院裁定华龙商厦破产。清算结果债务按 80%偿还。收到转账支票。

2. **业务流程及岗位责任**:

出纳:根据转账支票填写进账单。

会计:根据相关附件编制记账凭证,登记相关明细账。

出纳:根据记账凭证登记银行存款日记账。

3. **附件**:

中国农业银行 转账支票 Ⅶ22687890

出票日期(大写)贰零壹贰年壹拾贰月贰拾壹日 付款行名称:农行福星分理处

收款人:江城贝尔食品有限公司 出票人账号:122682210

本支票付款期限10天

人民币(大写)	亿	千	百	十	万	千	百	十	元	角	分
壹万玖仟陆百捌拾元整				¥	1	9	6	8	0	0	0

用 途 货款

上列款项请从我账户内支付

出票人签章 复核 记账

中国银行进账单　（回　单）

年　　月　　日

<table>
<tr><td rowspan="3">付款人</td><td>全　称</td><td colspan="3"></td><td rowspan="3">收款人</td><td>全　称</td><td colspan="11"></td><td rowspan="7">此联是开户银行交给持（出）票人的回单</td></tr>
<tr><td>账　号</td><td colspan="3"></td><td>账　号</td><td colspan="11"></td></tr>
<tr><td>开户银行</td><td colspan="3"></td><td>开户银行</td><td colspan="11"></td></tr>
<tr><td rowspan="2">金额</td><td colspan="6" rowspan="2">人民币
（大写）</td><td>亿</td><td>千</td><td>百</td><td>十</td><td>万</td><td>千</td><td>百</td><td>十</td><td>元</td><td>角</td><td>分</td></tr>
<tr><td></td><td></td><td></td><td></td><td></td><td></td><td></td><td></td><td></td><td></td><td></td></tr>
<tr><td colspan="2">票据种类</td><td colspan="2">转账支票</td><td colspan="15" rowspan="3">开户银行盖章</td></tr>
<tr><td colspan="2">票据张数</td><td colspan="2">1 张</td></tr>
<tr><td colspan="4">复核　　记账</td></tr>
</table>

业务 42

1. **业务描述：**12 月 21 日，从中凯食品科技有限公司购买苏打 1 000 公斤，未付款，材料入库。

2. **业务流程及岗位责任：**

业务员：填写材料入库单。

会计：根据相关附件编制记账凭证，登记相关明细账。

出纳：根据材料入库单登记原材料明细账。

3. **附件：**

江西省增值税专用发票

45491442321　　　　发 票 联　　　　No 00171793

开票日期：2012 年 12 月 21 日

<table>
<tr><td rowspan="4">购货单位</td><td colspan="4">名　　称：江城贝尔食品有限公司</td><td colspan="4" rowspan="4">密码区</td></tr>
<tr><td colspan="4">纳税人识别号：170138759871211</td></tr>
<tr><td colspan="4">地址、电话：江城市人民南路 128 号 68678888</td></tr>
<tr><td colspan="4">开户银行及账号：
中国银行江城市分行高新支行
6322 1212 0005 5599</td></tr>
<tr><td colspan="2">货物或应税劳务名称</td><td>规格型号</td><td>单位</td><td>数量</td><td>单价</td><td>金　额</td><td>税率</td><td>税　额</td></tr>
<tr><td colspan="2">苏打</td><td></td><td>公斤</td><td>1 000</td><td>5.2</td><td>5 200</td><td>17%</td><td>884</td></tr>
<tr><td colspan="2"></td><td></td><td></td><td></td><td></td><td></td><td></td><td></td></tr>
<tr><td colspan="2"></td><td></td><td></td><td></td><td></td><td></td><td></td><td></td></tr>
<tr><td colspan="2"></td><td></td><td></td><td></td><td></td><td></td><td></td><td></td></tr>
<tr><td colspan="2">合　计</td><td></td><td></td><td></td><td></td><td>5 200</td><td>17%</td><td>884.00</td></tr>
<tr><td colspan="2">价税合计（大写）</td><td colspan="7">陆仟零捌拾肆元整　　　　（小写）￥6 084.00</td></tr>
<tr><td rowspan="4">销货单位</td><td colspan="4">名　　称：中凯科技食品有限公司</td><td colspan="4" rowspan="4">备注</td></tr>
<tr><td colspan="4">纳税人识别号：986240982600100</td></tr>
<tr><td colspan="4">地址、电话：江城市中凯路 15 号 62681203</td></tr>
<tr><td colspan="4">开户银行及账号：
工商银行江城市中凯分理处
63432 1561 8183 2200</td></tr>
</table>

第一联　发票联　购货方购货凭证

收款人：　　　　复核：　　　　开票人：　　　　销货单位（章）

江西省增值税专用发票

45491442321　　　　抵 扣 联　　　　No　00171793

开票日期:2012 年 12 月 21 日

<table>
<tr><td rowspan="4">购货单位</td><td colspan="4">名　　称:江城贝尔食品有限公司</td><td colspan="4" rowspan="4">密码区</td></tr>
<tr><td colspan="4">纳税人识别号:170138759871211</td></tr>
<tr><td colspan="4">地址、电话:江城市人民南路 128 号
68678888</td></tr>
<tr><td colspan="4">开户银行及账号:
中国银行江城市分行高新支行
6322 1212 0005 5599</td></tr>
<tr><td colspan="2">货物或应税劳务名称</td><td>规格型号</td><td>单位</td><td>数量</td><td>单价</td><td>金　额</td><td>税率</td><td>税　额</td></tr>
<tr><td colspan="2">苏打</td><td></td><td>公斤</td><td>1 000</td><td>5.2</td><td>5 200</td><td>17%</td><td>884</td></tr>
<tr><td colspan="2"></td><td></td><td></td><td></td><td></td><td></td><td></td><td></td></tr>
<tr><td colspan="2"></td><td></td><td></td><td></td><td></td><td></td><td></td><td></td></tr>
<tr><td colspan="2"></td><td></td><td></td><td></td><td></td><td></td><td></td><td></td></tr>
<tr><td colspan="2">合　计</td><td></td><td></td><td></td><td></td><td>5 200</td><td>17%</td><td>884.00</td></tr>
<tr><td colspan="2">价税合计(大写)</td><td colspan="7">陆仟零捌拾肆元整　　　　(小写)￥6 084.00</td></tr>
<tr><td rowspan="4">销货单位</td><td colspan="4">名　　称:中凯科技食品有限公司</td><td colspan="4" rowspan="4">备注</td></tr>
<tr><td colspan="4">纳税人识别号:986240982600100</td></tr>
<tr><td colspan="4">地址、电话:江城市中凯路 15 号
62681203</td></tr>
<tr><td colspan="4">开户银行及账号:
工商银行江城市中凯分理处
63432 1561 8183 2200</td></tr>
</table>

第二联　抵扣联　购货方抵扣凭证

收款人:　　　　复核:　　　　开票人:　　　　销货单位(章)

业务 43

1. **业务描述:**12 月 21 日,从开元纸箱厂购进以下包装箱,开出转账支票付款,材料入库。

品名	计量单位	数量	单价
夹心饼干包装箱	个	200	10
巧克力饼干包装箱	个	200	10
鸡蛋沙琪玛包装箱	个	200	10
芝麻沙琪玛包装箱	个	200	10

2. **业务流程及岗位责任:**

业务员:填写材料入库单。

会计：根据相关附件编制记账凭证，登记相关明细账。

出纳：根据材料入库单登记原材料明细账。

3. **附件**：

江西省增值税专用发票

45491442321　　发 票 联　　No 00191939

开票日期：2012 年 12 月 21 日

<table>
<tr><td rowspan="4">购货单位</td><td colspan="3">名　　称：江城贝尔食品有限公司</td><td colspan="5" rowspan="4">密码区</td></tr>
<tr><td colspan="3">纳税人识别号：170138759871211</td></tr>
<tr><td colspan="3">地址、电话：江城市人民南路 128 号 68678888</td></tr>
<tr><td colspan="3">开户银行及账号：中国银行江城市分行高新支行 6322 1212 0005 5599</td></tr>
<tr><td colspan="2">货物或应税劳务名称</td><td>规格型号</td><td>单位</td><td>数量</td><td>单价</td><td>金　额</td><td>税率</td><td>税　额</td></tr>
<tr><td colspan="2">夹心饼干包装箱</td><td></td><td>个</td><td>200</td><td>10</td><td>2 000</td><td>17%</td><td>340</td></tr>
<tr><td colspan="2">巧克力饼干包装箱</td><td></td><td>个</td><td>200</td><td>10</td><td>2 000</td><td>17%</td><td>340</td></tr>
<tr><td colspan="2">鸡蛋沙琪玛包装箱</td><td></td><td>个</td><td>200</td><td>10</td><td>2 000</td><td>17%</td><td>340</td></tr>
<tr><td colspan="2">芝麻沙琪玛包装箱</td><td></td><td>个</td><td>200</td><td>10</td><td>2 000</td><td>17%</td><td>340</td></tr>
<tr><td colspan="2">合　计</td><td></td><td></td><td></td><td></td><td>8 000</td><td>17%</td><td>1 360</td></tr>
<tr><td colspan="2">价税合计（大写）</td><td colspan="7">玖仟叁佰陆拾元整　　（小写）¥9 360.00</td></tr>
<tr><td rowspan="4">销货单位</td><td colspan="3">名　　称：开元纸箱厂</td><td colspan="5" rowspan="4">备注</td></tr>
<tr><td colspan="3">纳税人识别号：542806548266766</td></tr>
<tr><td colspan="3">地址、电话：江城市开元路 23 号 68247869</td></tr>
<tr><td colspan="3">开户银行及账号：工商银行江城市开元分理处 29098 7127 4749 8866</td></tr>
</table>

第一联　发票联　购货方购货凭证

收款人：　　复核：　　开票人：　　销货单位（章）

江西省增值税专用发票

4549144232 1　　　　抵　扣　联　　　　No　00191939

开票日期:2012 年 12 月 21 日

购货单位	名　　称:江城贝尔食品有限公司 纳税人识别号:170138759871211 地址、电话:江城市人民南路 128 号 68678888 开户银行及账号:中国银行江城市分行高新支行 6322 1212 0005 5599	密码区					
货物或应税劳务名称	规格型号	单位	数量	单价	金　额	税率	税　额
夹心饼干包装箱		个	200	10	2 000	17%	340
巧克力饼干包装箱		个	200	10	2 000	17%	340
鸡蛋沙琪玛包装箱		个	200	10	2 000	17%	340
芝麻沙琪玛包装箱		个	200	10	2 000	17%	340
合　计					8 000	17%	1 360
价税合计(大写)	玖仟叁佰陆拾元整　　(小写)￥9 360.00						
销货单位	名　　称:开元纸箱厂 纳税人识别号:542806548266766 地址、电话:江城市开元路 23 号 68247869 开户银行及账号:工商银行江城市开元分理处 29098 7127 4749 8866	备注					

第二联　抵扣联　购货方抵扣凭证

收款人:　　　　复核:　　　　开票人:　　　　销货单位(章)

中国银行 转账支票存根 Ⅶ00362309 科　　目＿＿＿＿ 对方科目＿＿＿＿ 出票日期　年　月　日 收款人: 金额: 用途: 单位主管　　会计	本支票付款期限10天	中国银行　转账支票　Ⅶ00362309 出票日期(大写)　年　月　日　付款行名称: 收款人:　　　出票人账号: 人民币(大写)　亿 千 百 十 万 千 百 十 元 角 分 用　途＿＿＿＿ 上列款项请从我账户内支付 出票人签章　　　复核　　　记账

业务 44

1. **业务描述:**12 月 22 日,按以下资料领用原材料。

领用单位	用途	材料编号	材料名称	计量单位	数量
饼干车间	生产夹心饼干用	FL02	果酱	公斤	1 000
饼干车间	生产用	FL03	苏打	公斤	180
沙琪玛车间	生产用	FL03	苏打	公斤	340
沙琪玛车间	生产芝麻沙琪玛用	FL01	芝麻	公斤	50

2. **业务流程及岗位责任:**

业务员:开具材料出库单,将③仓库联交给出纳,留存第①和②联。

出纳:根据材料出库单登记原材料明细账。

业务 45

1. **业务描述:**12 月 22 日,按以下资料领用包装材料。

种类	品名	计量单位	数量
包装物	夹心饼干包装袋	包	10
	巧克力饼干包装袋	包	10
	鸡蛋沙琪玛包装袋	包	10
	芝麻沙琪玛包装袋	包	10
	夹心饼干包装箱	个	100
	巧克力饼干包装箱	个	100
	鸡蛋沙琪玛包装箱	个	100
	芝麻沙琪玛包装箱	个	100

2. **业务流程及岗位责任:**

业务员:开具周转材料出库单,将③仓库联交给出纳,留存第①和②联。

会计:根据周转材料出库单编制记账凭证。

出纳:根据周转材料出库单登记周转材料明细账。

业务 46

1. **业务描述:**12 月 22 日,沙琪玛车间领用螺丝 10 公斤供车间修理用。

2. **业务流程及岗位责任:**

业务员:填写材料出库单。

出纳:根据材料出库单登记原材料明细账。

业务 47

1. **业务描述:**12 月 22 日,行政部领用煤 10 吨。

2. **业务流程及岗位责任:**

业务员:填写材料出库单。

出纳:根据材料出库单登记原材料明细账。

业务 48

1. **业务描述**：12 月 23 日，购入马钢股份的股票作为交易性金融资产。

2. **业务流程及岗位责任**：

会计：根据相关附件编制记账凭证，登记明细账。

3. **附件**：

万达证券江城人民路证券营业部买入交割凭证

成交日期	2012.12.23	证券名称	马钢股份
资金账号	538661788	成交数量	5 000 股
代码	A598058802	面值	5 000.00
姓名	江城贝尔食品有限公司	成交金额	22 500.00
席位代码	65023	实收佣金	33.75
申请编号	512062	印花税	2.25
申报时间	10:29:32	过户费	150
成交时间	10:32:45	附加费	0.00
单位股利		结算价格	22 686.00
成交编号	87395091	实付金额	22 686.00
上次资金	162 900.00	本次资金	140 214.00
上次数量		本次数量	50 张
委托来源	IN	打印日期	2012.12.23

业务 49

1. **业务描述**：12 月 24 日，饼干车间的一台电烤炉报废。

2. **业务流程及岗位责任**：

会计：根据相关附件编制记账凭证，登记明细账。

3. **附件：**

江城贝尔食品有限公司固定资产报废申请单

申请日期:2012 年 12 月 24 日

报废原因:正常报废

资产类别	机器设备	资产名称	电烤炉	规格	SEB-3Y
数量	1	单位成本	10 272	总金额	10 272
单位原值	10 272	单位残值	272	年折旧率	10%
预计使用年限	10 年	已使用年限	10 年	已提折旧	10 000
使用部门	饼干车间	技术鉴定小组意见	同意报废	主管部门意见	同意报废

业务 50

1. **业务描述：**12 月 25 日，电烤炉报废，以现金支付工人清理费 40 元，交回残值变现收入 376 元，清理结束，结转清理净损益。

2. **业务流程及岗位责任：**

业务员：填写费用报销单。

出纳：开收据，收回残值变现收入。

会计：根据相关附件编制记账凭证，登记明细账。

出纳：根据记账凭证登记现金日记账。

3. **附件：**

江城贝尔食品有限公司费用报销单

年　月　日

部门名称					
费用项目					
序号	品名	单价	数量	金额	备注
1					
2					
3					
合计					
备注					
结算方式	1. 冲借款________元；2. 转账________元；3. 现金付讫________元。				
报销人签字或证明人签字：					
审批人			审核人：		

业务 51

1. **业务描述：**12 月 25 日，饼干车间和沙琪玛车间入库各种产品各 10 000 公斤。

2. **业务流程及岗位责任：**

业务员：填写产品入库单。

出纳：根据产品入库单第③联登记库存商品明细账。

业务 52

1. **业务描述**：12 月 25 日，向昕昕食品店销售下列产品。

品名	计量单位	数量
夹心饼干	公斤	5 000
巧克力饼干	公斤	5 000
鸡蛋沙琪玛	公斤	3 000
芝麻沙琪玛	公斤	2 000

2. **业务流程及岗位责任**：

业务员：开具增值税发票，将发票联和抵扣联交给市场部业务员。购货单位资料如下：

名　　称：昕昕食品店
纳税人识别号：537303014185056
地址、电话：江城市永兴路 28 号 63006666
开户银行及账号：工行长永兴分理处 699333670

开具产品出库单，将③仓库联交给出纳，留存第①和②联。

会计：根据相关附件编制记账凭证，登记相关明细账。

出纳：根据产品出库单③仓库联登记库存商品明细账。

3. **附件**：

江西省增值税专用发票

49124435421　　　　记 账 联　　　　No　00121205

开票日期：　年　　月　　日

购货单位	名　　称： 纳税人识别号： 地址、电话： 开户银行及账号：			密码区			
货物或应税劳务名称	规格型号	单位	数量	单价	金　额	税率	税　额
合　计							
价税合计（大写）		（小写）¥					
销货单位	名　　称： 纳税人识别号： 地址、电话： 开户银行及账号：			备注			

第三联　记账联　销货方记账凭证

收款人：　　　　复核：　　　　开票人：　　　　销货单位（章）

业务 53

1. **业务描述**:12 月 26 日,按以下资料领用原材料。

领用单位	用途	材料编号	材料名称	计量单位	数量
饼干车间	生产夹心饼干用	FL02	果酱	公斤	1 000
饼干车间	生产用	FL03	苏打	公斤	120
沙琪玛车间	生产用	FL03	苏打	公斤	200
沙琪玛车间	生产芝麻沙琪玛用	FL01	芝麻	公斤	50

2. **业务流程及岗位责任:**

业务员:开具材料出库单,将③仓库联交给出纳,留存第①和②联。

出纳:根据材料出库单登记原材料明细账。

业务 54

1. **业务描述**:12 月 26 日,按以下资料领用包装材料。

种类	品名	计量单位	数量
包装物	夹心饼干包装袋	包	10
	巧克力饼干包装袋	包	10
	鸡蛋沙琪玛包装袋	包	10
	芝麻沙琪玛包装袋	包	10
	夹心饼干包装箱	个	100
	巧克力饼干包装箱	个	100
	鸡蛋沙琪玛包装箱	个	100
	芝麻沙琪玛包装箱	个	100

2. **业务流程及岗位责任:**

业务员:开具周转材料出库单,将③仓库联交给出纳,留存第①和②联。

会计:根据周转材料出库单编制记账凭证。

出纳:根据周转材料出库单登记周转材料明细账。

业务 55

1. **业务描述**:见附件。

2. **业务流程及岗位责任:**

会计:根据相关附件编制记账凭证,登记相关明细账。

出纳:根据记账凭证登记银行存款日记账。

3. **附件：**

中国银行收贷凭单

2012 年 12 月 27 日

<table>
<tr><td rowspan="2">付款单位</td><td>名称</td><td colspan="2">江城贝尔食品有限公司</td><td colspan="12">收款单位账号：</td></tr>
<tr><td>账号</td><td>6322121200055599</td><td colspan="5">原贷款用途：流动资金贷款</td><td colspan="8">合同号：</td></tr>
<tr><td rowspan="2">还款金额</td><td rowspan="2">（大写）</td><td rowspan="2" colspan="2">壹拾叁万壹仟玖佰伍拾元整</td><td rowspan="2">小写</td><td>千</td><td>百</td><td>十</td><td>万</td><td>千</td><td>百</td><td>十</td><td>元</td><td>角</td><td>分</td></tr>
<tr><td></td><td>¥</td><td>1</td><td>3</td><td>1</td><td>9</td><td>5</td><td>0</td><td>0</td><td>0</td></tr>
<tr><td>原贷时间：</td><td colspan="2">2012 年 9 月 27 日</td><td colspan="12">原定归还时间：2012 年 12 月 27 日</td></tr>
<tr><td rowspan="2">原贷金额</td><td rowspan="2">（大写）</td><td rowspan="2" colspan="2">壹拾叁万元整</td><td rowspan="2">小写</td><td>千</td><td>百</td><td>十</td><td>万</td><td>千</td><td>百</td><td>十</td><td>元</td><td>角</td><td>分</td></tr>
<tr><td></td><td>¥</td><td>1</td><td>3</td><td>0</td><td>0</td><td>0</td><td>0</td><td>0</td><td>0</td></tr>
</table>

此联单位留存

会计：　　记账：　　复核：　　制单：

业务 56

1. **业务描述：**12 月 28 日，销售部为产品展览会领用四种商品各 100 公斤。

2. **业务流程及岗位责任：**

业务员：填写产品出库单。

出纳：根据产品出库单登记库存商品明细账。

业务 57

1. **业务描述：**12 月 30 日，销售部发生展览费 15 000 元，出纳开出转账支票支付。

2. **业务流程及岗位责任：**

业务员：填写报销单。

出纳：开转账支票。

会计：根据相关附件编制记账凭证，登记相关明细账。

出纳：根据记账凭证登记银行存款日记账。

3. **附件：**

服务业普通发票　　发票号码：№06973

2012 年 12 月 30 日

购货单位：江城贝尔食品有限公司

<table>
<tr><td rowspan="2">品　名</td><td rowspan="2">规　格</td><td rowspan="2">单　位</td><td rowspan="2">数　量</td><td rowspan="2">单　价</td><td colspan="7">金　额</td></tr>
<tr><td>万</td><td>千</td><td>百</td><td>十</td><td>元</td><td>角</td><td>分</td></tr>
<tr><td>展览费</td><td></td><td></td><td></td><td>15 000</td><td>1</td><td>5</td><td>0</td><td>0</td><td>0</td><td>0</td><td>0</td></tr>
<tr><td></td><td></td><td></td><td></td><td></td><td></td><td></td><td></td><td></td><td></td><td></td><td></td></tr>
<tr><td></td><td></td><td></td><td></td><td></td><td></td><td></td><td></td><td></td><td></td><td></td><td></td></tr>
<tr><td></td><td></td><td></td><td></td><td></td><td></td><td></td><td></td><td></td><td></td><td></td><td></td></tr>
<tr><td colspan="5">合　计</td><td>1</td><td>5</td><td>0</td><td>0</td><td>0</td><td>0</td><td>0</td></tr>
<tr><td colspan="12">金额大写（人民币合计）：壹万伍仟元整</td></tr>
</table>

第二联　发票联

开票：杨学　　收款：秦羽

<table>
<tr><td>中国银行
转账支票存根
Ⅶ00362310
科　　目＿＿＿＿＿＿
对方科目＿＿＿＿＿＿
出票日期　　年　月　日
收款人：
金额：
用途：
单位主管　　　　会计</td><td>本支票付款期限10天</td><td>中国银行　转账支票　Ⅶ00362310
出票日期(大写)　　年　　月　　日　付款行名称：
收款人：　　　　　　　出票人账号：
人民币(大写)　｜亿｜千｜百｜十｜万｜千｜百｜十｜元｜角｜分｜
用　途＿＿＿＿＿＿
上列款项请从我账户内支付
出票人签章　　　　　　复核　　　　记账</td></tr>
</table>

江城贝尔食品有限公司费用报销单

年　月　日

部门名称					
费用项目					
序号	品名	单价	数量	金额	备注
1					
2					
3					
合计					
备注					
结算方式	1. 冲借款＿＿＿元；2. 转账＿＿＿元；3. 现金付讫＿＿＿元。				
报销人签字或证明人签字：					
审批人			审核人：		

业务58

1. **业务描述：**12月31日，发放元旦福利，职工每人发夹心饼干、巧克力饼干、鸡蛋沙琪玛、芝麻沙琪玛各2公斤，由行政部负责发放。各部门人数见下表。

部门		人数
饼干车间	生产工人	30
	管理人员	5
沙琪玛车间	生产工人	30
	管理人员	5
供应部		3
人力资源部		1
行政部		5
财务部		5
市场部		6
工程队		10
合计		100

2. **业务流程及岗位责任：**

业务员：编制元旦福利发放汇总表，填写产品出库单。

会计：编制记账凭证，登记相关明细账。

出纳：根据产品出库单第③联登记库存商品明细账。

3. **附件：**

元旦福利发放汇总表

2012 年 12 月 31 日

部门		人数	发放产品(数量:公斤;金额:元)								合计	增值税	合计
			夹心饼干		巧克力饼干		鸡蛋沙琪玛		芝麻沙琪玛				
			数量	金额	数量	金额	数量	金额	数量	金额			
饼干车间	生产工人												
	管理人员												
沙琪玛车间	生产工人												
	管理人员												
供应部													
人力资源部													
行政部													
财务部													
市场部													
工程队													
合计													

业务 59

1. **业务描述：**12 月 31 日，分配结转元旦福利。生产工人的各项费用均按产品产量比例分配（如有尾差，饼干车间保留在巧克力饼干，沙琪玛车间保留在芝麻沙琪玛）。

车间	产品	本月产量（公斤）
饼干车间	夹心饼干	40 000
	巧克力饼干	40 000
沙琪玛车间	鸡蛋沙琪玛	40 000
	芝麻沙琪玛	40 000

2. **业务流程及岗位责任：**

业务员：编制元旦福利费用分配表。

会计：根据相关附件编制记账凭证，登记相关明细账。

3. **附件：**

非货币性福利分配表

2012 年 12 月 31 日

应借账户			成本项目	分配标准	单位分配额	分配金额
生产成本	饼干车间	夹心饼干				
		巧克力饼干				
		小计				
	沙琪玛车间	鸡蛋沙琪玛				
		芝麻沙琪玛				
		小计				
制造费用	饼干车间					
	沙琪玛车间					
管理费用						
在建工程						
合计						

业务 60

1. **业务描述：**12 月 31 日，提取现金，发放困难补助。

2. **业务流程及岗位责任：**

业务员：编制困难补助费用分配表。

出纳：填开现金支票。

会计：根据相关附件编制记账凭证，登记相关明细账。

出纳：根据记账凭证登记现金、银行存款日记账。

3. **附件：**

困难补助发放汇总表

2012 年 12 月 31 日

部门		金额(元)	签章
饼干车间	生产工人	600	
	管理人员	200	
沙琪玛车间	生产工人	800	
	管理人员	400	
行政部		200	
工程队		1 000	
合计		3 200	

中国银行
转账支票存根
Ⅶ00262303
科　　目________
对方科目________
出票日期　　年　月　日

收款人：
金额：
用途：

单位主管　　会计

本支票付款期限十天

中国银行　转账支票　Ⅶ00262303

出票日期(大写)　　年　　月　　日　付款行名称：
收款人：　　　　出票人账号：

人民币（大写）	亿	千	百	十	万	千	百	十	元	角	分

用　途________　　科　目(借)________
上列款项
请从我账户内支付　　对方科目(贷)________
出票人签章　　复核　　记账

困难补助分配表

2012 年 12 月 31 日

应借账户			成本项目	分配标准	单位分配额	分配金额
生产成本	饼干车间	夹心饼干	直接人工			
		巧克力饼干	直接人工			
		小计	直接人工			
	沙琪玛车间	鸡蛋沙琪玛	直接人工			
		芝麻沙琪玛	直接人工			
		小计	直接人工			
制造费用	饼干车间		职工薪酬			
	沙琪玛车间		职工薪酬			
管理费用			职工薪酬			
在建工程			职工薪酬			
合计						

业务 61

1. **业务描述：**12 月 31 日，计算分配 12 月的工资。

2. **业务流程及岗位责任：**

业务员：编制工资结算单及工资结算汇总表。

姓名	病假	事假
严国瑞	2 天	
吴雨桐		1 天
穆远航		1 天

出纳：编制工资分配表。

会计：根据相关附件编制记账凭证，登记相关明细账。

3. **附件：**

工资结算单

部门:财务部　　　　2012 年 12 月　　　　单位:元

姓名	月基本工资	奖金	加班工资	应扣工资		应付工资	应扣项目					应扣合计	实发工资	签章
				病假	事假		养老保险	医疗保险	失业保险	住房公积金	个人所得税			
邢沁月	3 612	260	336											
严国瑞	3 440	240	160											
吴雨桐	2 709	200	0											
黎文龙	2 537	160	118											
穆远航	2 279	120	0											
合计														

工资结算汇总表

2012 年 12 月

单位:元

部门		月基本工资	奖金	加班工资	应扣工资		应付工资	应扣项目						实发工资	部门签章
					病假	事假		养老保险	医疗保险	失业保险	住房公积金	个人所得税	应扣合计		
饼干车间	生产工人	66 000	1 560	1 200	230	120	68 410	5 472.8	1 368.2	684.1	4 788.7		12 313.8	56 096.2	
	管理人员	11 000	640	200	0	60	11 780	942.4	235.6	117.8	824.6		2 120.4	9 659.6	
沙琪玛车间	生产工人	66 000	1 580	1 340	350	230	68 340	5 467.2	1 366.8	683.4	4 783.8		12 301.2	56 038.8	
	管理人员	11 000	600	140	0	120	11 620	929.6	232.4	116.2	813.4		2 091.6	9 528.4	
供应部		6 600	860	240	0	0	7 700	616	154	77	539		1 386	6 314	
人力资源部		2 200	200	0	0	0	2 400	192	48	24	168		432	1 968	
行政部		11 000	890	0	0	0	11 890	951.2	237.8	118.9	832.3		2 140.2	9 749.8	
财务部															
市场部		13 200	2 360	680	0	0	16 240	1 299.2	324.8	162.4	1 136.8		2 923.2	13 316.8	
工程队		22 000	360	0	130	60	22 170	1 773.6	443.4	221.7	1 551.9		3 990.6	18 179.4	
合计															

工资分配表

2012 年 12 月 31 日

应借账户			成本项目	分配标准	分配率	分配金额
生产成本	饼干车间	夹心饼干	直接人工			
		巧克力饼干	直接人工			
		小计	直接人工			
	沙琪玛车间	鸡蛋沙琪玛	直接人工			
		芝麻沙琪玛	直接人工			
		小计	直接人工			
制造费用	饼干车间		职工薪酬			
	沙琪玛车间		职工薪酬			
管理费用			职工薪酬			
在建工程			职工薪酬			
合计						

业务 62

1. **业务描述：**12 月 31 日，结算分配五险一金、职工福利费、工会经费、职工教育经费。

2. **业务流程及岗位责任：**

业务员：编制五险一金、职工福利费、工会经费、职工教育经费结算表。

出纳：编制五险一金、职工福利费、工会经费、职工教育经费分配表。

会计：根据相关附件编制记账凭证，登记相关明细账。

3. **附件：**

五险一金、职工福利费、工会经费、职工教育经费分配表

2012 年 12 月 31 日

应借账户			成本项目	分配标准	分配率	分配金额
生产成本	饼干车间	夹心饼干	直接人工			
		巧克力饼干	直接人工			
		小计	直接人工			
	沙琪玛车间	鸡蛋沙琪玛	直接人工			
		芝麻沙琪玛	直接人工			
		小计	直接人工			
制造费用	饼干车间		职工薪酬			
	沙琪玛车间		职工薪酬			
管理费用			职工薪酬			
在建工程			职工薪酬			
合计						

五险一金、职工福利费、工会经费、职工教育经费结算表

2012 年 12 月 31 日

单位:元

部门		应付工资	社会保险费						住房公积金	职工福利费	工会经费	职工教育经费	合计
			养老保险	医疗保险	失业保险	工伤保险	生育保险	小计					
饼干车间	生产工人												
	管理人员												
沙琪玛车间	生产工人												
	管理人员												
供应部													
人力资源部													
行政部													
财务部													
市场部													
工程队													
合计													

业务 63

1. **业务描述：**12 月 31 日，汇总本月领料单，编制发料凭证汇总表。

2. **业务流程及岗位责任：**

业务员：汇总本月领料单，编制发料凭证汇总表(材料成本差异保留小数点后 4 位，尾差保留在管理费用中)。

会计：根据相关附件编制记账凭证，登记相关明细账(不再登记原材料明细账)。

3. **附件：**

发料凭证汇总表

2012 年 12 月 31 日

<table>
<tr><th colspan="3" rowspan="2">应借账户</th><th rowspan="2">成本项目</th><th rowspan="2">直接计入</th><th colspan="3">分配计入</th><th rowspan="2">计划成本合计</th><th rowspan="2">差异率</th><th rowspan="2">材料成本差异</th><th rowspan="2">实际成本</th></tr>
<tr><th>分配标准</th><th>分配率</th><th>分配金额</th></tr>
<tr><td rowspan="6">生产成本</td><td rowspan="3">饼干车间</td><td>夹心饼干</td><td>直接材料</td><td></td><td></td><td></td><td></td><td></td><td></td><td></td><td></td></tr>
<tr><td>巧克力饼干</td><td>直接材料</td><td></td><td></td><td></td><td></td><td></td><td></td><td></td><td></td></tr>
<tr><td>小计</td><td>直接材料</td><td></td><td></td><td></td><td></td><td></td><td></td><td></td><td></td></tr>
<tr><td rowspan="3">沙琪玛车间</td><td>鸡蛋沙琪玛</td><td>直接材料</td><td></td><td></td><td></td><td></td><td></td><td></td><td></td><td></td></tr>
<tr><td>芝麻沙琪玛</td><td>直接材料</td><td></td><td></td><td></td><td></td><td></td><td></td><td></td><td></td></tr>
<tr><td>小计</td><td>直接材料</td><td></td><td></td><td></td><td></td><td></td><td></td><td></td><td></td></tr>
<tr><td rowspan="2">制造费用</td><td colspan="2">饼干车间</td><td>直接材料</td><td></td><td></td><td></td><td></td><td></td><td></td><td></td><td></td></tr>
<tr><td colspan="2">沙琪玛车间</td><td>直接材料</td><td></td><td></td><td></td><td></td><td></td><td></td><td></td><td></td></tr>
<tr><td colspan="3">管理费用</td><td>直接材料</td><td></td><td></td><td></td><td></td><td></td><td></td><td></td><td></td></tr>
<tr><td colspan="3">在建工程</td><td>直接材料</td><td></td><td></td><td></td><td></td><td></td><td></td><td></td><td></td></tr>
<tr><td colspan="3">合计</td><td></td><td></td><td></td><td></td><td></td><td></td><td></td><td></td><td></td></tr>
</table>

业务 64

1. **业务描述：**12 月 31 日，分配外购电费。

2. **业务流程及岗位责任：**

业务员：编制外购电费分配表(尾差保留在在建工程中)。

会计：根据相关附件编制记账凭证，登记相关明细账。

3. **附件：**

电费分配表

2012 年 12 月 31 日

应借账户			成本项目	用量（度）	单价	金额	分配标准	分配率	分配金额
生产成本	饼干车间	夹心饼干	直接材料						
		巧克力饼干	直接材料						
		小计	直接材料	4 540					
	沙琪玛车间	鸡蛋沙琪玛	直接材料						
		芝麻沙琪玛	直接材料						
		小计	直接材料	4 500					
制造费用	饼干车间		电费	380					
	沙琪玛车间		电费	400					
管理费用			电费	680					
在建工程			电费	2 000					
合计				12 500					

业务 65

1. **业务描述：**12 月 31 日，分配外购水费。

2. **业务流程及岗位责任：**

业务员：编制外购水费分配表(尾差保留在在建工程中)。

会计：根据相关附件编制记账凭证，登记相关明细账。

3. **附件：**

水费分配表

2012 年 12 月 31 日

应借账户			成本项目	用量（吨）	单价	金额	分配标准	分配率	分配金额
生产成本	饼干车间	夹心饼干	直接材料						
		巧克力饼干	直接材料						
		小计	直接材料	1 100					
	沙琪玛车间	鸡蛋沙琪玛	直接材料						
		芝麻沙琪玛	直接材料						
		小计	直接材料	725					
制造费用	饼干车间		电费	50					
	沙琪玛车间		电费	45					
管理费用			电费	230					
在建工程			电费	350					
合计				2 500					

业务 66

1. **业务描述**：12 月 31 日，摊销无形资产。

2. **业务流程及岗位责任**：

业务员：编制无形资产摊销表。

会计：根据相关附件编制记账凭证，登记相关明细账。

3. **附件**：

无形资产摊销表

2012 年 12 月 31 日

无形资产	使用年限	原值	年摊销额
土地使用权			

制表：　　　　　　　　　　　　审核：

业务 67

1. **业务描述**：12 月 31 日，计提无形资产减值准备。

2. **业务流程及岗位责任**：

业务员：编制无形资产减值准备计提表。

会计：根据相关附件编制记账凭证，登记相关明细账。

3. **附件**：

无形资产减值准备计提表

2012 年 12 月 31 日

无形资产	公允价值	原值	减值	应提减值准备
商标权	900 000			

制表：　　　　　　　　　　　　审核：

业务 68

1. **业务描述**：12 月 31 日，支付长期借款利息。

2. **业务流程及岗位责任**：

会计：根据相关附件编制记账凭证，登记相关明细账。

出纳：根据记账凭证登记现金、银行存款日记账。

3. **附件：**

中国银行计收利息清单(支款通知)

2012 年 12 月 31 日

<table>
<tr><td>户名</td><td colspan="11">江城贝尔食品有限公司</td><td>账号：</td><td>6322121200055599</td></tr>
<tr><td>计息起止时间</td><td colspan="11">2012 年 1 月 1 日—2012 年 12 月 31 日</td><td colspan="2" rowspan="6">左列贷款利息已从你单位账户中扣除。

转账日期：2012 年 12 月 31 日</td></tr>
<tr><td rowspan="4">贷款种类</td><td>贷款账号</td><td>计息日贷款余额</td><td>计息积数</td><td colspan="3">利率</td><td colspan="5">利息金额</td></tr>
<tr><td>略</td><td>250 000</td><td>略</td><td colspan="3">10%</td><td colspan="5">25 000</td></tr>
<tr><td></td><td></td><td></td><td colspan="3"></td><td colspan="5"></td></tr>
<tr><td></td><td></td><td></td><td colspan="3"></td><td colspan="5"></td></tr>
<tr><td rowspan="2">利息金额
人民币
(大写)</td><td colspan="2" rowspan="2">贰万伍仟元整</td><td>十</td><td>万</td><td>千</td><td>百</td><td>十</td><td>元</td><td>角</td><td>分</td><td colspan="3" rowspan="2"></td></tr>
<tr><td>¥</td><td>2</td><td>5</td><td>0</td><td>0</td><td>0</td><td>0</td><td>0</td></tr>
</table>

单位主管：　　　　会计：　　　　复核：　　　　记账：

业务 69

1. **业务描述：**12 月 31 日，计提持有至到期投资的利息。

2. **业务流程及岗位责任：**

业务员：编制持有至到期投资利息计提表。

会计：根据相关附件编制记账凭证，登记相关明细账。

3. **附件：**

持有至到期投资利息计提表

2012 年 12 月 31 日

持有至到期投资	面值	利率	利息
1001 国债			

制表：　　　　审核：

业务 70

1. **业务描述：**12 月 31 日，调整交易性金融资产的账面价值。

2. **业务流程及岗位责任：**

业务员：编制交易性金融资产公允价值调整表。

会计：根据相关附件编制记账凭证，登记相关明细账。

3. **附件：**

交易性金融资产公允价值调整表

2012 年 12 月 31 日

交易性金融资产	公允价值	账面余额	公允价值变动
	23 500		

制表：　　　　审核：

业务 71

1. **业务描述**：12 月 31 日，计提固定资产折旧。

2. **业务流程及岗位责任**：

业务员：编制固定资产折旧计算表。

会计：根据相关附件编制记账凭证，登记相关明细账。

3. **附件**：

固定资产折旧计算表

2012 年 12 月 31 日

使用单位	类别	年折旧率	上月折旧额	上月增加固定资产原值	上月减少固定资产原值	本月应计提折旧额
饼干车间	房屋及建筑物	3.60%	5 000			
	机器设备	10%	7 360	240 000		
	小计		12 360			
沙琪玛车间	房屋及建筑物	3.60%	4 960			
	机器设备	10%	8 240	300 000		
	小计		13 200			
管理部门	房屋及建筑物	3.60%	1 500			
	运输设备	9%	12 040	25 000		
	管理设备	12%	2 340		45 000	
	小计		15 880			
在建工程	机器设备	10%	3 762			
	运输设备	9%	2 004.5			
	管理设备	12%	340			
	小计		6 106.5			
合计			47 546.5			

业务 72

1. **业务描述**：12 月 31 日，分配制造费用。

2. **业务流程及岗位责任**：

业务员：编制制造费用分配表。

会计：根据相关附件编制记账凭证，登记相关明细账。

3. **附件：**

制造费用分配表

2012 年 12 月 31 日

车间：

产品名称	分配标准	分配率	分配金额
合计			

业务 73

1. **业务描述：**12 月 31 日，计算当月完工产品成本，结转入库产品成本（本月月末无在产品）。

2. **业务流程及岗位责任：**

业务员：编制成本计算单。

会计：根据相关附件编制记账凭证，登记相关明细账。

3. **附件：**

产品成本计算单（夹心饼干）

2012 年 12 月

车间：　　　　产品名称：　　　　产量：

成本项目	期初在产品成本	本月生产费用	生产费用合计	月末在产品成本	完工产品总成本	完工产品单位成本
直接材料						
直接人工						
制造费用						
合计						

复核：　　　　制单：

产品成本计算单（巧克力饼干）

2012 年 12 月

车间：　　　　产品名称：　　　　产量：

成本项目	期初在产品成本	本月生产费用	生产费用合计	月末在产品成本	完工产品总成本	完工产品单位成本
直接材料						
直接人工						
制造费用						
合计						

复核：　　　　制单：

产品成本计算单(鸡蛋沙琪玛)

2012 年 12 月

车间：　　　　　　　　产品名称：　　　　　　　　产量：

成本项目	期初在产品成本	本月生产费用	生产费用合计	月末在产品成本	完工产品总成本	完工产品单位成本
直接材料						
直接人工						
制造费用						
合计						

复核：　　　　　　　　制单：

产品成本计算单(芝麻沙琪玛)

2012 年 12 月

车间：　　　　　　　　产品名称：　　　　　　　　产量：

成本项目	期初在产品成本	本月生产费用	生产费用合计	月末在产品成本	完工产品总成本	完工产品单位成本
直接材料						
直接人工						
制造费用						
合计						

复核：　　　　　　　　制单：

业务 74

1. **业务描述：**12 月 31 日，结转本月出库产品的成本(尾差保留在月末结存商品中)。

2. **业务流程及岗位责任：**

业务员：编制出库产品成本汇总表。

会计：根据相关附件编制记账凭证，登记相关明细账。

3. **附件：**

出库商品汇总表

2012 年 12 月 31 日

产品名称	单价	销售		委托代销		展览样品		合计	
		数量	金额	数量	金额	数量	金额	数量	金额
夹心饼干									
巧克力饼干									
鸡蛋沙琪玛									
芝麻沙琪玛									
合计									

业务75

1. **业务描述：**12月31日，计提坏账准备。

2. **业务流程及岗位责任：**

业务员：编制坏账准备计提表。

会计：根据相关附件编制记账凭证，登记相关明细账。

3. **附件：**

坏账准备计提表

2012年12月31日

应收账款年末余额	计提比例	坏账准备余额	坏账准备计提数	坏账准备冲销数

制单： 审核：

业务76

1. **业务描述：**12月31日，结转当月未交增值税。

2. **业务流程及岗位责任：**

业务员：编制未交增值税计算表。

会计：根据相关附件编制记账凭证，登记相关明细账。

3. **附件：**

未交增值税计算表

2012年12月31日

销项税额	进项税额	未交增值税

制单： 审核：

业务77

1. **业务描述：**12月31日，计提当月应交城建税及教育费附加。

2. **业务流程及岗位责任：**

业务员：编制城建税及教育费附加计提表。

会计：根据相关附件编制记账凭证，登记相关明细账。

3. **附件：**

城建税及教育费附加计提表

2012年12月31日

计税依据		城市维护建设税		教育费附加	
项目	金额	税率	应纳税额	附加率	应交金额
增值税					
消费税					
营业税					
合计					

业务 78

1. **业务描述**：12 月 31 日，结转损益类账户 12 月发生额，计算全年税前利润。

2. **业务流程及岗位责任**：

业务员：编制税前利润计算表。

会计：根据相关附件编制记账凭证，登记相关明细账。

3. **附件**：

税前利润计算表

2012 年 12 月 31 日

收入	1—11 月 发生额	12 月 发生额	合计	成本 费用	1—11 月 发生额	12 月 发生额	合计
合计				合计			

业务 79

1. **业务描述**：12 月 31 日，计算应交所得税、所得税费用、递延所得税资产、递延所得税负债。

注 1：当年营业收入包括主营业务收入和其他业务收入。

注 2：管理费用中含业务招待费 25 680 元。

注 3：销售费用中含广告费 43 500 元。

注 4：资产减值损失中税法规定只能提取坏账准备。

注 5：营业外支出为罚款。

注 6：亏损符合税前补亏的条件。

2. **业务流程及岗位责任**：

业务员：编制应交所得税计算表、递延所得税计算表。

会计：根据相关附件编制记账凭证，登记相关明细账。

3. **附件：**

应交所得税计算表

2012 年 12 月 31 日

税前利润		
调整项目	调增	调减
公允价值变动损益		
国债利息		
购入马钢股份的手续费		
业务招待费		
资产减值损失		
罚款		
税前补亏		
合计		
应纳税所得额		
应交所得税		

递延所得税计算表

2012 年 12 月 31 日

项目	账面价值	计税基础	应纳税暂时性差异	可抵扣暂时性差异	递延所得税负债	递延所得税资产
交易性金融资产——马钢股份						
无形资产——商标权						
税前补亏						
合计						

业务 80

1. **业务描述**：12 月 31 日，结转所得税费用。

2. **业务流程及岗位责任：**

会计：编制记账凭证，登记相关明细账。

业务 81

1. **业务描述**：12 月 31 日，结转本年利润。

2. **业务流程及岗位责任：**

会计：编制记账凭证，登记相关明细账。

业务 82

1. **业务描述**：12 月 31 日，计提法定盈余公积。

2. **业务流程及岗位责任：**

会计：编制记账凭证，登记相关明细账。

业务 83

1. **业务描述**：12 月 31 日，计算应付股利。

2. **业务流程及岗位责任：**

业务员：编制应付利润计算表。

会计：编制记账凭证，登记相关明细账。

3. **附件：**

应付利润计算表

2012 年 12 月 31 日

上年未分利润	本年可供分配利润	可分配利润合计	分配比例	应付利润总额
应付利润详细情况				
投资者			出资比例	应得利润
罗文林				
田毅				
胡华				
黄慧				
李林				
谢平				
刘宇				
徐辉				
邓加				
王林(保留尾差)				
合计				

业务 84

1. **业务描述**：12 月 31 日，结转利润分配。

2. **业务流程及岗位责任：**

会计：编制记账凭证，登记相关明细账。

财务会计轮岗实训教程二
重庆佳居有限公司

任务一　重庆佳居有限公司概况

一　重庆佳居有限公司性质、注册资金及经营范围

（一）公司性质：私营股份制造业企业

（二）注册资金：人民币 800 万元

重庆佳居有限公司股东名册　　单位：万元

股东	出资额	所占股份比例	出资方式	备注
刘娟	320	40%	现金	董事长
田升	100	12.5%	现金	总经理
李子培	100	12.5%	现金	
文明	80	10%	现金	
罗海	70	8.75%	现金	
谢志宇	70	8.75%	现金	
邓佳	60	7.5%	现金	
合计	800	100%		

（三）法人代表：刘娟（董事长）

（四）主营业务：生产桌子及椅子

（五）纳税人登记号：500820317013875（增值税一般纳税人）

（六）公司注册地址及电话：重庆南岸区南山街道 800 号，62466878

（七）公司开户情况：

1. 基本存款账户：中国银行重庆分行南山支行　账号：6566 7685 7654 6547
2. 证券资金账户：西南证券公司　账号：786355378

二　重庆佳居有限公司内部组织机构

重庆佳居有限公司在册职工共 90 人。公司设董事会为最高决策机构，第一大股东刘娟任

董事长，为公司的法人代表。田升为总经理，负责公司日常经营活动。设有供应部、生产部、市场部、人力资源部、行政部、财务部6个管理部门。供应部下设材料仓库，市场部下设库存商品仓库。生产部下设桌子车间、椅子车间两个封闭式生产车间，分别生产学生课桌、办公桌、学生座椅、办公座椅4种产品。

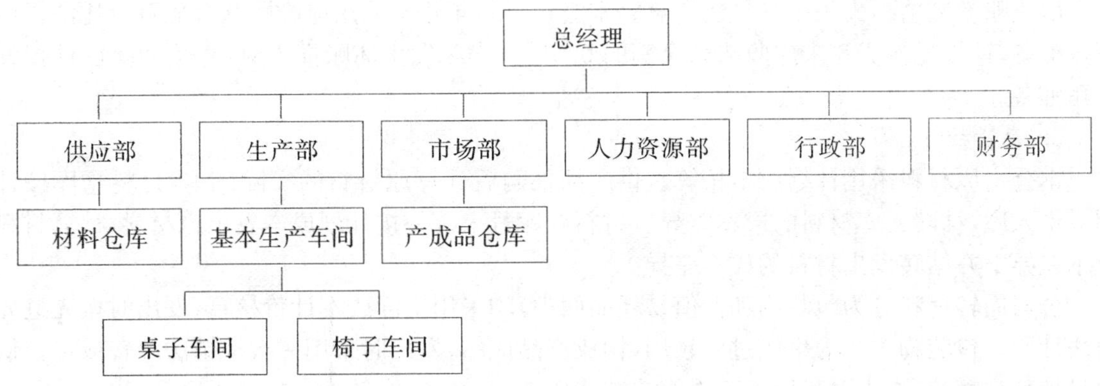

三　重庆佳居有限公司会计核算组织程序

重庆佳居有限公司实行公司、车间二级会计核算。

重庆佳居有限公司采用科目汇总表会计核算组织程序，即根据记账凭证定期编制科目汇总表，再根据科目汇总表登记总账。具体处理程序如下：

1. 按照业务发生的时间顺序取得或填制原始凭证，根据原始凭证编制汇总原始凭证并进行审核。

2. 根据审核无误的原始凭证或汇总原始凭证，编制通用记账凭证。

3. 根据记账凭证及所附原始凭证逐笔登记现金日记账、银行存款日记账。

4. 根据原始凭证、汇总原始凭证和记账凭证，逐笔登记各种明细分类账。

5. 根据记账凭证分旬汇总编制科目汇总表(12月31日业务单独编制科目汇总表)。

6. 根据科目汇总表登记总账。

7. 期末结账后，总账与所属明细分类账的余额、总账与现金日记账、银行存款日记账的余额核对相符。

8. 期末，根据总账和明细账的记录，编制财务报表。

四　重庆佳居有限公司相关会计核算制度

(一) 资产业务核算

1. 货币资金核算

本公司库存现金限额为10 000元，超过库存现金限额的现金应及时送存银行。公司每笔现金收支，由会计编制记账凭证并据以进行总分类核算；由出纳根据审核后的记账凭证及所附原始凭证，按照业务发生的先后顺序逐日逐笔序时登记。每日终了，结出库存现金日记账余额，与现金实际数进行核对，做到账实相符。月份终了，“库存现金日记账”余额必须与“库存现金”总账余额核对相符。

公司每笔银行存款收支，由会计编制记账凭证并据以进行总分类核算；由出纳根据审核后的记账凭证及所附原始凭证,按照业务发生的先后顺序逐日逐笔序时登记。每日终了,结出银行存款日记账余额。"银行存款日记账"每月定期与"银行对账单"核对,据以编制"银行存款余额调节表"。月份终了,"银行存款日记账"余额必须与"银行存款"总账余额核对相符。

2. 坏账准备核算

应收账款减值损失采用备抵法核算。本公司于每年年末采用应收账款余额百分比法提取坏账准备,计提比例为年末应收账款余额的 0.5%。实际发生坏账损失时,直接冲减已计提的坏账准备。

3. 存货核算

本公司原材料采用计划成本核算。供应部采购后计算原材料的实际成本,材料仓库按计划成本入库,结转入库材料的成本差异。材料仓库月末统一按计划成本发出原材料,计算材料成本差异率并结转发出材料的成本差异。

公司周转材料分为包装物和低值易耗品两类,均采用实际成本计价核算,发出时按先进先出法计价。包装物主要为生产过程领用,构成产品成本,发出时采用一次摊销法结转成本。低值易耗品为喷枪,发出时采用五五摊销法结转成本。

库存商品采用实际成本核算,发出时按全月一次加权平均法计价。本月销售商品在月末时统一结转成本。

4. 固定资产核算

本公司固定资产采用平均年限法分类计算折旧。年折旧率分别为:房屋及建筑物 3.6%,机器设备 10%,运输设备 9%,管理设备 12%。不考虑残值。

5. 无形资产核算

无形资产中商标权不摊销,年末进行减值测试,计提减值准备。土地使用权按 10 年平均摊销,已摊销 4 年。

6. 长期股权投资核算

南华家具店为本公司的全资子公司,采用成本法核算。

7. 持有至到期投资核算

持有至到期投资为 2012 年 3 月 1 日购进的 5 年期国债,面值 60 000 元,票面利率 4%,到期一次还本付息,票面利率和实际利率没有差异。每年年末计提利息。

8. 资产减值损失核算

应收账款计提坏账准备,无形资产的商标权于年末进行减值测试。其余资产不进行减值测试,也不计提减值准备。

(二) 负债业务核算

1. 短期借款核算

短期借款为中行的 3 个月期流动资金借款,2013 年 9 月 1 日借入,利率 6%,利息按月预提,按季支付。

2. 应付职工薪酬核算

本公司的应付职工薪酬包括工资、职工福利费、社会保险费、住房公积金、工会经费、职工教育经费和非货币性福利。工资计算采用月薪制,日工资按 21.5 天计算。事假扣发当天全部基本工资,病假扣发当天 80%的基本工资。

公司按工资的 20%为职工缴纳养老保险,按工资的 6%为职工缴纳医疗保险,按工资的

2%为职工缴纳失业保险，按工资的 0.8%为职工缴纳工伤保险，按工资的 1%为职工缴纳生育保险。按工资的 7%为职工缴纳住房公积金。职工个人按工资的 8%缴纳养老保险，按工资的 2%缴纳医疗保险，按工资的 1%缴纳失业保险。按工资的 7%缴纳住房公积金。

公司按 14%、2%、1.5%分别计提职工福利费、工会经费、职工教育经费。

每月 10 日，公司缴纳上月社保费和住房公积金，包括单位缴纳和职工个人缴纳两部分。社保费由银行代扣，住房公积金由公司签发转账支票缴纳。

3. 应交税费核算

本公司为增值税一般纳税人，适用增值税税率为 17%。符合条件的运费按 7%抵扣增值税。月末将本月增值税从“应交增值税”转入“未交增值税”，结转后“应交增值税”无余额。按 7%计算城市维护建设税，按 2%计算教育费附加。流转税月末计算，于次月 10 日内缴纳。

公司所得税适用税率为 25%，按年计算，分月预交，年终汇算清缴。本年度每月预交所得税 20 000 元。

4. 长期借款核算

长期借款是 2013 年 1 月为新建车间而借入的长期借款，借款期限 3 年，借款利率 10%（与实际利率没有差异），利息按年计提，年末支付。

（三）收入、成本、费用业务核算

1. 收入核算

本公司所有销售业务由市场部统一开票，由财务部核算，月末一次性结转销售成本。销售产品执行批量折扣和现金折扣。现金折扣条件为 2/10，1/20，n/80，只对价格折扣。

销售价格统一定为：

品名	计量单位	单价	备注
学生座椅	张	100	每次购买总量在 5 000 张以上的，可以折扣 1%，10 000 张以上折扣 2%，15 000 张以上折扣 3%。
办公座椅	张	400	
学生课桌	张	500	
办公桌	张	1 000	

2. 成本费用核算

本公司成本核算采用品种法，成本项目按“直接材料”“直接人工”“制造费用”设置。车间共同耗用费用采用“产品产量比例法”进行分配。月末计算结转完工产品成本，无在产品。

制造费用按车间设置明细账，采用“产品产量比例法”进行分配，结转生产成本。

计算过程中，各项费用分配率、材料成本差异率均保留 4 位小数，分配金额保留 2 位小数。尾差在期末各分配项目的最后一项调整。

3. 所得税核算

所得税采用“资产负债表债务法”核算，设置“递延所得税资产”“递延所得税负债”账户。按照国家规定调整差异，核算“递延所得税资产”“递延所得税负债”。

（四）利润及利润分配核算

1. 利润核算

12 月末，将本月损益类账户结转“本年利润”，将“本年利润”结转“利润分配”。税后利润首先弥补亏损，然后进行分配。

2. 提取盈余公积

本公司于年末按10%提取法定盈余公积。

3. 利润分配

本公司按当年提取盈余公积后净利润的60%向投资者分配利润，于第二年年初进行支付。

任务二　重庆佳居有限公司2013年12月经济业务核算

一　重庆佳居有限公司2013年12月期初资料

(一) 建账资料

1. 表1：重庆佳居有限公司2013年12月期初账户余额

总账				二级明细账				三级明细账			
总账		期初余额		二级明细账		期初余额		三级明细账		期初余额	
编号	名称	借方	贷方	编号	名称	借方	贷方	编号	名称	借方	贷方
1001	库存现金	3 421									
1002	银行存款	2 345 627.80									
1015	其它货币基金	110 300		101 501	存出投资款	110 300					
1101	交易性金融资产	45 678		110 101	长安汽车	45 678		11010101	成本	50 000	
								11010102	公允价值变动		4 322
1121	应收票据	91 563		112101	鑫鑫商场	49 000					
				112102	白安家具城	42 563					
1122	应收帐款	381 500		112201	吉化家具	62 000					
				112202	正阳家具城	39 000					
				112203	中华商厦	52 300					
				112204	仁爱家具	34 555					
				112205	家乐福	193 645					
1123	预付帐款										
1131	应收股利										
1132	应收利息										
1231	其它应收款	9 000		123101	销售部备用金	5 000					
				123102	张凯	4 000					
1241	坏帐准备		3 421								
1401	材料采购	9 000		140101	乐哈哈木材厂	9 000①					

（续表）

总账				二级明细账				三级明细账			
总账		期初余额		二级明细账		期初余额		三级明细账		期初余额	
编号	名称	借方	贷方	编号	名称	借方	贷方	编号	名称	借方	贷方
1402	在途物资										
1403	原材料	3 483 717			见表 2						
1404	材料成本差异	80 965									
1406	库存商品	2 179 434			见表 3						
1407	发出商品										
1411	委托加工物资										
1431	周转材料	145 350			见表 4						
1461	存货跌价准备										
1521	持有至到期投资	62 000		152101	1001 国债	62000		15210101	成本	60 000	
								15210102	应计利息	2 000	
1522	持有至到期投资减值准备										
1523	可供出售金融资产										
1524	长期股权投资	1 680 000		152401	南华家具店	1 680 000					
15300	长期股权投资减值准备										
1526	投资性房地产										
1531	长期应收款										
1541	未实现融资收益										
1601	固定资产	8 190 000		160101	房屋及建筑物	4 350 000					

（续表）

总账				二级明细账				三级明细账			
总账		期初余额		二级明细账		期初余额		三级明细账		期初余额	
编号	名称	借方	贷方	编号	名称	借方	贷方	编号	名称	借方	贷方
				160102	机器设备	2 890 000					
				160103	运输设备	640 000					
				160104	管理设备	310 000					
1602	累计折旧		5 014 715								
1603	固定资产减值准备										
1604	在建工程	559 000		160401	生产车间厂房	559 000					
1605	工程物资										
1606	固定资产清理										
1701	无形资产	228 000		170101	商标权	28 000					
				170102	土地使用权	200 000					
1702	累计摊销		80 000								
1703	无形资产减值准备		19 000	170301	商标权		19 000				
1711	商誉										
1801	长期待摊费用										
1811	递延所得资产	62 500		181101	商标权	4 750					
				181102	亏损	57 750					
1901	待处理财产损益										
2001	短期借款		280 000	200101	中国银行		280 000[②]				

（续表）

总账				二级明细账				三级明细账			
总账		期初余额		二级明细账		期初余额		三级明细账		期初余额	
编号	名称	借方	贷方	编号	名称	借方	贷方	编号	名称	借方	贷方
2201	应付票据		178 680	220101	友谊木材厂		152 360				
				220102	南山五金店		26 320				
2202	应付帐款		279 460	220201	华太钢管厂		120 980				
				220202	袁家木材城		15 600				
				220203	升高木材公司		129 990				
				220204	成华钢管		12 890				
2205	预收帐款										
2211	应付职工薪酬		560 162	221101	工资		379 000				
				221102	社会保险费		112 048				
				221103	住房公积金		26 320				
				221104	工会经费		7 520				
				221105	职工教育经费		5 640				
				221106	职工福利费		29 634				
2221	应交税费	140 268		222101	应交增值税						
				222102	未交增值税		54 800				
				222103	应交营业税						
				222104	应交城建税		3 836				
				222105	应交教育费附加		1 096				
				222106	应交所得税	200 000					

（续表）

总账				二级明细账				三级明细账			
总账		期初余额		二级明细账		期初余额		三级明细账		期初余额	
编号	名称	借方	贷方	编号	名称	借方	贷方	编号	名称	借方	贷方
2231	应付股利										
2232	应付利息		2 800	223201	中国银行		2 800				
2241	其他应付款		67 680③	224101	应付社会保险费		41 360				
				224102	应付住房公积金		26 320				
2411	预计负债										
2601	长期借款		2 000 000	260101	中国银行		2 000 000				
2602	应付债券										
90001	长期应付款										
2901	递延所得税负债										
4001	实收资本		8 000 000								
4002	资本公积		2 051 595								
4101	盈余公积		553 271. 2								
4103	本年利润		947 539. 6								
4104	利润分配	231 000									
9000	生产成本										
5101	制造费用										
5201	劳务成本										
5801	研发支出										
6001	主营业务收入										

（续表）

总账				二级明细账				三级明细账			
总账		期初余额		二级明细账		期初余额		三级明细账		期初余额	
编号	名称	借方	贷方	编号	名称	借方	贷方	编号	名称	借方	贷方
6051	其他业务收入										
6101	公允价值变动损益										
6111	投资收益										
6801	营业外收入										
6401	主营业务成本										
6402	其它业务成本										
6405	营业税金及附加										
6601	销售费用										
6602	管理费用										
6603	财务费用										
6701	资产减值损失										
6711	营业外支出										
6801	所得税费用										
合计		20 038 323.80	20 038 323.80								

注 1：材料采购的期初余额 9 000 元为从乐哈哈木材厂采购的红木木料 28 张，300 元/张，共 8 400 元，运费 600 元。材料采购不设明细账户。

注 2：短期借款为 9 月 1 日借入的 3 个月短期借款，利率为 6%，按月计提利息，到期一次还本付息。

注 3：其他应付款的应付社会保险费，包括应付养老保险费 30 080 元，应付医疗保险费 7 530 元，应付失业保险费 3 750 元。

2. 表 2:重庆佳居有限公司 2013 年 12 月期初原材料结存表

材料类别	材料编号	材料名称	规格	计量单位	数量	计划单价	金额
原料及主要材料	MC01	松木木料	5 cm	张	2 750	140	385 000
	MB02	密度板	2 cm	张	6 680	60	400 800
	MB03	防火板	3 cm	张	6 680	80	534 400
	MC02	红木木料	6 cm	张	2 250	300	675 000
	ZL05	油漆	底漆	桶	2 000	40	80 000
			面漆	桶	2 000	80	160 000
	ZL06	钢管	0.5 cm	根	3 680	70	257 600
	ZL07	抽屉滑轨	KA 滚珠	副	5 547	20	110 940
	ZL08	拉手	抽屉 309	个	34 321	12	411 852
	ZL09	塑料	ABS	副	4 620	35	161 700
	ZL10	木皮	0.2 cm	张	5 890	40	235 600
辅助材料	FL01	胶水	HY101	桶	700	20	14 000
	FL02	螺丝钉	M3	个	15 800	0.5	7 900
			M4	个	15 850	0.5	7 925
	FL03	木砂纸	2 mm	张	12 000	0.2	2 400
	FL04	枪钉	F30	个	386 000	0.1	38 600
	合计						**3 483 717**

3. 表 3:重庆佳居有限公司 2013 年 12 月期初库存商品结存表

品名	计量单位	数量	实际单位成本	金额
学生座椅	张	3 275	66	216 150
办公座椅	张	1 164	223	259 572
学生课桌	张	2 424	363	879 912
办公桌	张	1 373	600	823 800
合计				**2 179 434**

4. 表 4:重庆佳居有限公司 2013 年 12 月期初周转材料结存表

种类	品名	状态	计量单位	数量	单价	金额
包装物	学生座椅包装袋		套	6 800	2	13 600
	办公座椅包装袋		套	6 900	2	13 800
	学生课桌包装袋		套	7 500	2	15 000
	办公桌包装袋		套	6 763	2	13 526

（续表）

种类	品名	状态	计量单位	数量	单价	金额
	学生座椅包装箱		个	5 506	4	22 024
	办公座椅包装箱		个	5 750	4	23 000
	学生课桌包装箱		个	5 900	4	23 600
	办公桌包装箱		个	3 825	4	153 00
低值易耗品	喷枪	在库	个	40	100	4 000
		在用	个	30	100	3 000
		摊销				1 500(贷方)
合计						**145 350**

5. 表5:重庆佳居有限公司2013年1－11月损益类账户累计发生额

编号	总账科目	借方发生额合计	贷方发生额合计
6001	主营业务收入		6 785 432
6051	其他业务收入		45 378
6101	公允价值变动损益		
6111	投资收益		
6801	营业外收入		96 710
6401	主营业务成本	5 272 844.4	
6402	其他业务支出	34 521	
6405	营业税金及附加	15 642	
6601	销售费用	400 080	
6602	管理费用	234 598	
6603	财务费用	18 095	
6701	资产减值损失		
6711	营业外支出	4 200	
6801	所得税费用		

注:营业外支出4 200元为罚款支出。

（二）工作流程及岗位任务

1. 业务员进行期初试算平衡,编制期初试算平衡表。

2. 会计建总账。

3. 出纳负责建现金、银行存款日记账,原材料、周转材料、库存商品等存货明细账;会计负责建其他明细账。

4. 会计、出纳和业务员按照任务分工处理日常业务。

5. 业务员编制1－10、11－20、21－30、31日的科目汇总表,会计根据科目汇总表登记总账。

6. 业务员编制 12 月 31 日的期末试算平衡表，会计编制 12 月 31 日的资产负债表，出纳编制 2013 年度利润表。

7. 会计、出纳和业务员分别完成本人所负责工作的总结，由会计汇总为本小组工作总结。

二　重庆佳居有限公司 2013 年 12 月经济业务

业务 1

1. **业务描述：**12 月 1 日，按以下资料领用原材料。

领用单位	用途	材料编号	材料名称	规格	计量单位	数量
椅子车间	生产办公椅用	ZL05	油漆	底漆	桶	50
椅子车间	生产办公椅用			面漆	桶	50
椅子车间	生产办公椅用	MC01	松木木料	5 cm	张	1 000
椅子车间	生产办公椅用	FL03	木砂纸	2 mm	张	500
椅子车间	生产办公椅用	FL02	螺丝钉	M4	个	2 000
椅子车间	生产办公椅用	FL04	枪钉	F30	个	10 000
椅子车间	生产办公椅用	FL01	胶水	HY101	桶	10
桌子车间	生产学生课桌用	MB02	密度板	2 cm	张	500
桌子车间	生产学生课桌用	MB03	防火板	3 cm	张	500
桌子车间	生产学生课桌用	ZL10	木皮	0.2 cm	张	500
桌子车间	生产学生课桌用	FL01	胶水	HY101	桶	10
桌子车间	生产学生课桌用	ZL06	钢管	0.5 cm	根	500
桌子车间	生产学生课桌用	FL02	螺丝钉	M3	个	200
桌子车间	生产学生课桌用	FL04	枪钉	F30	个	20 000
桌子车间	生产办公桌用	MC02	红木木料	6 cm	张	400
桌子车间	生产办公桌用	ZL05	油漆	底漆	桶	80
桌子车间	生产办公桌用			面漆	桶	80
桌子车间	生产办公桌用	ZL07	抽屉滑轨	KA 滚珠	副	1 000
桌子车间	生产办公桌用	FL03	木砂纸	2 mm	张	800
桌子车间	生产办公桌用	FL02	螺丝钉	M4	个	2 000
桌子车间	生产办公桌用	FL04	枪钉	F30	个	20 000
桌子车间	生产办公桌用	FL01	胶水	HY101	桶	10
桌子车间	生产办公桌用	ZL08	拉手	抽屉 309	个	1 000

2. **业务流程及岗位责任：**

业务员：开具材料出库单，将③仓库联交给出纳，留存第①和②联。

出纳：根据材料出库单③仓库联登记原材料明细账。

注：材料出库单验收人为王磊，保管人为刘璐佳，经办人为业务员。

业务 2

1. **业务描述**：12 月 2 日，上月购入的材料已到并验收入库。

2. **业务流程及岗位责任**：

业务员：根据相关资料填制一式三联的入库单，留存入库单①，将②交给会计，将③交给出纳。

会计：根据入库单②编制记账凭证，登记相关明细账。

出纳：根据入库单③登记原材料明细账。

注：材料入库单验收人填"李霞"，保管人填出纳的名字，经办人填业务员的名字。

业务 3

1. **业务描述**：见附件。

2. **业务流程及岗位责任**：

会计：根据相关附件编制记账凭证，登记相关明细账。

出纳：根据记账凭证登记银行存款日记账。

3. **附件**：

托收凭证（收款通知） 4

委托日期：2013 年 11 月 20 日　　付款期限 2013 年 12 月 2 日

业务类型	委托收款（□邮划、☑电划）　托收承付（□邮划、□电划）						
付款人	全　称	家乐福		收款人	全　称	重庆佳居有限公司	
	账　号	8892 3476 12032 1578			账　号	6566 7685 7654 6547	
	地　址	重庆市县	开户行：工商银行		地　址	重庆市县	开户行：中国银行
金额	人民币（大写）捌万伍仟玖佰元整						
款项内容	货款	托收凭据名称	发票	附寄单证张数	2		
商品发运情况	已发运			合同名称号码	20121132		
备注： 复核　记账	款项收妥日期： 2013 年 12 月 2 日 年　月　日			收款人开户银行签章 年　月　日			

亿	千	百	十	万	千	百	十	元	角	分
			¥	8	5	9	0	0	0	0

此联付款人开户银行凭以汇款或收款人开户行作收款通知

业务 4

1. **业务描述**：12 月 3 日，采购部采购员程成川到成都采购抽屉滑轨，申请办理金额为 58 500元的银行汇票一张（成都五菱五金厂，账号 7633 34120 3336）。

2. **业务流程及岗位责任**：

出纳：填写银行汇票申请书，办理银行汇票，将汇票卡片和解讫通知交给业务员。

业务员：收存汇票卡片和解讫通知。

会计：根据相关附件编制记账凭证，登记相关明细账。

出纳：根据记账凭证登记银行存款日记账。

3. **附件**：

中国银行汇票申请书(存根)　1

第 12020003120 号

申请日期　　年　　月　　日

申请人		收款人	
账　号 或住址		账　号 或住址	
用途		代　理 付款行	
汇票金额	人民币 (大写)	千 百 十 万 千 百 十 元 角 分	

上列款项请从我账户内支付

科　　目(借)__________

对方科目(贷)__________

申请人盖章　　财务主管　　复核　　经办

此联出票行给汇款人的回单

付款期限
壹 个 月

中国银行

银行汇票(卡片)　1

汇票号码 12020003120

出票日期(大写)　贰零壹贰年壹拾贰月零贰日

代理付款行：中国银行　　行号：

收款人：成都五菱五金厂	账　号：7633 34120 3336
出票金额	人民币 (大写)伍万捌仟伍佰元整
实际结算金额	人民币 (大写)　　千 百 十 万 千 百 十 元 角 分

申请人：重庆佳居有限公司　　账号：6566 7685 7654 6547

出票行：______　行号：______

备　注：__________

复核　　经办

复核　　记账

此联出票行结算汇票时作汇出汇款借方凭证

付款期限
壹个月

中国银行
银行汇票(解讫通知) 3　　汇票号码 12020003120

出票日期（大写） 贰零零玖年壹拾贰月零贰日　　代理付款行:中国银行　　行号:

收款人:成都五菱五金厂		账　号:7633 34120 3336									
出票金额	人民币（大写）伍万捌仟伍佰元整										
实际结算金额	人民币（大写）	千	百	十	万	千	百	十	元	角	分
					5	8	5	0	0	0	0

申请人:重庆佳居有限公司　　账号:6566 7685 7654 6547
出票行:________　行号:________
备　注:________

复核　　记账

复核　　经办

此联代理付款行兑付后随报单寄出票行　由出票行做多余款贷方凭证

业务 5

1. **业务描述**:12 月 3 日,行政部张凯报销差旅费(出差事由为外出开会,时间为 11 月 8－11 日,出差补助为 80 元/天)。

2. **业务流程及岗位责任**:

业务员:根据相关票据填制报销单,交给出纳。

出纳:审核报销单,收回现金,将相关票据交给会计。

会计:编制记账凭证,登记相关明细账。

出纳:登记现金日记账。

3. **附件**:

重庆佳居有限公司差旅费报销单

部门:　　填报日期　　年　月　日

姓名						出差事由				出差日期	自　年　月　日 至　年　月　日	共　天						
起讫时间及地点						车船费		夜间乘车补助费			出差补助费			住宿费			其他	
月	日	起	月	日	讫	类别	金额	时间	标准	金额	日数	标准	金额	日数	标准	金额	摘要	金额
								小时	%									
								小时	%									
								小时	%									
								小时	%									
								小时	%									
								小时	%									
小　计																		
共计金额（大写）											预支______核销______退补______							

附单据共　张

主管　黄磊　　部门　　黄磊　　审核　　闫国勇　　填报人

成都市服务业统一发票

发票联

2013 年 11 月 11 日　　No:66449

客户名称	重庆佳居有限公司												
项　目	摘　要	数量	单价	金　额									
				百	十	万	千	百	十	元	角	分	
住宿		3	400				1	2	0	0	0	0	
合计人民币(大写)	壹仟贰佰元整					¥	1	2	0	0	0	0	

第二联：发票

收费专用章　　地址　　制单：

发车日期：　20131108

发车时间：　1380

发车班次：　DW9595

重庆站 ⟶ 成都站

人数：　1　　上车地点：　重庆站

总金额：　99.0　　上车门号：　6

保费：　0.0　　座位号：　2

票号：0176004014500

发车日期：　20131111

发车时间：　1380

发车班次：　DW9898

成都站 ⟶ 重庆站

人数：　1　　上车地点：　成都站

总金额：　99.0　　上车门号：　8

保费：　0.0　　座位号：　5

票号：017600405436

业务 6

1. **业务描述**：12 月 5 日，开出转账支票支付前欠袁家木材城货款。

2. **业务流程及岗位责任**：

出纳：开具转账支票。

会计：根据相关附件编制记账凭证，登记相关明细账。

出纳：根据记账凭证登记银行存款日记账。

3. **附件**：

<table>
<tr><td>中国银行
转账支票存根
Ⅶ003690001
科　　目＿＿＿＿
对方科目＿＿＿＿
出票日期　　年　月　日
收款人：
金额：
用途：
单位主管　　　　会计</td><td>本支票付款期限10天</td><td>中国银行　转账支票　Ⅶ003690001
出票日期(大写)　　年　　月　　日　付款行名称：
收款人：　　　　　　　　出票人账号：
人民币(大写)　| 亿 | 千 | 百 | 十 | 万 | 千 | 百 | 十 | 元 | 角 | 分 |
用　途＿＿＿＿
上列款项请从我账户内支付
出票人签章　　　　　　复核　　　　记账</td></tr>
</table>

业务 7

1. **业务描述**：12 月 7 日，从袁家木材城采购红木木料 2000 张，签发转账支票支付货款。

2. **业务流程及岗位责任**：

出纳：签发转账支票。

会计：根据相关附件编制记账凭证，登记相关明细账。

出纳：根据记账凭证登记银行存款日记账。

3. **附件**：

<table>
<tr><td>中国银行
转账支票存根
Ⅶ003690002
科　　目＿＿＿＿
对方科目＿＿＿＿
出票日期　　年　月　日
收款人：
金额：
用途：
单位主管　　　　会计</td><td>本支票付款期限10天</td><td>中国银行　转账支票　Ⅶ003690002
出票日期(大写)　　年　　月　　日　付款行名称：
收款人：　　　　　　　　出票人账号：
人民币(大写)　| 亿 | 千 | 百 | 十 | 万 | 千 | 百 | 十 | 元 | 角 | 分 |
用　途＿＿＿＿
上列款项请从我账户内支付
出票人签章　　　　　　复核　　　　记账</td></tr>
</table>

重庆市增值税专用发票

49124435421　　发票联　　No　00121202

开票日期：　　年　　月　　日

<table>
<tr><td rowspan="4">购货单位</td><td colspan="4">名　　称：</td><td colspan="4" rowspan="4">密码区</td></tr>
<tr><td colspan="4">纳税人识别号：</td></tr>
<tr><td colspan="4">地址、电话：</td></tr>
<tr><td colspan="4">开户银行及账号：</td></tr>
<tr><td colspan="2">货物或应税劳务名称</td><td>规格型号</td><td>单位</td><td>数量</td><td>单价</td><td>金　额</td><td>税率</td><td>税　额</td></tr>
<tr><td colspan="2"></td><td></td><td></td><td></td><td></td><td></td><td></td><td></td></tr>
<tr><td colspan="2"></td><td></td><td></td><td></td><td></td><td></td><td></td><td></td></tr>
<tr><td colspan="2"></td><td></td><td></td><td></td><td></td><td></td><td></td><td></td></tr>
<tr><td colspan="2"></td><td></td><td></td><td></td><td></td><td></td><td></td><td></td></tr>
<tr><td colspan="2">合　计</td><td></td><td></td><td></td><td></td><td></td><td></td><td></td></tr>
<tr><td colspan="2">价税合计（大写）</td><td colspan="7">（小写）￥</td></tr>
<tr><td rowspan="4">销货单位</td><td colspan="4">名　　称：</td><td colspan="4" rowspan="4">备注</td></tr>
<tr><td colspan="4">纳税人识别号：</td></tr>
<tr><td colspan="4">地址、电话：</td></tr>
<tr><td colspan="4">开户银行及账号：</td></tr>
</table>

第三联　记账联　销货方记账凭证

收款人：　　复核：　　开票人：　　销货单位（章）

业务 8

1. **业务描述**：12 月 8 日，从袁家木材城采购红木木料 2000 张，入库时发现 200 张红木木料已变质。

2. **业务流程及岗位责任**：

业务员：填制材料入库单及索赔单。

会计：根据相关附件编制记账凭证，登记相关明细账。

出纳：根据材料入库单登记原材料明细账。

3. **附件**：

材料索赔书

<table>
<tr><td rowspan="2">赔偿单位</td><td rowspan="2">赔偿事由</td><td colspan="6">赔偿金额</td><td rowspan="2">备注</td></tr>
<tr><td>数量</td><td>单价</td><td>金额</td><td>增值税</td><td>运费</td><td>合计</td></tr>
<tr><td></td><td></td><td></td><td></td><td></td><td></td><td></td><td></td><td></td></tr>
</table>

采购部负责人：　　采购员：　　仓库负责人：

业务 9

1. **业务描述**:12 月 8 日,向家乐福销售下列产品。

品名	计量单位	数量
学生座椅	张	700
办公座椅	张	100
学生课桌	张	400
办公桌	张	300

2. **业务流程及岗位责任:**

业务员:开具增值税发票,将发票联和抵扣联交给市场部业务员。开具产品出库单,将③仓库联交给出纳,留存第①和②联。购货单位信息如下:

名　　称:家乐福
纳税人识别号:5008203224209872
地址、电话:重庆城西路 38 号　　46267038
开户银行及账号:工商行城西分理处　　56438061

出纳:开出转账支票,替对方垫付运费 8200 元。

会计:根据相关附件编制记账凭证,登记相关明细账。

出纳:根据产品出库单③仓库联登记库存商品明细账,根据记账凭证登记银行存款日记账。

3. **附件：**

重庆市增值税专用发票

49124435421　　　　发票联　　　　No　00121202

开票日期：　　年　　月　　日

购货单位	名　　称： 纳税人识别号： 地址、电话： 开户银行及账号：					密码区		
货物或应税劳务名称	规格型号	单位	数量	单价	金　额	税率	税　额	
合　计								
价税合计（大写）	（小写）¥							
销货单位	名　　称： 纳税人识别号： 地址、电话： 开户银行及账号：					备注		

第三联　记账联　销货方记账凭证

收款人：　　复核：　　开票人：　　销货单位（章）

重庆市运输专用发票

（发票联）

顾客名称：家乐福　　2013年12月8日　　No：001212

项　目	超过拾万元无效	金　额						
		万	千	百	十	元	角	分
运费			8	2	0	0	0	0
合计（大写）捌仟贰佰元整		¥	8	2	0	0	0	0

填票：李红　　收款人：王雪　　业户名称：欣欣运输公司

<table>
<tr><td>中国银行
转账支票存根
Ⅶ003690002
科　　目
对方科目
出票日期　　年　月　日
收款人：
金额：
用途：
单位主管　　　会计</td><td>本支票付款期限10天</td><td>中国银行　转账支票　Ⅶ003690002
出票日期(大写)　　年　　月　　日　付款行名称：
收款人：　　　　出票人账号：
人民币（大写）　亿 千 百 十 万 千 百 十 元 角 分
用　途
上列款项请从我账户内支付
出票人签章　　　　复核　　　记账</td></tr>
</table>

业务10

1. **业务描述：**12月8日，向诚惠商城销售学生座椅500张。

2. **业务流程及岗位责任：**

业务员：开具增值税发票，将发票联和抵扣联交给市场部业务员李佳。

名　　称：诚惠商城
纳税人识别号：500820346242205497
地址、电话：解放碑58号　6897083
开户银行及账号：工商行解放碑分理处　78822050906

将李佳交来的转账支票交给出纳，将发票记账联交给会计。

开具产品出库单，将③仓库联交给出纳，留存第①和②联。

出纳：根据交来的转账支票填写进账单。

会计：根据相关附件编制记账凭证，登记相关明细账。

出纳：根据记账凭证登记银行存款日记账，根据产品出库单③仓库联登记库存商品明细账。

3. **附件：**

重庆市增值税专用发票

49124435421　　　　发票联　　　　No　00121201

开票日期：　　年　　月　　日

<table>
<tr><td rowspan="4">购货单位</td><td colspan="3">名　　称：</td><td colspan="5" rowspan="4">密码区</td></tr>
<tr><td colspan="3">纳税人识别号：</td></tr>
<tr><td colspan="3">地址、电话：</td></tr>
<tr><td colspan="3">开户银行及账号：</td></tr>
<tr><td colspan="2">货物或应税劳务名称</td><td>规格型号</td><td>单位</td><td>数量</td><td>单价</td><td>金　额</td><td>税率</td><td>税　额</td></tr>
<tr><td colspan="2"></td><td></td><td></td><td></td><td></td><td></td><td></td><td></td></tr>
<tr><td colspan="2"></td><td></td><td></td><td></td><td></td><td></td><td></td><td></td></tr>
<tr><td colspan="2"></td><td></td><td></td><td></td><td></td><td></td><td></td><td></td></tr>
<tr><td colspan="2"></td><td></td><td></td><td></td><td></td><td></td><td></td><td></td></tr>
<tr><td colspan="2">合　计</td><td></td><td></td><td></td><td></td><td></td><td></td><td></td></tr>
<tr><td colspan="2">价税合计（大写）</td><td colspan="7">（小写）¥</td></tr>
<tr><td rowspan="4">销货单位</td><td colspan="3">名　　称：</td><td colspan="5" rowspan="4">备注</td></tr>
<tr><td colspan="3">纳税人识别号：</td></tr>
<tr><td colspan="3">地址、电话：</td></tr>
<tr><td colspan="3">开户银行及账号：</td></tr>
</table>

第三联　记账联　销货方记账凭证

收款人：　　　　复核：　　　　开票人：　　　　销货单位(章)

注：收款人为出纳，复核人为刘欢，开票人为业务员。适用于本单位所开的增值税发票。

中国工商银行　转账支票　Ⅶ005790001

本支票付款期限10天

出票日期(大写)贰零壹叁年壹拾贰月零叁日　付款行名称：工行长胜分理处

收款人：重庆佳居有限公司　　　　出票人账号：78822050

人民币（大写）	伍万捌仟伍佰元整	亿	千	百	十	万	千	百	十	元	角	分
					¥	5	8	5	0	0	0	0

用　途　付货款

上列款项请从我账户内支付

出票人签章　　　　复核　　　　记账

中国银行进账单(回　单)　1

年　　月　　日

<table>
<tr><td rowspan="3">付款人</td><td>全　称</td><td></td><td rowspan="3">收款人</td><td>全　称</td><td colspan="11"></td></tr>
<tr><td>账　号</td><td></td><td>账　号</td><td colspan="11"></td></tr>
<tr><td>开户银行</td><td></td><td>开户银行</td><td colspan="11"></td></tr>
<tr><td rowspan="2">金额</td><td colspan="4" rowspan="2">人民币
(大写)</td><td>亿</td><td>千</td><td>百</td><td>十</td><td>万</td><td>千</td><td>百</td><td>十</td><td>元</td><td>角</td><td>分</td></tr>
<tr><td></td><td></td><td></td><td></td><td></td><td></td><td></td><td></td><td></td><td></td><td></td></tr>
<tr><td colspan="2">票据种类</td><td>转账支票</td><td colspan="13" rowspan="3">开户银行盖章</td></tr>
<tr><td colspan="2">票据张数</td><td>1 张</td></tr>
<tr><td colspan="3">复核　　记账</td></tr>
</table>

此联是开户银行交给持(出)票人的回单

注:产品出库单验收人为王磊,保管人为刘璐佳,经办人为业务员。

业务 11

1. **业务描述:**行政部购买办公用品。

2. **业务流程及岗位责任:**

业务员:填写报销单。

会计:根据相关附件编制记账凭证,登记相关明细账。

出纳:用现金付讫,根据记账凭证登记现金日记账。

3. **附件:**

商业普通发票

发票号码:№03793

2013 年 12 月 9 日

购货单位:

品　名	规　格	单　位	数　量	单　价	金额 万	千	百	十	元	角	分
文件夹		个	20	20			4	0	0	0	0
钢　笔		支	30	20			6	0	0	0	0
签字笔		盒	100	15		1	5	0	0	0	0
合　计					¥	2	5	0	0	0	0
金额大写(人民币合计):贰仟伍佰元整											

第二联　发票联

开票:杨学　　　　收款:祁阳

重庆佳居有限公司费用报销单

年　月　日

部门名称					
费用项目					
序号	品名	单价	数量	金额	备注
1					
2					
3					
合计					
备注					
结算方式	1. 冲借款________元;2. 转账________元;3. 现金付讫________元。				
报销人签字或证明人签字:					
审批人:			审核人:		

业务 12

1. **业务描述**:12 月 10 日,椅子车间和桌子车间报废 2013 年 6 月 10 日领用的喷枪各 10 个。

2. **业务流程及岗位责任**:

业务员:填写报废单。

会计:根据相关附件编制记账凭证,登记相关明细账。

出纳:根据记账凭证登记周转材料明细账。

3. **附件**:

重庆佳居公司周转材料报废单

年　月　日

部门:

喷枪原值:

摊销方法:

领用日期		领用数量		已摊销金额		备注
报废日期		报废数量		摊销金额		
				摊销合计		

申请人:　　　　　　　　　　　　　　审批人:

重庆佳居公司周转材料报废单

年　　月　　日

部门：

喷枪原值：

摊销方法：

<table>
<tr><td>领用日期</td><td></td><td>领用数量</td><td></td><td>已摊销金额</td><td></td><td rowspan="3">备注</td></tr>
<tr><td>报废日期</td><td></td><td>报废数量</td><td></td><td>摊销金额</td><td></td></tr>
<tr><td></td><td></td><td></td><td></td><td>摊销合计</td><td></td></tr>
</table>

申请人：　　　　　　　　　　　　　审批人：

业务 13

1. **业务描述：**12 月 10 日，椅子车间和桌子车间各领用喷枪 5 个。

2. **业务流程及岗位责任：**

业务员：填写周转材料领用单。

会计：根据周转材料领用单编制记账凭证，登记相关明细账。

出纳：根据记账凭证登记周转材料明细账。

业务 14

1. **业务描述：**12 月 10 日，椅子车间和桌子车间按以下资料领用包装材料。

<table>
<tr><td>种类</td><td>品名</td><td>计量单位</td><td>数量</td></tr>
<tr><td rowspan="8">包装物</td><td>学生座椅包装袋</td><td>套</td><td>1 000</td></tr>
<tr><td>办公座椅包装袋</td><td>套</td><td>1 000</td></tr>
<tr><td>学生课桌包装袋</td><td>套</td><td>1 000</td></tr>
<tr><td>办公桌包装袋</td><td>套</td><td>1 000</td></tr>
<tr><td>学生座椅包装箱</td><td>个</td><td>1 000</td></tr>
<tr><td>办公座椅包装箱</td><td>个</td><td>1 000</td></tr>
<tr><td>学生课桌包装箱</td><td>个</td><td>1 000</td></tr>
<tr><td>办公桌包装箱</td><td>个</td><td>1 000</td></tr>
</table>

2. **业务流程及岗位责任：**

业务员：填写周转材料领用单

会计：根据周转材料领用单编制记账凭证，登记相关明细账。

出纳：根据记账凭证登记周转材料明细账。

业务 15

1. **业务描述：**12 月 10 日，提现备发上月工资。

2. **业务流程及岗位责任：**

出纳：填写现金支票，提取现金。

会计：根据相关附件编制记账凭证。

出纳：根据记账凭证登记现金、银行存款日记账。

3. **附件：**

<table>
<tr><td>中国银行
转账支票存根
Ⅶ002690001
科　　目______
对方科目______
出票日期　　年　月　日
收款人：
金额：
用途：
单位主管　　　会计</td><td>本支票付款期限十天</td><td>中国银行　转账支票　Ⅶ002690001
出票日期(大写)　　年　　月　　日　付款行名称：
收款人：　　　　　　　　　　　　出票人账号：
人民币(大写)　｜亿｜千｜百｜十｜万｜千｜百｜十｜元｜角｜分｜
用　途______　　　　科　目(借)______
上列款项
请从我账户内支付　　　　对方科目(贷)______
出票人签章　　　　　　　年　　月　　日
　　　　　　　　　　　　复核　　　记账</td></tr>
</table>

业务 16

1. **业务描述：**12 月 10 日，发放上月工资。

2. **业务流程及岗位责任：**

会计：编制记账凭证，登记相关明细账。

出纳：根据记账凭证登记现金日记账。

业务 17

1. **业务描述：**12 月 10 日，缴纳上个月各项税金。

2. **业务流程及岗位责任：**

会计：根据相关附件编制记账凭证。

出纳：根据记账凭证登记银行存款日记账。

3. **附件：**

中华人民共和国
税收通用缴款书 ㊖

隶属关系：市属　　　　　　　　　　　　　　　　　　　　(2013)缴：No235754801
注册类型：民营企业　　　　填发日期：2013年12月10日　　　　征收机关：重庆市国税局

缴款单位(人)	代码	500820317013875	预算科目	编码	
	全称	重庆佳居有限公司		名称	增值税
	开户银行	中国银行重庆分行南山支行		级次	地市收
	帐号	6566 7685 7654 6547	收款国库		重庆市金库
税款所属时期	2013年11月1日-2013年11月30日		税款限缴时期	2013年12月10日	

品目名称	课税数量	计税金额或销售收入	税率或单位税额	已缴或扣除额	实缴金额
		322 352.94	17%	0	54 800
金额合计	(大写)伍万肆仟捌佰元整				
缴款单位(人)(盖章)经办人(章)	税务机关(盖章)填票人(章)	上列款项已收妥并划转收款单位账户。国库(银行)盖章　年　月　日		备注	

第一联(收据)国库(银行)收款盖章后退缴款单位(人)作完税凭证

无银行收讫章无效　　　　　　　　　　　　逾期不缴按税法规定加收滞纳金

中华人民共和国
税收通用缴款书

隶属关系：市属　　　　　　　　　　　　　　　　　　　　(2013)缴：No236864801
注册类型：民营企业　　　　填发日期：2013年12月10日　　　　征收机关：重庆市地税局

缴款单位(人)	代码	500820317013875	预算科目	编码	
	全称	重庆佳居有限公司		名称	城建税　教育费附加 企业所得税
	开户银行	中国银行重庆分行南山支行		级次	地市收
	帐号	6566 7685 7654 6547	收款国库		重庆市金库
税款所属时期	2013年11月1日-2013年11月30日		税款限缴时期	2013年12月10日	

品目名称	课税数量	计税金额或销售收入	税率或单位税额	已缴或扣除额	实缴金额
城建税 教育费附加 企业所得税		54 800 54 800	7% 2%	0 0	3 836 1 096 24 932
金额合计	(大写)贰万肆仟玖佰叁拾贰元整				
缴款单位(人)(盖章)经办人(章)	税务机关(盖章)填票人(章)	上列款项已收妥并划转收款单位账户。国库(银行)盖章　年　月　日		备注	

第一联(收据)国库(银行)收款盖章后退缴款单位(人)作完税凭证

无银行收讫章无效　　　　　　　　　　　　逾期不缴按税法规定加收滞纳金

业务 18

1. **业务描述**：12 月 10 日，缴纳上个月社保及住房公积金。

2. **业务流程及岗位责任**：

业务员：填制社保及住房公积金缴款书。

出纳：签发转账支票缴纳住房公积金。

会计：根据相关附件编制记账凭证。

出纳：根据记账凭证登记银行存款日记账。

3. **附件**：

中国银行
转账支票存根
Ⅶ003690004

科　　目＿＿＿＿＿＿

对方科目＿＿＿＿＿＿

出票日期　　年　月　日

收款人：
金额：
用途：

单位主管　　　　会计

中国银行　转账支票　Ⅶ003690004

本支票付款期限10天

出票日期(大写)　　年　　月　　日　付款行名称：

收款人：　　　　　　　　出票人账号：

人民币(大写)	亿	千	百	十	万	千	百	十	元	角	分

用　途＿＿＿＿＿＿

上列款项请从我账户内支付

出票人签章　　　　　　　复核　　　　记账

重庆市社会保险费征收专用票据

年　月　日

缴费单位名称		单位开户行		银行账号		
缴费项目	基本养老保险	基本医疗保险	失业保险	工伤保险	生育保险	合计
单位缴纳						
个人缴纳						
合计						

大写：

收款单位：重庆市社保中心

开票人：

住房公积金汇(补)缴书

填表时间：　　年　　月　　日

金额单位：　　元

<table>
<tr><td>单位全称(盖章)</td><td></td><td colspan="3">单位代码</td><td colspan="6"></td></tr>
<tr><td rowspan="2">缴存金额(大写)</td><td rowspan="2"></td><td>百</td><td>十</td><td>万</td><td>千</td><td>百</td><td>十</td><td>元</td><td>角</td><td>分</td></tr>
<tr><td></td><td></td><td></td><td></td><td></td><td></td><td></td><td></td><td></td></tr>
<tr><td colspan="11">☑ 汇缴　年　月份
☐ 补缴　年　月份;补缴原因　　　　;补缴　　人。</td></tr>
</table>

<table>
<tr><td colspan="2">项目</td><td>上月汇缴</td><td>调整前后差额</td><td>本月增加汇缴</td><td>本月减少汇缴</td><td>本月汇缴</td><td>本月补缴</td></tr>
<tr><td colspan="2">人数</td><td></td><td>—</td><td></td><td></td><td></td><td></td></tr>
<tr><td rowspan="3">金额</td><td>单位</td><td></td><td></td><td></td><td></td><td></td><td></td></tr>
<tr><td>个人</td><td></td><td></td><td></td><td></td><td></td><td></td></tr>
<tr><td>合计</td><td></td><td></td><td></td><td></td><td></td><td></td></tr>
<tr><td colspan="4">支票号码：</td><td colspan="4">住房公积金管理中心签章：</td></tr>
<tr><td colspan="4">受托银行签章：</td><td colspan="4"></td></tr>
<tr><td colspan="4">年　月　日</td><td colspan="4"></td></tr>
<tr><td colspan="4"></td><td colspan="4">经办人：　　年　月　日</td></tr>
</table>

填表说明：

1. 本表由单位每月在柜台汇缴住房公积金时填写；"调整前后差额"为年度缴存额调整时产生的差额，应在调整后的首月填写。

2. 本月汇缴＝上月汇缴＋本月增加汇缴－本月减少汇缴；缴存金额＝本月汇缴＋本月补缴。

3. 发生"本月增加汇缴"、"本月减少汇缴"、"本月补缴"情形的，需附相应的《住房公积金汇缴变更清册》或《住房公积金个人补缴清册》。

4. 本表至少填写一式两份，住房公积金管理中心和单位各一份。

业务 19

1. **业务描述：**见附件。

2. **业务流程及岗位责任：**

会计：根据相关附件编制记账凭证，登记相关明细账。

出纳：根据记账凭证登记银行存款日记账。

3. **附件：**

托收凭证(收款通知)　4

委托日期：2013年12月8日　　付款期限 2013年12月11日

<table>
<tr><td>业务类型</td><td colspan="5">委托收款(□邮划、☑电划)　托收承付(□邮划、□电划)</td></tr>
<tr><td rowspan="3">付款人</td><td>全　称</td><td>家乐福</td><td rowspan="3">收款人</td><td>全　称</td><td>重庆佳居有限公司</td></tr>
<tr><td>账　号</td><td>8892 3476 12032 1578</td><td>账　号</td><td>6566 7685 7654 6547</td></tr>
<tr><td>地　址</td><td>重庆市县　开户行　工商银行</td><td>地　址</td><td>重庆市县　开户行　中国银行</td></tr>
<tr><td>金额</td><td colspan="3">人民币
(大写)壹拾伍万零玖佰陆拾元整</td><td colspan="2">亿 千 百 十 万 千 百 十 元 角 分
　　¥ 1 5 0 9 6 0 0 0</td></tr>
<tr><td>款项内容</td><td>货款</td><td>托收凭据名称</td><td>发票</td><td>附寄单证张数</td><td>2</td></tr>
<tr><td>商品发运情况</td><td colspan="3">已发运</td><td>合同名称号码</td><td>20131203</td></tr>
<tr><td colspan="2">备注：
复核　记账</td><td colspan="2">款项收妥日期：
2013年12月11日
年　月　日</td><td colspan="2">收款人开户银行签章
年　月　日</td></tr>
</table>

此联付款人开户银行凭以汇款或收款人开户行作收款通知

业务20

1. **业务描述：**12月11日，收到吉化家具交来的转账支票支付前欠货款。

2. **业务流程及岗位责任：**

出纳：根据交来的转账支票填写进账单。

会计：根据相关附件编制记账凭证，登记相关明细账。

出纳：根据记账凭证登记银行存款日记账。

3. **附件：**

中国工商银行　转账支票　Ⅶ08704132

出票日期(大写)贰零壹贰年壹拾贰月零叁日　付款行名称：工行长永兴分理处

收款人：重庆佳居有限公司　　出票人账号：699333670

人民币(大写)	陆万贰仟元整	亿	千	百	十	万	千	百	十	元	角	分
					¥	6	2	0	0	0	0	0

用　途　付货款

上列款项请从我账户内支付

出票人签章　　复核　　记账

本支票付款期限10天

中国银行进账单 （回 单） 1

年 月 日

<table>
<tr><td rowspan="3">付款人</td><td>全 称</td><td></td><td rowspan="3">收款人</td><td>全 称</td><td colspan="11"></td></tr>
<tr><td>账 号</td><td></td><td>账 号</td><td colspan="11"></td></tr>
<tr><td>开户银行</td><td></td><td>开户银行</td><td colspan="11"></td></tr>
<tr><td rowspan="2">金额</td><td colspan="4" rowspan="2">人民币
（大写）</td><td>亿</td><td>千</td><td>百</td><td>十</td><td>万</td><td>千</td><td>百</td><td>十</td><td>元</td><td>角</td><td>分</td></tr>
<tr><td></td><td></td><td></td><td></td><td></td><td></td><td></td><td></td><td></td><td></td><td></td></tr>
<tr><td colspan="2">票据种类</td><td>转账支票</td><td colspan="13" rowspan="3">开户银行盖章</td></tr>
<tr><td colspan="2">票据张数</td><td>1 张</td></tr>
<tr><td colspan="3">复核 记账</td></tr>
</table>

此联是开户银行交给持（出）票人的回单

业务 21

1. **业务描述**：12 月 12 日，椅子车间和桌子车间入库各种产品各 100 张。

2. **业务流程及岗位责任**：

业务员：填写产品入库单。

出纳：根据产品入库单第③联登记库存商品明细账。

业务 22

1. **业务描述**：12 月 13 日，向仁爱家具销售下列产品，收到对方交来的银行汇票。

品名	计量单位	数量
学生座椅	张	200
办公座椅	张	200
学生课桌	张	300
办公桌	张	200

2. **业务流程及岗位责任**：

业务员：开具增值税发票，将发票联和抵扣联交给市场部业务员。购货单位资料如下：

名 称：仁爱家具
纳税人识别号：7585300236807278
地址、电话：吴兴市河东路 17 号 48096666
开户银行及账号：工商行河东路分理处 465890134

将银行汇票交给出纳，将发票记账联交给会计。开具产品出库单，将③仓库联交给出纳，留存第①和②联。

出纳：根据交来的银行汇票填写进账单。

会计：根据相关附件编制记账凭证，登记相关明细账。

出纳：根据记账凭证登记银行存款日记账，根据产品出库单③仓库联登记库存商品明细账。

3. **附件：**

付款期限
壹 个 月

中国银行

银行汇票(卡片) 1　　　　汇票号码 12020003120

出票日期（大写）　贰零壹贰年壹拾贰月零捌日

代理付款行：中国银行　　行号：

收款人：重庆佳居有限公司		账　号：6566 7685 7654 6547									
出票金额	人民币（大写）										
实际结算金额	人民币（大写）	千	百	十	万	千	百	十	元	角	分

申请人：仁爱家具　　账号：465 890 134

出票行：＿＿＿＿　行号：＿＿＿＿

备　注：

复核　　经办

复核　　记账

此联出票行结算汇票时作汇出汇款借方凭证

付款期限
壹 个 月

中国银行

银行汇票(解讫通知) 3　　　　汇票号码 12020003120

出票日期（大写）　贰零零玖年壹拾贰月零贰日

代理付款行：中国银行　　行号：

收款人：重庆佳居有限公司		账　号：6566 7685 7654 6547									
出票金额	人民币（大写）										
实际结算金额	人民币（大写）	千	百	十	万	千	百	十	元	角	分

申请人：仁爱家具　　账号：465 890 134

出票行：＿＿＿＿　行号：＿＿＿＿

备　注：

复核　　经办

复核　　记账

此联代理付款行兑付后随报单寄出票行　由出票行做多余款贷方凭证

重庆市增值税专用发票

49124435421　　发票联　　No 00121203

开票日期：　年　月　日

购货单位	名　称：	密码区
	纳税人识别号：	
	地址、电话：	
	开户银行及账号：	

货物或应税劳务名称	规格型号	单位	数量	单价	金　额	税率	税　额
合　计							
价税合计（大写）	（小写）¥						

销货单位	名　称：	备注
	纳税人识别号：	
	地址、电话：	
	开户银行及账号：	

收款人：　复核：　开票人：　销货单位(章)

第一联　发票联　购货方记账凭证

中国银行进账单　（回　单）　1

年　月　日

付款人	全　称		收款人	全　称	
	账　号			账　号	
	开户银行			开户银行	

金额	人民币（大写）	亿	千	百	十	万	千	百	十	元	角	分

票据种类	转账支票	
票据张数	1张	
复核　记账		开户银行盖章

此联是开户银行交给持(出)票人的回单

业务23

1. **业务描述：**12月13日，购进2台刨木机(不需安装)。

2. **业务流程及岗位责任：**

业务员：填写固定资产验收单交给会计。

出纳：办理电汇付款，支付货款及对方代垫运费。

会计：根据相关附件编制记账凭证，登记相关明细账。

出纳：根据记账凭证登记银行存款日记账。

3. **附件：**

广州市运输专用发票

（发票联）

顾客名称：重庆佳居有限公司　　2013 年 12 月 11 日　　No:004718

项　目	超过拾万元无效	万	千	百	十	元	角	分
运费		¥	2	0	0	0	0	0
合计（大写）贰仟元整		¥	2	0	0	0	0	0

填票：成平　　收款人：李永生　　业户名称：广州永平运输公司

银行　信汇凭证　（回单）　1

委托日期　　年　　月　　日

汇款人	全　称		收款人	全　称	
	账　号			账　号	
	汇出地点	省　　市/县		汇入地点	省　　市/县
汇出行名称			汇入行名称		

金额	人民币（大写）	亿	千	百	十	万	千	百	十	元	角	分

汇出行签章	支付密码
	附加信息及用途： 复核　　记账

此联汇出行给汇款人的回单

广东省增值税专用发票

4391365208　　　　发票联　　　　No 0015003009

开票日期:2013 年 12 月 11 日

购货单位	名　　称:重庆佳居有限公司 纳税人识别号:500820317013875 地址、电话:重庆南岸区南山街道 800 号 62466878 开户银行及账号:中国银行重庆分行南山支行 6566 7685 7654 6547	密码区					
货物或应税劳务名称	规格型号	单位	数量	单价	金额	税率	税额
刨木机	SE	台	2	5 900.00	11 800.00	17%	2 006.00
合计					¥11 800.00		¥2 006.00
价税合计(大写)	壹万叁仟捌佰零陆元整　　(小写)¥13 806.00						
销货单位	名　　称:广州三迈机械设备公司 纳税人识别号:440106000644807 地址、电话:广州花都区复兴路 26 号 66705560 开户银行及账号:建行广州分行复兴路分理处 64186387	备注					

第三联　发票联购货方记账凭证

重庆佳居有限公司固定资产验收单

验收日期:

资产类别		资产名称		规格	
数量		单位成本		总金额	
单位原值		单位残值		年折旧率	
生产厂家		取得方式		使用部门	
使用寿命					

主管:　　　　验收:　　　　采购:

业务 24

1. **业务描述:**12 月 13 日,收到袁家木材城的赔偿款。

2. **业务流程及岗位责任:**

出纳:根据收到的转账支票填写进账单。

会计:根据相关附件编制记账凭证,登记相关明细账。

出纳：根据记账凭证登记银行存款日记账。

3. **附件：**

<table>
<tr><td rowspan="6">本支票付款期限10天</td><td colspan="13">中国建设银行　转账支票　Ⅶ00594013</td></tr>
<tr><td colspan="13">出票日期(大写)贰零壹贰年壹拾贰月零壹拾叁日　付款行名称：建行永兴分理处</td></tr>
<tr><td colspan="13">收款人：重庆佳居有限公司　出票人账号：69938078</td></tr>
<tr><td rowspan="2">人民币
(大写)</td><td rowspan="2">壹拾壹万柒仟元整</td><td>亿</td><td>千</td><td>百</td><td>十</td><td>万</td><td>千</td><td>百</td><td>十</td><td>元</td><td>角</td><td>分</td></tr>
<tr><td></td><td></td><td>¥</td><td>1</td><td>1</td><td>7</td><td>0</td><td>0</td><td>0</td><td>0</td><td>0</td></tr>
<tr><td colspan="13">用　途　付赔偿款
上列款项请从我账户内支付
出票人签章　复核　记账</td></tr>
</table>

中国银行进账单　(回　单)　1

年　月　日

<table>
<tr><td rowspan="3">付款人</td><td>全　称</td><td></td><td rowspan="3">收款人</td><td>全　称</td><td colspan="11"></td></tr>
<tr><td>账　号</td><td></td><td>账　号</td><td colspan="11"></td></tr>
<tr><td>开户银行</td><td></td><td>开户银行</td><td colspan="11"></td></tr>
<tr><td rowspan="2">金额</td><td colspan="4" rowspan="2">人民币
(大写)</td><td>亿</td><td>千</td><td>百</td><td>十</td><td>万</td><td>千</td><td>百</td><td>十</td><td>元</td><td>角</td><td>分</td></tr>
<tr><td></td><td></td><td></td><td></td><td></td><td></td><td></td><td></td><td></td><td></td><td></td></tr>
<tr><td colspan="2">票据种类</td><td>转账支票</td><td colspan="13" rowspan="3">开户银行盖章</td></tr>
<tr><td colspan="2">票据张数</td><td>1张</td></tr>
<tr><td colspan="3">复核　记账</td></tr>
</table>

此联是开户银行交给持(出)票人的回单

业务25

1. **业务描述：**12月14日，销售部支付广告费15 600元。

2. **业务流程及岗位责任：**

出纳：填写转账支票。

会计：根据相关附件编制记账凭证，登记相关明细账。

出纳：根据记账凭证登记银行存款日记账。

3. **附件：**

重庆市服务业统一发票

发 票 联

2013年12月14日　　No:78556

客户名称	重庆佳居有限公司											
项　目	摘　要	数量	单价	金　额								
				百	十	万	千	百	十	元	角	分
广告费		1	15 600			1	5	6	0	0	0	0
合计人民币(大写)	壹万伍仟陆佰元整				¥	1	5	6	0	0	0	0

第二联 发票

收费专用章　　制单　　业户名称：袁熙广告公司

业务26

1. **业务描述：**12月14日，椅子车间和桌子车间各领用胶水2桶，作为车间生产管理用。

2. **业务流程及岗位责任：**

业务员：开具材料出库单，将③仓库联交给出纳，留存第①和②联。

出纳：根据材料出库单③仓库联登记原材料明细账。

业务27

1. **业务描述：**12月14日，从开中五金有限公司购买拉手500个，办理期限为3个月的银行承兑汇票支付货款，材料入库。

2. **业务流程及岗位责任：**

业务员：填写材料入库单。

出纳：办理银行承兑汇票。

会计：根据相关附件编制记账凭证，登记相关明细账。

出纳：根据记账凭证登记银行存款日记账、原材料明细账。

3. **附件：**

重庆市增值税专用发票

120491442321　　　　发票联　　　　No　00171768

开票日期：2013 年 12 月 14 日

<table>
<tr><td rowspan="4">购货单位</td><td colspan="4">名　　称：重庆佳居有限公司</td><td colspan="4" rowspan="4">密码区</td></tr>
<tr><td colspan="4">纳税人识别号：500820317013875</td></tr>
<tr><td colspan="4">地址、电话：重庆南岸区南山街道 800 号 62466878</td></tr>
<tr><td colspan="4">开户银行及账号：中国银行重庆分行南山支行 6566 7685 7654 6547</td></tr>
<tr><td colspan="2">货物或应税劳务名称</td><td>规格型号</td><td>单位</td><td>数量</td><td>单价</td><td>金　额</td><td>税率</td><td>税　额</td></tr>
<tr><td colspan="2">拉手</td><td></td><td>个</td><td>500</td><td>22</td><td>11 000</td><td>17%</td><td>1 870</td></tr>
<tr><td colspan="2"></td><td></td><td></td><td></td><td></td><td></td><td></td><td></td></tr>
<tr><td colspan="2">合　计</td><td></td><td></td><td></td><td></td><td>11 000</td><td>17%</td><td>1 870</td></tr>
<tr><td colspan="2">价税合计（大写）</td><td colspan="7">壹万贰仟捌佰柒拾元整　　　　（小写）¥12 870.00</td></tr>
<tr><td rowspan="4">销货单位</td><td colspan="4">名　　称：开中五金有限公司</td><td colspan="4" rowspan="4">备注</td></tr>
<tr><td colspan="4">纳税人识别号：986240982600100</td></tr>
<tr><td colspan="4">地址、电话：重庆市中凯路 15 号 62681203</td></tr>
<tr><td colspan="4">开户银行及账号：工商银行重庆市中凯分理处 63432 1561 8183 2200</td></tr>
</table>

第一联　发票联　购货方购货凭证

收款人：　　　　复核：　　　　开票人：　　　　销货单位（章）

重庆市增值税专用发票

120491442321　　　　抵扣联　　　　No 00171768

开票日期:2013年12月14日

<table>
<tr><td rowspan="4">购货单位</td><td colspan="4">名　　称:重庆佳居有限公司</td><td colspan="4" rowspan="4">密码区</td></tr>
<tr><td colspan="4">纳税人识别号:500820317013875</td></tr>
<tr><td colspan="4">地址、电话:重庆南岸区南山街道800号
62466878</td></tr>
<tr><td colspan="4">开户银行及账号:
中国银行重庆分行南山支行
6566 7685 7654 6547</td></tr>
<tr><td colspan="2">货物或应税劳务名称</td><td>规格型号</td><td>单位</td><td>数量</td><td>单价</td><td>金额</td><td>税率</td><td>税额</td></tr>
<tr><td colspan="2">拉手</td><td></td><td>个</td><td>500</td><td>22</td><td>11 000</td><td>17%</td><td>1 870</td></tr>
<tr><td colspan="2"></td><td></td><td></td><td></td><td></td><td></td><td></td><td></td></tr>
<tr><td colspan="2">合　　计</td><td></td><td></td><td></td><td></td><td>11 000</td><td>17%</td><td>1 870</td></tr>
<tr><td colspan="2">价税合计(大写)</td><td colspan="7">壹万贰仟捌佰柒拾元整　　　　(小写)￥12 870.00</td></tr>
<tr><td rowspan="4">销货单位</td><td colspan="4">名　　称:开中五金有限公司</td><td colspan="4" rowspan="4">备注</td></tr>
<tr><td colspan="4">纳税人识别号:986240982600100</td></tr>
<tr><td colspan="4">地址、电话:重庆市中凯路15号
62681203</td></tr>
<tr><td colspan="4">开户银行及账号:
工商银行重庆市中凯分理处
63432 1561 8183 2200</td></tr>
</table>

第二联　抵扣联　购货方抵扣凭证

收款人:　　　　复核:　　　　开票人:　　　　销货单位(章)

银行承兑协议(存根)　1

编号:

银行承兑汇票的内容:

收款人全称____________　　付款人全称____________

开户银行____________　　开户银行____________

账　　号____________　　账　　号____________

汇票号码____________　　汇票金额(大写)____________

签发日期_____年____月____日　　到期日期_____年____月____日

以上汇票经承兑银行承兑,承兑申请人(下称申请人)愿遵守《银行结算办法》的规定以及下列条款:

一、申请人于汇票到期日前将应付票款足额交存承兑银行。

二、承兑手续费按票面金额万分之(五)计划,在银行承兑时一次付清。

三、承兑汇票如发生任何交易纠纷,均由收付双方自行处理,票款于到期前仍按第一条办理。

四、承兑汇票到期日,承兑银行凭票无条件支付票款。如到期日之前申请人不能足额交付票款,承兑银行对不足支付票款转作承兑申请逾期贷款,并按照有关规定计收罚息。

五、承兑汇票款付清后,本协议自动失效。

本协议第一、二联分别由承兑银行信贷部门和承兑申请人存执,协议副本由承兑银行会计部门存查。

承兑申请人签章:　　　　承兑银行签章:

订立承兑协议日期:　　　　年　　月　　日

业务 28

1. **业务描述：**12 月 14 日，按以下资料领用原材料。

领用单位	用途	材料编号	材料名称	规格	计量单位	数量
椅子车间	生产学生座椅用	MB02	密度板	2 cm	张	20
椅子车间	生产学生座椅用	MB03	防火板	3 cm	张	20
椅子车间	生产学生座椅用	FL01	胶水	HY101	桶	10
椅子车间	生产办公座椅用	FL01	胶水	HY101	桶	10
椅子车间	生产办公座椅用	MC01	松木木料	5 cm	张	10

2. **业务流程及岗位责任：**

业务员：开具材料出库单，将③仓库联交给出纳，留存第①和②联。

出纳：根据材料出库单③仓库联登记原材料明细账。

业务 29

1. **业务描述：**12 月 15 日，缴电费。

2. **业务流程及岗位责任：**

出纳：填写转账支票。

会计：根据相关附件编制记账凭证，登记相关明细账。

出纳：根据记账凭证登记银行存款日记账。

3. **附件：**

重庆市增值税专用发票

49124435421　　发票联　　No 00131579

开票日期：2013 年 12 月 15 日

<table>
<tr><td rowspan="4">购货单位</td><td colspan="4">名　　称：重庆佳居有限公司</td><td colspan="5" rowspan="4">密码区</td></tr>
<tr><td colspan="4">纳税人识别号：500820317013875</td></tr>
<tr><td colspan="4">地址、电话：重庆南岸区南山街道 800 号
62466878</td></tr>
<tr><td colspan="4">开户银行及账号：
中国银行重庆分行南山支行
6566 7685 7654 6547</td></tr>
<tr><td colspan="2">货物或应税劳务名称</td><td>规格型号</td><td>单位</td><td>数量</td><td>单价</td><td>金　额</td><td>税率</td><td>税　额</td></tr>
<tr><td colspan="2">电</td><td></td><td>度</td><td>20 000</td><td>1.5</td><td>30 000</td><td>17%</td><td>5 100</td></tr>
<tr><td colspan="2">合　计</td><td></td><td></td><td></td><td></td><td>30 000</td><td></td><td>5 100</td></tr>
<tr><td colspan="2">价税合计（大写）</td><td colspan="7">叁万伍仟壹佰元整　　（小写）¥35 100</td></tr>
<tr><td rowspan="4">销货单位</td><td colspan="4">名　　称：重庆市电力公司</td><td colspan="5" rowspan="4">备注</td></tr>
<tr><td colspan="4">纳税人识别号：986240982600100</td></tr>
<tr><td colspan="4">地址、电话：重庆市中兴路 20 号
63792313</td></tr>
<tr><td colspan="4">开户银行及账号：
工商银行重庆市中兴分理处
65654 3783 0805 4422</td></tr>
</table>

第一联　发票联　购货方记账凭证

收款人：　　复核：　　开票人：　　销货单位（章）

<table>
<tr><td>中国银行
转账支票存根
Ⅶ003690006
科　　目______
对方科目______
出票日期　　年　月　日
收款人：
金额：
用途：
单位主管　　　会计</td><td>本支票付款期限10天</td><td>中国银行　转账支票　Ⅶ003690006
出票日期(大写)　　年　　月　　日　付款行名称：
收款人：　　　　　　　　出票人账号：
人民币（大写）　　亿 千 百 十 万 千 百 十 元 角 分
用　途______
上列款项请从我账户内支付
出票人签章　　　　　　复核　　　　记账</td></tr>
</table>

业务 30

1. **业务描述**：12 月 15 日，缴水费。

2. **业务流程及岗位责任**：

出纳：填写转账支票。

会计：根据相关附件编制记账凭证，登记相关明细账。

出纳：根据记账凭证登记银行存款日记账。

3. **附件**：

重庆市增值税专用发票

49124435421　　　　发票联　　　　No 00151789

开票日期：2013 年 12 月 15 日

<table>
<tr><td rowspan="4">购货单位</td><td colspan="4">名　　称：重庆佳居有限公司</td><td colspan="4" rowspan="4">密码区</td></tr>
<tr><td colspan="4">纳税人识别号：500820317013875</td></tr>
<tr><td colspan="4">地址、电话：重庆南岸区南山街道 800 号 62466878</td></tr>
<tr><td colspan="4">开户银行及账号：中国银行重庆分行南山支行 6566 7685 7654 6547</td></tr>
<tr><td>货物或应税劳务名称</td><td>规格型号</td><td>单位</td><td>数量</td><td>单价</td><td>金额</td><td>税率</td><td>税额</td><td></td></tr>
<tr><td>自来水</td><td></td><td>吨</td><td>3 000</td><td>1.6</td><td>4 800</td><td>17%</td><td>816</td><td></td></tr>
<tr><td></td><td></td><td></td><td></td><td></td><td></td><td></td><td></td><td></td></tr>
<tr><td>合　　计</td><td></td><td></td><td></td><td></td><td>4 800</td><td></td><td>816</td><td></td></tr>
<tr><td>价税合计（大写）</td><td colspan="8">伍仟陆佰壹拾陆元整　　　　（小写）￥5 616</td></tr>
<tr><td rowspan="4">销货单位</td><td colspan="4">名　　称：重庆市自来水公司</td><td colspan="4" rowspan="4">备注</td></tr>
<tr><td colspan="4">纳税人识别号：219573215900400</td></tr>
<tr><td colspan="4">地址、电话：重庆市中兴路 35 号 660300646</td></tr>
<tr><td colspan="4">开户银行及账号：工商银行重庆市中兴分理处 65654 3783 3638 7755</td></tr>
</table>

第一联　发票联　购货方记账凭证

收款人：　　　　复核：　　　　开票人：　　　　销货单位(章)

<table>
<tr>
<td>中国银行
转账支票存根
Ⅶ003690007
科　　目________
对方科目________
出票日期　　年　月　日
收款人：
金额：
用途：
单位主管　　　会计</td>
<td>本支票付款期限10天</td>
<td>中国银行　转账支票　Ⅶ003690007
出票日期(大写)　　年　　月　　日　付款行名称：
收款人：　　　　　　　　　　　　　出票人账号：
人民币（大写）　| 亿 | 千 | 百 | 十 | 万 | 千 | 百 | 十 | 元 | 角 | 分 |
用　途________
上列款项请从我账户内支付
出票人签章　　　　　　　　　复核　　　　记账</td>
</tr>
</table>

业务 31

1. **业务描述**：12 月 16 日，按以下资料领用原材料。

领用单位	用途	材料编号	材料名称	规格	计量单位	数量
椅子车间	生产学生座椅用	MB02	密度板	2 cm	张	200
椅子车间	生产学生座椅用	MB03	防火板	3 cm	张	200
椅子车间	生产学生座椅用	ZL10	木皮	0.2 cm	张	200
椅子车间	生产学生座椅用	FL01	胶水	HY101	桶	10
椅子车间	生产学生座椅用	ZL06	钢管	0.5 cm	根	400
椅子车间	生产学生座椅用	FL02	螺丝钉	M3	个	2 000
椅子车间	生产学生座椅用	FL04	枪钉	F30	个	12 000
椅子车间	生产学生座椅用	ZL09	塑料	ABS	副	1 200
椅子车间	生产办公椅用	ZL05	油漆	底漆	桶	50
椅子车间	生产办公椅用	ZL05	油漆	面漆	桶	50
椅子车间	生产办公椅用	MC01	松木木料	5 cm	张	500
椅子车间	生产办公椅用	FL03	木砂纸	2 mm	张	500
椅子车间	生产办公椅用	FL02	螺丝钉	M4	个	2 000
椅子车间	生产办公椅用	FL04	枪钉	F30	个	10 000
椅子车间	生产办公椅用	FL01	胶水	HY101	桶	10

2. **业务流程及岗位责任：**

业务员：开具材料出库单，将③仓库联交给出纳，留存第①和②联。

出纳：根据材料出库单登记原材料明细账。

业务 32

1. **业务描述**：12 月 17 日，发出代销商品。

2. **业务流程及岗位责任：**

业务员：根据代销协议的内容填制出库单。

出纳：根据出库单登记库存商品明细账。

3. **附件：**

代销协议

甲方：重庆佳居有限公司

乙方：利德便利连锁店

甲方为扩大产品销售，委托乙方代销其产品供计 1 500 张。具体情况如下：学生座椅 400 张，单价 100 元；办公座椅 200 张，单价 400 元；学生课桌 500 张，单价 500 元；办公桌 400 张，单价 1 000 元。乙方销售后结算货款，乙方按售价的 5%（不含增值税）收取代销手续费。

甲方签章：　　　　　　　　　　　乙方签章：

2013 年 12 月 16 日　　　　　　　2013 年 12 月 16 日

业务 33

1. **业务描述：**见附件。

2. **业务流程及岗位责任：**

会计：根据附件编制记账凭证，登记相关明细账。

3. **附件：**

西南证券重庆人民路证券营业部卖出交割凭证

成交日期	2013.12.17	证券名称	长安汽车
资金账号	786355378	成交数量	2 000
代码	A598058802	面值	15.00
姓名	重庆佳居有限公司	成交金额	30 000.00
席位代码	65023	实收佣金	45
申请编号	512062	印花税	30
申报时间	10:29:32	过户费	
成交时间	10:32:120	附加费	0.00
单位股利		结算价格	29 925
成交编号	85173871	实付金额	29 925
上次资金	110 300	本次资金	140 225
上次数量	5 000	本次数量	3 000
委托来源	IN	打印日期	2013.12.16

业务 34

1. **业务描述：**12 月 18 日，出租货车 2 台给欣欣运输公司，共收取押金 100 000 元，租金 35 000 元。

2. **业务流程及岗位责任：**

业务员：开发票，计算营业税。

出纳：根据转账支票，填写进账单；填写收取押金的收据。

会计：根据相关附件编制记账凭证，登记相关明细账。

出纳：根据记账凭证登记银行存款日记账。

2. **附件：**

中国农业银行　转账支票　Ⅶ22685678

本支票付款期限10天

出票日期(大写)贰零壹贰年壹拾贰月零壹拾捌日　付款行名称：农行盛行分理处

收款人：重庆佳居有限公司　出票人账号：344118240

人民币(大写)	亿	千	百	十	万	千	百	十	元	角	分
壹拾叁万伍仟元整			¥	1	3	5	0	0	0	0	0

用　途　押金和租金

上列款项请从我账户内支付

出票人签章　复核　记账

中国银行进账单　(回　单)　1

年　月　日

付款人		收款人	
全　称		全　称	
账　号		账　号	
开户银行		开户银行	

金额 人民币(大写)	亿	千	百	十	万	千	百	十	元	角	分

票据种类	转账支票	
票据张数	1张	
复核　记账		开户银行盖章

此联是开户银行交给持(出)票人的回单

租赁业普通发票　发票号码：№06026

年　月　日

租赁单位：

出租项目	租赁期	单　位	数　量	单　价	金额 万	千	百	十	元	角	分
合　计											
金额大写(人民币合计)：											

第一联　存根联

开票：　收款：

租赁业普通发票 发票号码:№06026

年 月 日

租赁单位:

出租项目	租赁期	单位	数量	单价	金额						
					万	千	百	十	元	角	分
合计											
金额大写(人民币合计):											

第二联 发票联

开票: 收款:

租赁业普通发票 发票号码:№06026

年 月 日

租赁单位:

出租项目	租赁期	单位	数量	单价	金额						
					万	千	百	十	元	角	分
合计											
金额大写(人民币合计):											

第三联 记账联

开票: 收款:

营业税计算表

年 月 日

应税项目	计税金额(元)	税率	应纳税额(元)

业务35

1. **业务描述:**12月18日,按以下资料领用原材料及包装材料。

领用单位	用途	材料编号	材料名称	型号	计量单位	数量
椅子车间	生产学生座椅用	FL02	螺丝钉	M3	个	100
椅子车间	生产办公椅用	FL03	枪钉	F30	个	1 000
桌子车间	生产学生课桌用	FL03	枪钉	F30	个	1 000
桌子车间	生产办公桌用	ZL05	油漆	面漆	桶	60

种类	品名	计量单位	数量
包装物	学生座椅包装袋	包	100
	办公座椅包装袋	包	100
	学生课桌包装袋	包	100
	办公桌包装袋	包	100
	学生座椅包装箱	个	100
	办公座椅包装箱	个	100
	学生课桌包装箱	个	100
	办公桌包装箱	个	100

2. **业务流程及岗位责任：**

业务员：开具材料出库单、周转材料出库单，将③仓库联交给出纳，留存第①和②联。

会计：根据周转材料仓库单编制记账凭证。

出纳：根据材料出库单登记原材料明细账，根据周转材料出库单登记周转材料明细账。

业务 36

1. **业务描述：**12 月 19 日，椅子车间和桌子车间入库各种产品各 500 张。

2. **业务流程及岗位责任：**

业务员：填写产品入库单。

出纳：根据产品入库单第③联登记库存商品明细账。

业务 37

1. **业务描述：**12 月 18 日，提取现金 6 000 元备用。

2. **业务流程及岗位责任：**

会计：根据相关附件编制记账凭证。

出纳：根据记账凭证登记现金、银行存款日记账。

3. **附件：**

中国银行
转账支票存根
Ⅶ002690002
科　　目________
对方科目________
出票日期　　年　月　日

收款人：
金额：
用途：

单位主管　　　会计

中国银行　转账支票　Ⅶ002690002

本支票付款期限十天

出票日期(大写)　　年　　月　　日　付款行名称：
收款人：　　　　　　　　　出票人账号：

人民币(大写)	亿	千	百	十	万	千	百	十	元	角	分

用　途________　　　科　目(借)________
上列款项
请从我账户内支付　　　对方科目(贷)________
出票人签章　　　年　　月　　日
复核　　　记账

业务 38

1. **业务描述：**12 月 19 日，行政部报销餐饮费 2 750 元，出纳支付现金。

2. **业务流程及岗位责任：**

业务员：填写报销单。

会计：根据相关附件编制记账凭证，登记相关明细账。

出纳：根据记账凭证登记现金日记账。

3. **附件：**

重庆佳居有限公司费用报销单

年　　月　　日

部门名称					
费用项目					
序号	品名	单价	数量	金额	备注
1					
2					
3					
合计					
备注					
结算方式	1. 冲借款________元；2. 转账________元；3. 现金付讫________元。				
报销人签字或证明人签字：					
审批人：			审核人：		

重庆市地方税务局通用机打发票

发票联

发票代码：3000001800205

发票号码：22178141

机打号：22178141

机器编号：0000100000080660

行业分类：服务业

收款单位：高新区长乐餐厅

纳税人识别号：510215078110271300004

开票日期：20131219　　　　收款人：系统管理员

付款单位(个人)：重庆佳居有限公司

经营项目	单价	数量	金额
餐饮费	2 750	1	2 750

加盖发票专用章有效

小写合计：2 750.00

大写合计：贰仟柒佰伍拾元整

业务 39

1. **业务描述：**12 月 20 日，销售部报销重庆市有限电视台广告费 37 900 元，出纳开出转账支票支付。

2. **业务流程及岗位责任：**

业务员：填写报销单。

出纳：填开转账支票。

会计：根据相关附件编制记账凭证，登记相关明细账。

出纳：根据记账凭证登记银行存款日记账。

3. **附件：**

服务业普通发票

发票号码：№03737

2013 年 12 月 20 日

购货单位：重庆佳居有限公司

品　名	规　格	单　位	数　量	单　价	金额 万	千	百	十	元	角	分
广告费		分钟	758	50	3	7	9	0	0	0	0
合　计					3	7	9	0	0	0	0
金额大写（人民币合计）：叁万柒仟玖佰元整											

第二联　发票联

开票：雪莹　　　　收款：杨芹

中国银行 转账支票存根 Ⅶ003690008 科　　目＿＿＿＿ 对方科目＿＿＿＿ 出票日期　　年　月　日 收款人： 金额： 用途： 单位主管　　　会计	本支票付款期限10天	中国银行　转账支票　Ⅶ003690008 出票日期（大写）　　年　　月　　日　付款行名称： 收款人：　　　　出票人账号： 人民币（大写）　　亿 千 百 十 万 千 百 十 元 角 分 用　途＿＿＿＿ 上列款项请从我账户内支付 出票人签章　　　　复核　　　记账

重庆佳居有限公司费用报销单

年　月　日

部门名称					
费用项目					
序号	品名	单价	数量	金额	备注
1					
2					
3					
合计					
备注					
结算方式	1. 冲借款________元；2. 转账________元；3. 现金付讫________元。				
报销人签字或证明人签字：					
审批人：			审核人：		

业务 40

1. **业务描述：**12 月 21 日，重庆市中级人民法院裁定中华商厦破产。清算结果债务按 80% 偿还。收到转账支票。

2. **业务流程及岗位责任：**

出纳：根据转账支票填写进账单。

会计：根据相关附件编制记账凭证，登记相关明细账。

出纳：根据记账凭证登记银行存款日记账。

3. **附件：**

中国农业银行　转账支票　Ⅶ22687890

出票日期(大写)贰零壹贰年壹拾贰月贰拾壹日　付款行名称：农行福星分理处

收款人：重庆佳居有限公司　出票人账号：122682210

本支票付款期限10天

人民币(大写)		亿	千	百	十	万	千	百	十	元	角	分
	肆万壹仟捌佰肆拾元整				¥	4	1	8	4	0	0	0

用　途　货款

上列款项请从我账户内支付

出票人签章　复核　记账

中国银行进账单　（回　单） 1

年　　月　　日

<table>
<tr><td rowspan="3">付款人</td><td>全　称</td><td></td><td rowspan="3">收款人</td><td>全　称</td><td colspan="11"></td></tr>
<tr><td>账　号</td><td></td><td>账　号</td><td colspan="11"></td></tr>
<tr><td>开户银行</td><td></td><td>开户银行</td><td colspan="11"></td></tr>
<tr><td rowspan="2">金额</td><td colspan="4" rowspan="2">人民币
（大写）</td><td>亿</td><td>千</td><td>百</td><td>十</td><td>万</td><td>千</td><td>百</td><td>十</td><td>元</td><td>角</td><td>分</td></tr>
<tr><td></td><td></td><td></td><td></td><td></td><td></td><td></td><td></td><td></td><td></td><td></td></tr>
<tr><td colspan="2">票据种类</td><td>转账支票</td><td colspan="13" rowspan="3">开户银行盖章</td></tr>
<tr><td colspan="2">票据张数</td><td>1 张</td></tr>
<tr><td colspan="3">复核　　记账</td></tr>
</table>

此联是开户银行交给持（出）票人的回单

业务 41

1. **业务描述**：12 月 21 日，从开中五金有限公司购买枪钉 4 000 个，款未付，材料入库。

2. **业务流程及岗位责任**：

业务员：填写材料入库单。

会计：根据相关附件编制记账凭证，登记相关明细账。

出纳：根据材料入库单登记原材料明细账。

3. **附件：**

<table>
<tr><td colspan="9">重庆市增值税专用发票
发票联
120491442321　　No 00171793
开票日期：2013年12月21日</td></tr>
<tr><td rowspan="4">购货单位</td><td colspan="3">名　　称：重庆佳居有限公司</td><td colspan="5" rowspan="4">密码区</td></tr>
<tr><td colspan="3">纳税人识别号：500820317013875</td></tr>
<tr><td colspan="3">地址、电话：重庆南岸区南山街道800号 62466878</td></tr>
<tr><td colspan="3">开户银行及账号：
中国银行重庆分行南山支行
6566 7685 7654 6547</td></tr>
<tr><td>货物或应税劳务名称</td><td>规格型号</td><td>单位</td><td>数量</td><td>单价</td><td>金　额</td><td>税率</td><td>税　额</td><td rowspan="8">第一联 发票联 购货方购货凭证</td></tr>
<tr><td>枪钉</td><td></td><td>张</td><td>4 000</td><td>0.5</td><td>2 000</td><td>17%</td><td>340</td></tr>
<tr><td></td><td></td><td></td><td></td><td></td><td></td><td></td><td></td></tr>
<tr><td></td><td></td><td></td><td></td><td></td><td></td><td></td><td></td></tr>
<tr><td></td><td></td><td></td><td></td><td></td><td></td><td></td><td></td></tr>
<tr><td>合　计</td><td></td><td></td><td></td><td></td><td>2 000</td><td>17%</td><td>340.00</td></tr>
<tr><td>价税合计（大写）</td><td colspan="7">贰仟叁佰肆拾元整　　（小写）￥2 340.00</td></tr>
<tr><td rowspan="4">销货单位</td><td colspan="3">名　　称：开中五金有限公司</td><td colspan="4" rowspan="4">备注</td></tr>
<tr><td colspan="3">纳税人识别号：986240982600100</td></tr>
<tr><td colspan="3">地址、电话：重庆市中兴路35号 660300646</td></tr>
<tr><td colspan="3">开户银行及账号：
工商银行重庆市中兴分理处
63432 1561 8183 2200</td></tr>
</table>

收款人：　　复核：　　开票人：　　销货单位(章)

业务42

1. **业务描述：**12月21日，从开元纸箱厂购进以下包装箱，开出转账支票付款，材料入库。

品名	计量单位	数量	单价
学生座椅包装箱	个	200	4
办公座椅包装箱	个	200	4
学生课桌包装箱	个	200	4
办公桌包装箱	个	200	4

2. **业务流程及岗位责任：**

业务员：填写材料入库单。

会计：根据相关附件编制记账凭证，登记相关明细账。

出纳：根据材料入库单登记原材料明细账。

3. **附件：**

重庆市增值税专用发票

1204914423211　　发票联　　No　00191939

开票日期：2013年12月21日

<table>
<tr><td rowspan="4">购货单位</td><td colspan="4">名　　称：重庆佳居有限公司</td><td colspan="4" rowspan="4">密码区</td></tr>
<tr><td colspan="4">纳税人识别号：500820317013875</td></tr>
<tr><td colspan="4">地址、电话：重庆南岸区南山街道800号
62466878</td></tr>
<tr><td colspan="4">开户银行及账号：
中国银行重庆分行南山支行
6566 7685 7654 6547</td></tr>
<tr><td colspan="2">货物或应税劳务名称</td><td>规格型号</td><td>单位</td><td>数量</td><td>单价</td><td>金额</td><td>税率</td><td>税额</td></tr>
<tr><td colspan="2">学生座椅包装箱</td><td></td><td>个</td><td>200</td><td>4</td><td>800</td><td>17%</td><td>136</td></tr>
<tr><td colspan="2">办公座椅包装箱</td><td></td><td>个</td><td>200</td><td>4</td><td>800</td><td>17%</td><td>136</td></tr>
<tr><td colspan="2">学生课桌包装箱</td><td></td><td>个</td><td>200</td><td>4</td><td>800</td><td>17%</td><td>136</td></tr>
<tr><td colspan="2">办公桌包装箱</td><td></td><td>个</td><td>200</td><td>4</td><td>800</td><td>17%</td><td>136</td></tr>
<tr><td colspan="2">合　计</td><td></td><td></td><td></td><td></td><td>3 200</td><td>17%</td><td>544</td></tr>
<tr><td colspan="2">价税合计（大写）</td><td colspan="7">叁仟柒佰肆拾肆元整　　（小写）¥3 744.00</td></tr>
<tr><td rowspan="4">销货单位</td><td colspan="4">名　　称：开元纸箱厂</td><td colspan="4" rowspan="4">备注</td></tr>
<tr><td colspan="4">纳税人识别号：548096548266766</td></tr>
<tr><td colspan="4">地址、电话：重庆市开元路23号
68247869</td></tr>
<tr><td colspan="4">开户银行及账号：
工商银行重庆市开元分理处
29098 7127 4749 8866</td></tr>
</table>

第一联　发票联　购货方购货凭证

收款人：　　复核：　　开票人：　　销货单位（章）

业务43

1. **业务描述：**12月22日，按以下资料领用原材料。

领用单位	用途	材料编号	材料名称	规格	计量单位	数量
桌子车间	生产学生课桌用	MB02	密度板	2 cm	张	500
桌子车间	生产学生课桌用	MB03	防火板	3 cm	张	500
桌子车间	生产学生课桌用	ZL10	木皮	0.2 cm	张	500
桌子车间	生产学生课桌用	FL01	胶水	HY101	桶	10
桌子车间	生产学生课桌用	ZL06	钢管	0.5 cm	根	500
桌子车间	生产学生课桌用	FL02	螺丝钉	M3	个	200
桌子车间	生产学生课桌用	FL04	枪钉	F30	个	20 000
桌子车间	生产办公桌用	MC02	红木木料	6 cm	张	400
桌子车间	生产办公桌用	ZL05	油漆	底漆	桶	80
桌子车间	生产办公桌用	ZL05	油漆	面漆	桶	80
桌子车间	生产办公桌用	ZL07	抽屉滑轨	KA 滚珠	副	1 000
桌子车间	生产办公桌用	FL03	木砂纸	2 mm	张	800
桌子车间	生产办公桌用	FL02	螺丝钉	M4	个	2 000
桌子车间	生产办公桌用	FL04	枪钉	F30	个	20 000
桌子车间	生产办公桌用	FL01	胶水	HY101	桶	10
桌子车间	生产办公桌用	ZL08	拉手	抽屉 309	个	1 000

2. **业务流程及岗位责任：**

业务员：开具材料出库单，将③仓库联交给出纳，留存第①和②联。

出纳：根据材料出库单登记原材料明细账。

业务 44

1. **业务描述：**12 月 22 日，按以下资料领用包装材料。

种类	品名	计量单位	数量
包装物	学生座椅包装袋	包	200
	办公座椅包装袋	包	200
	学生课桌包装袋	包	200
	办公桌包装袋	包	200
	学生座椅包装箱	个	200
	办公座椅包装箱	个	200
	学生课桌包装箱	个	200
	办公桌包装箱	个	200

2. **业务流程及岗位责任：**

业务员：开具周转材料出库单，将③仓库联交给出纳，留存第①和②联。

会计：根据周转材料出库单编制记账凭证。

出纳:根据周转材料出库单登记周转材料明细账。

业务 45

1. **业务描述**:12 月 22 日,桌子车间领用螺丝钉 M3 型号 100 个供车间修理用。

2. **业务流程及岗位责任**:

业务员:填写材料出库单。

出纳:根据材料出库单登记原材料明细账。

业务 46

1. **业务描述**:12 月 23 日,行政部领用胶水 10 桶。

2. **业务流程及岗位责任**:

业务员:填写材料出库单。

出纳:根据材料出库单登记原材料明细账。

业务 47

1. **业务描述**:12 月 23 日,购入罗牛山股份的股票作为交易性金融资产。

2. **业务流程及岗位责任**:

会计:根据相关附件编制记账凭证,登记相关明细账。

3. **附件**:

西南证券重庆人民路证券营业部买入交割凭证

成交日期	2013.12.23	证券名称	罗牛山股份
资金账号	786355378	成交数量	10 000
代码	A598058802	面值	7.5
姓名	重庆佳居有限公司	成交金额	75 000
席位代码	65023	实收佣金	112.5
申请编号	512062	印花税	
申报时间	10:29:32	过户费	75
成交时间	10:32:120	附加费	0.00
单位股利		结算价格	75 187.5
成交编号	87395091	实付金额	75 187.5
上次资金	140 225	本次资金	65 037.5
上次数量	0	本次数量	10 000
委托来源	IN	打印日期	2013.12.23

业务 48

1. **业务描述**:12 月 24 日,椅子车间报废刨木机一台。

2. **业务流程及岗位责任**:

会计:根据相关附件编制记账凭证,登记相关明细账。

3. **附件：**

重庆佳居有限公司固定资产报废申请单

申请日期：2013 年 12 月 24 日

报废原因：正常报废

资产类别	机器设备	资产名称	刨木机	规格	SE
数量	1	单位成本	6 000	总金额	6 000
单位原值	6 000	单位残值	300	年折旧率	10%
预计使用年限	10 年	已使用年限	10 年	已提折旧	5 700
使用部门	椅子车间	技术鉴定小组意见	同意报废	主管部门意见	同意报废

业务 49

1. **业务描述：**12 月 25 日，刨木机报废以现金支付工人清理费 100 元，交回残值变现收入 500 元，清理结束，结转清理净损益。

2. **业务流程及岗位责任：**

出纳：填开收据，收回残值变现收入。

会计：根据相关附件编制记账凭证，登记相关明细账。

出纳：根据记账凭证登记现金日记账。

3. **附件：**

重庆佳居有限公司费用报销单

年　月　日

部门名称					
费用项目					
序号	品名	单价	数量	金额	备注
1					
2					
3					
合计					
备注					
结算方式	1. 冲借款________元；2. 转账________元；3. 现金付讫________元。				
报销人签字或证明人签字：					
审批人：			审核人：		

业务 50

1. **业务描述：**12 月 26 日，椅子车间和桌子车间入库各种产品各 500 张。

2. **业务流程及岗位责任：**

业务员：填写产品入库单。

出纳:根据产品入库单第③联登记库存商品明细账。

业务51

1. **业务描述**:12月27日,向吉化家具销售下列产品。

品名	计量单位	数量
学生座椅	张	1 000
办公座椅	张	1 000
学生课桌	张	1 000
办公桌	张	1 000

2. **业务流程及岗位责任**:

业务员:开具增值税发票,将发票联和抵扣联交给市场部业务员。购货单位资料如下:

名　　称:吉化家具
纳税人识别号:537808014185056
地址、电话:重庆市永兴路500号　　　　68006666
开户银行及账号:工行长永兴分理处　　　699333670

开具产品出库单,将③仓库联交给出纳,留存第①和②联。

会计:根据相关附件编制记账凭证,登记相关明细账。

出纳:根据产品出库单③仓库联登记库存商品明细账。

3. **附件：**

重庆市增值税专用发票

49124435421　　　　　　　　记账联　　　　　　　　No 00121205

开票日期：　年　月　日

购货单位	名　　称：	密码区
	纳税人识别号：	
	地址、电话：	
	开户银行及账号：	

货物或应税劳务名称	规格型号	单位	数量	单价	金　额	税率	税　额
合　计							
价税合计（大写）	（小写）¥						

销货单位	名　　称：	备注
	纳税人识别号：	
	地址、电话：	
	开户银行及账号：	

第一联　记账联　销货方记账凭证

收款人：　　　　复核：　　　　开票人：　　　　销货单位（章）

业务 52

1. **业务描述：**12 月 28 日，王林以现金 150 万元入股，使本公司注册资本增加至 950 万元。

2. **业务流程及岗位责任：**

业务员：更新股东名册。

出纳：根据转账支票填写进账单。

会计：根据相关附件编制记账凭证，登记相关明细账。

出纳：根据记账凭证登记银行存款日记账。

3. **附件：**

中国农业银行　转账支票　　Ⅶ22685631

出票日期（大写）贰零壹贰年壹拾贰月贰拾陆陆日　付款行名称：农行永胜分理处

收款人：重庆佳居有限公司　　　　出票人账号：**566380560**

人民币（大写）	亿	千	百	十	万	千	百	十	元	角	分
壹佰伍拾万元整		¥	1	5	0	0	0	0	0	0	0

用　途　投资款

上列款项请从我账户内支付

出票人签章　　　　复核　　　　记账

本支票付款期限10天

重庆佳居有限公司股东名册　　单位:万元

股东	出资额	所占股份比例	出资方式	备注
刘娟	320	33.69%	现金	董事长
田升	100	10.52%	现金	总经理
李子培	100	10.52%	现金	
文明	80	8.42%	现金	
罗海	70	7.37%	现金	
谢志宇	70	7.37%	现金	
邓佳	60	6.32%	现金	
王林	150	15.79%		
合计	950	100%		

中国银行进账单　(回　单)　1

年　　月　　日

<table>
<tr><td rowspan="3">付款人</td><td>全　称</td><td></td><td rowspan="3">收款人</td><td>全　称</td><td colspan="11"></td></tr>
<tr><td>账　号</td><td></td><td>账　号</td><td colspan="11"></td></tr>
<tr><td>开户银行</td><td></td><td>开户银行</td><td colspan="11"></td></tr>
<tr><td rowspan="2">金额</td><td colspan="4" rowspan="2">人民币
(大写)</td><td>亿</td><td>千</td><td>百</td><td>十</td><td>万</td><td>千</td><td>百</td><td>十</td><td>元</td><td>角</td><td>分</td></tr>
<tr><td></td><td></td><td></td><td></td><td></td><td></td><td></td><td></td><td></td><td></td><td></td></tr>
<tr><td colspan="2">票据种类</td><td>转账支票</td><td colspan="13" rowspan="3">开户银行盖章</td></tr>
<tr><td colspan="2">票据张数</td><td>1张</td></tr>
<tr><td colspan="3">复核　　记账</td></tr>
</table>

此联是开户银行交给持(出)票人的回单

业务53

1. **业务描述:**12月29日,按以下资料领用包装材料。

种类	品名	计量单位	数量
包装物	学生座椅包装袋	包	300
	办公座椅包装袋	包	300
	学生课桌包装袋	包	300
	办公桌包装袋	包	300
	学生座椅包装箱	个	300
	办公座椅包装箱	个	300
	学生课桌包装箱	个	300
	办公桌包装箱	个	300

2. **业务流程及岗位责任：**

业务员：开具周转材料出库单，将③仓库联交给出纳，留存第①和②联。

会计：根据周转材料出库单编制记账凭证。

出纳：根据周转材料出库单登记周转材料明细账。

业务 54

1. **业务描述：**12 月 29 日，销售部为产品展览会领用四种产品各 50 张。

2. **业务流程及岗位责任：**

业务员：填写产品出库单。

出纳：根据产品出库单登记库存商品明细账。

业务 55

1. **业务描述：**12 月 30 日，销售部展览费 29 000 元，出纳开出转账支票支付。

2. **业务流程及岗位责任：**

业务员：填写报销单。

出纳：填开转账支票。

会计：根据相关附件编制记账凭证，登记相关明细账。

出纳：根据记账凭证登记银行存款日记账。

3. **附件：**

服务业普通发票

发票号码：№06973

2013 年 12 月 30 日

购货单位：重庆佳居有限公司

出租项目	租赁期	单　位	数　量	单　价	金　额						
					万	千	百	十	元	角	分
展览费				29 000	2	9	0	0	0	0	0
合　计					2	9	0	0	0	0	0
金额大写（人民币合计）：贰万玖仟元整											

第二联　发票联

开票：杨学　　　　收款：秦羽

<table>
<tr><td>中国银行
转账支票存根
Ⅶ00362310
科　　目＿＿＿＿＿
对方科目＿＿＿＿＿
出票日期　　年　月　日
收款人：
金额：
用途：
单位主管　　　会计</td><td>本支票付款期限10天</td><td>中国银行　转账支票　Ⅶ00362310
出票日期(大写)　　年　　月　　日　付款行名称：
收款人：　　　　　　出票人账号：
人民币(大写)　亿 千 百 十 万 千 百 十 元 角 分
用　途＿＿＿＿＿
上列款项请从我账户内支付
出票人签章　　　　　复核　　　记账</td></tr>
</table>

重庆佳居有限公司费用报销单

年　　月　　日

部门名称					
费用项目					
序号	品名	单价	数量	金额	备注
1					
2					
3					
合计					
备注					
结算方式	1. 冲借款＿＿＿元；2. 转账＿＿＿元；3. 现金付讫＿＿＿元。				
报销人签字或证明人签字：					
审批人：			审核人：		

业务 56

1. **业务描述：**12 月 31 日，椅子车间和桌子车间入库各种产品各 400 张。

2. **业务流程及岗位责任：**

业务员：填写产品入库单。

出纳：根据产品入库单第③联登记库存商品明细账。

业务 57

1. **业务描述：**12 月 31 日，发放元旦福利，职工办公座椅、办公桌各 1 张，由行政部负责发放。各部门人数见下表。

部门		人数
椅子车间	生产工人	30
	管理人员	5
桌子车间	生产工人	30
	管理人员	5
供应部		2
人力资源部		1
行政部		5
财务部		3
市场部		9
合计		90

2. **业务流程及岗位责任：**

业务员：编制元旦福利发放汇总表，填写产品出库单。

会计：编制记账凭证，登记相关明细账。

出纳：根据产品出库单第③联登记库存商品明细账。

3. **附件：**

元旦福利发放汇总表

2013 年 12 月 31 日

部门		人数	发放产品(数量:张;金额:元)								合计	增值税	合计
			学生座椅		办公座椅		学生课桌		办公桌				
			数量	金额	数量	金额	数量	金额	数量	金额			
椅子车间	生产工人												
	管理人员												
桌子车间	生产工人												
	管理人员												
供应部													
人力资源部													
行政部 财务部													
市场部													
合计													

业务 58

1. **业务描述**：12 月 31 日，分配结转元旦福利。生产工人的各项费用均按产品产量比例分配(如有尾差，椅子车间保留在办公座椅，桌子车间保留在办公桌)。

<table>
<tr><th>车间</th><th>产品</th><th>本月产量(张)</th></tr>
<tr><td rowspan="2">椅子车间</td><td>学生座椅</td><td></td></tr>
<tr><td>办公座椅</td><td></td></tr>
<tr><td rowspan="2">桌子车间</td><td>学生课桌</td><td></td></tr>
<tr><td>办公桌</td><td></td></tr>
</table>

2. **业务流程及岗位责任**：

业务员：编制元旦福利费用分配表。

会计：根据相关附件编制记账凭证，登记相关明细账。

3. **附件**：

非货币性福利分配表

2013 年 12 月 31 日

<table>
<tr><th colspan="3">应借账户</th><th>成本项目</th><th>分配标准</th><th>单位分配额</th><th>分配金额</th></tr>
<tr><td rowspan="6">生产成本</td><td rowspan="3">椅子车间</td><td>学生座椅</td><td></td><td></td><td></td><td></td></tr>
<tr><td>办公座椅</td><td></td><td></td><td></td><td></td></tr>
<tr><td>小计</td><td></td><td></td><td></td><td></td></tr>
<tr><td rowspan="3">桌子车间</td><td>学生课桌</td><td></td><td></td><td></td><td></td></tr>
<tr><td>办公桌</td><td></td><td></td><td></td><td></td></tr>
<tr><td>小计</td><td></td><td></td><td></td><td></td></tr>
<tr><td rowspan="2">制造费用</td><td colspan="2">椅子车间</td><td></td><td></td><td></td><td></td></tr>
<tr><td colspan="2">桌子车间</td><td></td><td></td><td></td><td></td></tr>
<tr><td colspan="3">管理费用</td><td></td><td></td><td></td><td></td></tr>
<tr><td colspan="3">在建工程</td><td></td><td></td><td></td><td></td></tr>
<tr><td colspan="3">合计</td><td></td><td></td><td></td><td></td></tr>
</table>

业务 59

1. **业务描述**：12 月 31 日，见附件。

2. **业务流程及岗位责任**：

会计：根据相关附件编制记账凭证，登记相关明细账。

出纳：根据记账凭证登记银行存款日记账。

3. **附件：**

中国银行收贷凭单

2013 年 12 月 31 日

<table>
<tr><td rowspan="2">付款单位</td><td>名称</td><td colspan="2">重庆佳居有限公司</td><td colspan="11">收款单位账号：</td></tr>
<tr><td>账号</td><td>6322121200055599</td><td colspan="5">原贷款用途：流动资金贷款</td><td colspan="7">合同号：</td></tr>
<tr><td rowspan="2">还款金额</td><td rowspan="2">（大写）</td><td rowspan="2">贰拾捌万肆仟贰佰元整</td><td rowspan="2">小写</td><td>千</td><td>百</td><td>十</td><td>万</td><td>千</td><td>百</td><td>十</td><td>元</td><td>角</td><td>分</td><td rowspan="6">此联单位留存</td></tr>
<tr><td></td><td>¥</td><td>2</td><td>8</td><td>4</td><td>2</td><td>0</td><td>0</td><td>0</td><td>0</td></tr>
<tr><td colspan="3">原贷时间：2013 年 12 月 31 日</td><td colspan="11">原订归还时间：2013 年 12 月 31 日</td></tr>
<tr><td rowspan="2">原贷金额</td><td rowspan="2">（大写）</td><td rowspan="2">贰拾捌万元整</td><td rowspan="2">小写</td><td>千</td><td>百</td><td>十</td><td>万</td><td>千</td><td>百</td><td>十</td><td>元</td><td>角</td><td>分</td></tr>
<tr><td></td><td>¥</td><td>2</td><td>8</td><td>0</td><td>0</td><td>0</td><td>0</td><td>0</td><td>0</td></tr>
</table>

会计：　　　　　记账：　　　　　复核：　　　　　制单：

业务 60

1. **业务描述：**12 月 31 日，提取现金，用职工福利费发放困难补助。

2. **业务流程及岗位责任：**

业务员：编制困难补助费用分配表。

出纳：填开现金支票。

会计：根据相关附件编制记账凭证，登记相关明细账。

出纳：根据记账凭证登记现金、银行存款日记账。

3. **附件：**

困难补助费用分配表

2013 年 12 月 31 日

部门		金额(元)	签章
椅子车间	生产工人	500	
	管理人员	200	
桌子车间	生产工人	500	
	管理人员	400	
行政部		200	
合计		1 800	

<table>
<tr><td rowspan="10">中国银行
现金支票存根
Ⅶ002690003
科　　目________
对方科目________
出票日期　　年　月　日
收款人：
金额：
用途：
单位主管　　　会计</td><td rowspan="10">本支票付款期限10天</td><td colspan="12">中国银行　现金支票　Ⅶ002690003</td></tr>
<tr><td colspan="12">出票日期(大写)　　年　　月　　日　付款行名称：</td></tr>
<tr><td colspan="12">收款人：　　　　　　　　出票人账号：</td></tr>
<tr><td rowspan="2">人民币
(大写)</td><td>亿</td><td>千</td><td>百</td><td>十</td><td>万</td><td>千</td><td>百</td><td>十</td><td>元</td><td>角</td><td>分</td></tr>
<tr><td></td><td></td><td></td><td></td><td></td><td></td><td></td><td></td><td></td><td></td><td></td></tr>
<tr><td colspan="12">用　途________　　　　科　目(借)________</td></tr>
<tr><td colspan="12">上列款项</td></tr>
<tr><td colspan="12">请从我账户内支付　　　　对方科目(贷)________</td></tr>
<tr><td colspan="12">出票人签章　　　　　　　年　　月　　日</td></tr>
<tr><td colspan="12">复核　　　　记账</td></tr>
</table>

业务 61

1. **业务描述**：12 月 31 日，计算分配 12 月的工资，同时结转代扣款项。

2. **业务流程及岗位责任**：

业务员：编制工资结算单及工资结算汇总表。

财务部 12 月考勤

姓名	病假	事假
闫国勇	2 天	
吴镇宇		1 天
穆成名	1 天	1 天

出纳：编制工资分配表。

会计：根据相关附件编制记账凭证，登记相关明细账。

3. **附件**：

工资结算单

部门：财务部　　2013 年 12 月　　单位：元

				应扣工资			应扣项目							
姓名	月基本工资	奖金	加班工资	病假	事假	应付工资	养老保险	医疗保险	失业保险	住房公积金	个人所得税	应扣合计	实发工资	签章
闫国勇	4 612	400	336											
吴镇宇	3 440	350	160											
穆成名	3 000	300	300											
合计														

工资结算汇总表

2013 年 12 月

单位:元

部门		月基本工资	奖金	加班工资	应扣工资		应付工资	应扣项目						实发工资	部门签章
					病假	事假		养老保险	医疗保险	失业保险	住房公积金	个人所得税	应扣合计		
椅子车间	生产工人	65 650	1 560	1 200	0	0	68 410	5 472.8	1 368.2	684.1	4 788.7		12 313.8	56 096.2	
	管理人员	10 940	640	200	0	0	11 780	942.4	235.6	117.8	824.6		2 120.4	9 659.6	
桌子车间	生产工人	65 420	1 580	1 340	0	0	68 340	5 467.2	1 366.8	683.4	4 783.8		12 301.2	56 038.8	
	管理人员	10 880	600	140	0	0	11 620	929.6	232.4	116.2	813.4		2 091.6	9 528.4	
供应部		6 600	860	240	0	0	7 700	616	154	77	539		1 386	6 314	
人力资源部		2 200	200	0	0	0	2 400	192	48	24	168		432	1 968	
行政部		11 000	890	0	0	0	11 890	951.2	237.8	118.9	832.3		2 140.2	9 749.8	
财务部															
市场部		13 200	2 360	680	0	0	16 240	1 299.2	324.8	162.4	1 136.8		2 923.2	13 316.8	
合计															

工资分配表

2013 年 12 月 31 日

应借账户			成本项目	分配标准	分配率	分配金额
生产成本	椅子车间	学生座椅	直接人工			
		办公座椅	直接人工			
		小计	直接人工			
	桌子车间	学生课桌	直接人工			
		办公桌	直接人工			
		小计	直接人工			
制造费用	椅子车间		职工薪酬			
	桌子车间		职工薪酬			
管理费用			职工薪酬			
在建工程			职工薪酬			
合计						

业务 62

1. **业务描述**：12 月 31 日，结算分配五险一金、职工福利费、工会经费、职工教育经费。

2. **业务流程及岗位责任**：

业务员：编制五险一金、职工福利费、工会经费、职工教育经费结算表。

出纳：编制五险一金、职工福利费、工会经费、职工教育经费分配表。

会计：根据相关附件编制记账凭证，登记相关明细账。

3. **附件：**

五险一金、职工福利费、工会经费、职工教育经费结算表

2013 年 12 月 31 日　　单位：元

部门		应付工资	社会保险费						住房公积金	职工福利费	工会经费	职工教育经费	合计
			养老保险	医疗保险	失业保险	工伤保险	生育保险	小计					
椅子车间	生产工人												
	管理人员												
桌子车间	生产工人												
	管理人员												
供应部													
人力资源部													
行政部													
财务部													
市场部													
合计													

五险一金、职工福利费、工会经费、职工教育经费分配表

2013 年 12 月 31 日

应借账户			成本项目	分配标准	分配率	分配金额
生产成本	椅子车间	学生座椅	直接人工			
		办公座椅	直接人工			
		小计	直接人工			
	桌子车间	学生课桌	直接人工			
		办公桌	直接人工			
		小计	直接人工			
制造费用	椅子车间		职工薪酬			
	桌子车间		职工薪酬			
管理费用			职工薪酬			
在建工程			职工薪酬			
合计						

业务 63

1. **业务描述**：12 月 31 日，汇总本月领料单，编制发料凭证汇总表。

2. **业务流程及岗位责任**：

业务员：汇总本月领料单，编制发料凭证汇总表（材料成本差异保留小数点后 4 位，尾差保留在管理费用中）。

会计：根据相关附件编制记账凭证，登记相关明细账（不再登记原材料明细账）。

3. **附件**：

发料凭证汇总表

2013 年 12 月 31 日

应借账户			成本项目	直接计入	分配计入			计划成本合计	差异率	材料成本差异	实际成本
					分配标准	分配率	分配金额				
生产成本	椅子车间	学生座椅	直接材料								
		办公座椅	直接材料								
		小计	直接材料								
	桌子车间	学生课桌	直接材料								
		办公桌	直接材料								
		小计	直接材料								
制造费用	椅子车间		直接材料								
	桌子车间		直接材料								
管理费用			直接材料								
合计											

业务 64

1. **业务描述**：12 月 31 日，分配外购电费。

2. **业务流程及岗位责任**：

业务员：编制外购电费分配表。

会计：根据相关附件编制记账凭证，登记相关明细账。

3. **附件：**

电费分配表

2013 年 12 月 31 日

应借账户			成本项目	用量（度）	单价	金额	分配标准	分配率	分配金额
生产成本	椅子车间	学生座椅	直接材料						
		办公座椅	直接材料						
		小计	直接材料	7 200					
	桌子车间	学生课桌	直接材料						
		办公桌	直接材料						
		小计	直接材料	7 200					
制造费用	椅子车间		电费	1 150					
	桌子车间		电费	1 150					
管理费用			电费	3 300					
合计				20 000					

业务 65

1. **业务描述：**12 月 31 日，分配外购水费。

2. **业务流程及岗位责任：**

业务员：编制外购水费分配表。

会计：根据相关附件编制记账凭证，登记相关明细账。

3. **附件：**

水费分配表

2013 年 12 月 31 日

应借账户			成本项目	用量（吨）	单价	金额	分配标准	分配率	分配金额
生产成本	椅子车间	学生座椅	直接材料						
		办公座椅	直接材料						
		小计	直接材料	1 100					
	桌子车间	学生课桌	直接材料						
		办公桌	直接材料						
		小计	直接材料	1 100					
制造费用	椅子车间		电费	200					
	桌子车间		电费	200					
管理费用			电费	400					
合计				3 000					

业务 66

1. **业务描述**：12 月 31 日，摊销无形资产。

2. **业务流程及岗位责任**：

业务员：编制无形资产摊销表。

会计：根据相关附件编制记账凭证，登记相关明细账。

3. **附件**：

无形资产摊销表

2013 年 12 月 31 日

无形资产	使用年限	原值	年摊销额
土地使用权			

制表：　　　　　　　　　　　　审核：

业务 67

1. **业务描述**：12 月 31 日，计提无形资产减值准备。

2. **业务流程及岗位责任**：

业务员：编制无形资产减值准备计提表。

会计：根据相关附件编制记账凭证，登记相关明细账。

3. **附件**：

无形资产减值准备计提表

2013 年 12 月 31 日

无形资产	公允价值	原值	减值	应提减值准备
商标权	8 000			

制表：　　　　　　　　　　　　审核：

业务 68

1. **业务描述**：12 月 31 日，支付长期借款利息。

2. **业务流程及岗位责任**：

会计：根据相关附件编制记账凭证，登记相关明细账。

出纳：根据记账凭证登记银行存款日记账。

3. **附件：**

中国银行计收利息清单(支款通知)

2013年12月31日

<table>
<tr><td>户名</td><td colspan="11">重庆佳居有限公司</td><td>账号</td><td>632212120005 5599</td></tr>
<tr><td>计息起止时间</td><td colspan="11">2013年1月1日-2013年12月31日</td><td colspan="2" rowspan="6">左列贷款利息已从你单位账户中扣除。

转账日期：2013年12月31日</td></tr>
<tr><td rowspan="4">贷款种类</td><td>贷款账号</td><td>计息日贷款余额</td><td colspan="2">计息积数</td><td colspan="2">利率</td><td colspan="5">利息金额</td></tr>
<tr><td>略</td><td>2 000 000</td><td colspan="2">略</td><td colspan="2">10%</td><td colspan="5">200 000</td></tr>
<tr><td></td><td></td><td colspan="2"></td><td colspan="2"></td><td colspan="5"></td></tr>
<tr><td></td><td></td><td colspan="2"></td><td colspan="2"></td><td colspan="5"></td></tr>
<tr><td rowspan="2">利息金额
人民币
(大写)</td><td colspan="2" rowspan="2">贰拾万元整</td><td>十</td><td>万</td><td>千</td><td>百</td><td>十</td><td>元</td><td>角</td><td>分</td><td colspan="3" rowspan="2"></td></tr>
<tr><td>2</td><td>0</td><td>0</td><td>0</td><td>0</td><td>0</td><td>0</td><td>0</td></tr>
</table>

单位主管：　　会计：　　复核：　　记账：

业务69

1. **业务描述：**12月31日，计提持有至到期投资的利息。

2. **业务流程及岗位责任：**

业务员：编制持有至到期投资利息计提表。

会计：根据相关附件编制记账凭证，登记相关明细账。

3. **附件：**

持有至到期投资利息计提表

2013年12月31日

持有至到期投资	面值	利率	利息
1001国债			

制表：　　审核：

业务70

1. **业务描述：**12月31日，调整交易性金融资产的账面价值。长安汽车13元/股、罗牛山股份8元/股。

2. **业务流程及岗位责任：**

业务员：编制交易性金融资产公允价值调整表。

会计：根据相关附件编制记账凭证，登记相关明细账。

3. **附件：**

金融资产公允价值调整表

交易性金融资产	公允价值	账面余额	公允价值变动

制表：　　审核：

业务 71

1. **业务描述**：12 月 31 日，计提固定资产折旧。

2. **业务流程及岗位责任**：

业务员：编制固定资产折旧计算表。

会计：根据相关附件编制记账凭证，登记相关明细账。

3. **附件**：

固定资产折旧计算表

2013 年 12 月 31 日

使用单位	类别	年折旧率	上月折旧额	上月增加固定资产原值	上月减少固定资产原值	本月应计提折旧额
椅子车间	房屋及建筑物	3.60%	16 000	350 000		
	机器设备	10%	1 360			
	小计		17 360			
桌子车间	房屋及建筑物	3.60%	4 960			
	机器设备	10%	8 240	90 000		
	小计		13 200			
管理部门	房屋及建筑物	3.60%	9 000			
	运输设备	9%	500		40 000	
	管理设备	12%	1 000	10 000		
	小计		10 500			
在建工程	机器设备	10%	1 000			
	运输设备	9%	1 000			
	管理设备	12%	73.3			
	小计		2 073.3			
合计			43 133.3			

业务 72

1. **业务描述**：12 月 31 日，分配制造费用。

2. **业务流程及岗位责任**：

业务员：编制制造费用分配表。

会计：根据相关附件编制记账凭证，登记相关明细账。

3. **附件**：

制造费用分配表

2013 年 12 月 31 日

车间：

产品名称	分配标准	分配率	分配金额
合计			

业务 73

1. **业务描述**:12 月 31 日,计算当月完工产品成本,结转入库产品成本(本月月末无在产品)。

2. **业务流程及岗位责任**:

业务员:编制成本计算单。

会计:根据相关附件编制记账凭证,登记相关明细账。

3. **附件**:

产品成本计算单

2013 年 12 月

车间: 产品名称: 产量:

成本项目	期初在产品成本	本月生产费用	生产费用合计	月末在产品成本	完工产品总成本	完工产品单位成本
直接材料						
直接人工						
制造费用						
合计						

复核: 制单:

业务 74

1. **业务描述**:12 月 31 日,结转本月出库产品的成本(尾差保留在月末结存商品中)。

2. **业务流程及岗位责任**:

业务员:编制出库产品成本汇总表。

会计:根据相关附件编制记账凭证,登记相关明细账。

3. **附件**:

出库商品成本汇总表

2013 年 12 月 31 日

产品名称	单价	销售		委托代销		展览样品		合计	
		数量	金额	数量	金额	数量	金额	数量	金额
学生座椅									
办公座椅									
学生课桌									
办公桌									
合计									

业务 75

1. **业务描述**:12 月 31 日,计提坏账准备。

2. **业务流程及岗位责任**:

业务员:编制坏账准备计提表。

会计：根据相关附件编制记账凭证，登记相关明细账。

3. **附件**：

坏账准备计提表

2013 年 12 月 31 日

应收账款年末余额	计提比例	坏账准备余额	坏账准备计提数	坏账准备冲销数

制单： 审核：

业务 76

1. **业务描述**：12 月 31 日，结转当月未交增值税。

2. **业务流程及岗位责任**：

业务员：编制未交增值税计算表。

会计：根据相关附件编制记账凭证，登记相关明细账。

3. **附件**：

未交增值税计算表

2013 年 12 月 31 日

销项税额	进项税额	未交增值税

制单： 审核：

业务 77

1. **业务描述**：12 月 31 日，计提当月应交城建税及教育费附加。

2. **业务流程及岗位责任**：

业务员：编制城建税及教育费附加计提表。

会计：根据相关附件编制记账凭证，登记相关明细账。

3. **附件**：

城建税及教育费附加计提表

2013 年 12 月 31 日

计税依据		城市维护建设税		教育费附加	
项目	金额	税率	应纳税额	附加率	应交金额
增值税					
消费税					
营业税					
合计					

业务 78

1. **业务描述**：12 月 31 日，结转损益类账户 12 月发生额，计算全年税前利润。

2. **业务流程及岗位责任**：

业务员：编制税前利润计算表。

会计：根据相关附件编制记账凭证，登记相关明细账。

3. **附件**：

税前利润计算表

2013 年 12 月 31 日

收入	1—11 月发生额	12 月发生额	合计	成本费用	1—11 月发生额	12 月发生额	合计
合计				合计			

业务 79

1. **业务描述**：12 月 31 日，计算应交所得税、所得税费用、递延所得税资产、递延所得税负债。

注 1：当年营业收入包括主营业务收入和其他业务收入。

注 2：管理费用中含业务招待费。

注 3：销售费用中含广告费。

注 4：资产减值损失中税法规定只能提取坏账准备。

注 5：营业外支出为罚款。

注 6：亏损符合税前补亏的条件。

2. **业务流程及岗位责任**：

业务员：编制应交所得税计算表、递延所得税计算表。

会计：根据相关附件编制记账凭证，登记相关明细账。

3. **附件：**

应交所得税计算表

2013 年 12 月 31 日

税前利润		
调整项目	调增	调减
公允价值变动损益		
国债利息		
购入罗牛山股份的手续费		
业务招待费		
资产减值损失		
罚款		
税前补亏		
合计		
应纳税所得额		
应交所得税		

递延所得税计算表

2013 年 12 月 31 日

项目	账面价值	计税基础	应纳税暂时性差异	可抵扣暂时性差异	递延所得税负债	递延所得税资产
交易性金融资产-罗牛山股份						
无形资产——商标权						
税前补亏						
合计						

业务 80

1. **业务描述：**12 月 31 日，结转所得税费用。

2. **业务流程及岗位责任：**

会计：编制记账凭证，登记相关明细账。

业务 81

1. **业务描述：**12 月 31 日，结转本年利润。

2. **业务流程及岗位责任：**

会计：编制记账凭证，登记相关明细账。

业务 82

1. **业务描述：**12 月 31 日，计提法定盈余公积。

2. **业务流程及岗位责任：**

会计：编制记账凭证，登记相关明细账。

业务 83

1. **业务描述**：12 月 31 日，计算应付股利。
2. **业务流程及岗位责任**：

业务员：编制应付利润计算表。

会计：编制记账凭证，登记相关明细账。

3. **附件**：

应付利润计算表

2013 年 12 月 31 日

上年未分利润	本年可供分配利润	可分配利润合计	分配比例	应付利润总额
应付利润详细情况				
投资者			出资比例	应得利润
刘娟				
田升				
李子培				
文明				
罗海				
谢志宇				
邓佳				
王林(保留尾差)				
合计				

业务 84

1. **业务描述**：12 月 31 日，结转利润分配。
2. **业务流程及岗位责任**：

会计：编制记账凭证，登记相关明细账。

财务会计轮岗实训教程三
多味多食品有限公司

任务一　多味多食品有限公司概况

一　多味多食品有限公司性质、注册资金及经营范围

（一）公司性质：私营股份制造业企业

（二）注册资金：人民币700万元

（三）法人代表：刘铭（董事长）

（四）主营业务：生产销售面包及三明治

（五）纳税人登记号：50090000236751（增值税一般纳税人）

（六）公司注册地及电话：巴城渝南路18号，68594732

（七）公司开户情况：

1. 基本存款账户：中国银行巴城分行兰桂路支行　账号：626135690704

二　多味多食品有限公司内部组织机构

公司下设总经理办公室、财务科、采购科、销售科、生产车间等部门；生产车间包括第一车间（生产豆沙面包和牛角面包）和第二车间（生产火腿三明治和鸡肉三明治）。

三　多味多食品有限公司会计核算组织程序

多味多食品有限公司实行公司、车间二级会计核算。

多味多食品有限公司采用科目汇总表会计核算组织程序，即根据记账凭证定期编制科目汇总表，再根据科目汇总表登记总账。具体处理程序如下：

1. 按照业务发生的时间顺序填制原始凭证或根据原始凭证汇总原始凭证并进行审核。
2. 根据审核无误的原始凭证或汇总原始凭证，编制记账凭证。
3. 根据收款凭证、付款凭证及所附原始凭证逐笔登记日记账。
4. 根据原始凭证、汇总原始凭证和记账凭证，逐笔登记各种明细分类账。
5. 根据各种记账凭证分旬汇总编制科目汇总表。
6. 根据科目汇总表登记总账。
7. 期末结账后，总账与所属明细分类账的余额、总账与日记账的余额核对相符。
8. 期末，根据总账和明细账的记录，编制财务报表。

四 多味多食品有限公司相关会计核算制度

(一) 资产业务核算

1. 货币资金核算

本公司库存现金限额为9 000元。

2. 坏账准备的核算

应收账款减值损失采用备抵法核算。公司于每年年末采用应收账款余额百分比法提取坏账准备,计提比例为年末应收账款余额的0.5%。实际发生坏账损失时,直接冲减已计提的坏账准备。

3. 存货核算

原材料采用计划成本核算,月末统一结转发出材料的成本差异。

周转材料分为包装物和低值易耗品两类,均采用实际成本计价核算,包装物发出时按先进先出法,低值易耗品按五五摊销法结转成本。

库存商品采用实际成本核算,发出时按全月一次加权平均法计价。

4. 固定资产核算

本公司固定资产均为2009年12月份开始使用,采用平均年限法分类计算折旧。房屋按20年、设备按10年计提折旧,残值为10%。

5. 无形资产核算

无形资产中商标权不摊销,年末进行减值测试,计提减值准备。土地使用权按10年平均摊销,已摊销5年。

6. 长期股权投资核算

多味多糕点为本公司的全资子公司,采用成本法核算。

7. 资产减值损失核算

应收账款计提坏账准备,无形资产的商标权于年末进行减值测试,其余资产不进行减值测试,也不计提减值准备。

(二) 负债业务核算

1. 短期借款核算

短期借款为一年期流动资金借款,工商银行借款为7月借入,建设银行借款为10月借入,利率均为6%,利息按月预提,按季支付。

2. 应付职工薪酬核算

工资计算采用月薪制,日工资按21.5天计算。

事假扣发当天全部基本工资,病假扣发当天30%的基本工资。社会保险由公司和个人共同缴纳,比例如下:

	公司缴纳	个人缴纳
养老保险	20%	8%
医疗保险	6%	2%
失业保险	2%	1%
工伤保险	0.8%	

（续表）

生育保险	1%	
住房公积金	7%	7%
职工福利费	14%	
工会经费	2%	
职工教育经费	1.5%	

3. 应交税费核算

本公司为增值税一般纳税人，适用增值税税率为17%。符合条件的运费按7%抵扣增值税。月末将本月增值税从“应交增值税”转入“未交增值税”，结转后“应交增值税”无余额。按7%计算城市维护建设税，按2%计算教育费附加。流转税月末计算，于次月10日内缴纳。本公司所得税适用税率为25%，按年计算，分月预交，年终汇算清缴，本年度每月预交所得税20 000元。

4. 长期借款核算

长期借款是2012年1月为新建车间而借入的长期借款，借款期限3年，借款利率10%（与实际利率没有差异），利息按年计提，年末支付。

（三）收入、成本、费用业务核算

1. 收入核算

销售价格统一定为：

品名	计量单位	单价
牛角面包	公斤	56
豆沙面包	公斤	54
火腿三明治	公斤	52
猪肉三明治	公斤	49

2. 成本费用核算

本公司成本核算采用品种法，成本项目按“直接材料”“直接人工”“制造费用”设置。车间共同耗用费用采用“产品产量比例法”进行分配。月末计算结转完工产品成本，无在产品。

制造费用按车间设置明细账，采用“产品产量比例法”进行分配，结转生产成本。

计算过程中，各项费用分配率、材料成本差异率均保留4位小数，分配金额保留2位小数，尾差在期末各分配项目的最后一项调整。

3. 所得税核算

所得税采用“资产负债表债务法”核算，设置“递延所得税资产”“递延所得税负债”账户。按照国家规定调整差异，核算“递延所得税资产”“递延所得税负债”。

（四）利润及利润分配核算

1. 利润核算

12月末，将本月损益类账户结转“本年利润”，将“本年利润”结转“利润分配”。税后利润首先弥补亏损，然后进行分配。

2. 提取盈余公积

本公司于年末按10%提取法定盈余公积。

3. 利润分配

本公司按当年提取盈余公积后净利润的40%向投资者分配利润，于第二年年初进行支付。

任务二　多味多食品有限公司2012年12月经济业务核算

一　多味多食品有限公司2012年12月期初资料

(一) 建账资料

1. 表1:多味多食品有限公司2012年12月期初账户余额

总账				二级明细账			
总账		期初余额		二级明细账		期初余额	
编号	名称	借方	贷方	编号	名称	借方	贷方
1001	库存现金	8 200					
1002	银行存款	1 367 040					
1015	其他货币资金	49 632		101501	外埠存款	5 000	
				101502	存出投资款	44 632	
1121	应收票据	93 600		112101	重百商场	70 000	
				112102	百味点心屋	23 600	
1122	应收账款	269 681		112201	平头小食品	70 000	
				112202	尚品糕点	35 000	
				112203	远东商厦	45 800	
				112204	宁宁副食品	40 981	
				112205	北区永辉超市	77 900	
1123	预付账款	2 867		112301	报刊费	200	
				112302	车险	2 667	
1131	应收股利						
1132	应收利息						
1231	其他应收款	10 000		123101	采购部备用金	9 000	
				123102	王兴	1 000	
1241	坏账准备		10 118				
1401	材料采购	6 000		140101	兴行面粉厂	6 000	

(续表)

总账				二级明细账			
总账		期初余额		二级明细账		期初余额	
编号	名称	借方	贷方	编号	名称	借方	贷方
1402	在途物资						
1403	原材料	2 326 450			见表 2		
1404	材料成本差异	74 650					
1406	库存商品	1 191 000			见表 4		
1407	发出商品						
1411	委托加工物资						
1431	周转材料	70 240			见表 3		
1461	存货跌价准备						
1521	持有至到期投资						
1522	持有至到期投资减值准备						
1523	可供出售金融资产						
1524	长期股权投资	200 000		152401	多味多点心屋	200 000	
1525	长期股权投资减值准备						
1526	投资性房地产						
1531	长期应收款						
1541	未实现融资收益						
1601	固定资产	1 400 000		160101	厂部办公房	300 000	
				160102	厂部设备	100 000	
				160103	生产用房	570 000	
				160104	生产设备	430 000	
1602	累计折旧		222 040				
1603	固定资产减值准备						
1604	在建工程	1637 000		160401	厂房	1 637 000	
1605	工程物资						
1606	固定资产清理						
1701	无形资产	600 000		170101	商标权	200 000	
				170102	土地使用权	400 000	
1702	累计摊销		200 000				

（续表）

总账				二级明细账			
总账		期初余额		二级明细账		期初余额	
编号	名称	借方	贷方	编号	名称	借方	贷方
1703	无形资产减值准备		5 000	170301	商标权		5 000
1711	商誉						
1801	长期待摊费用						
1811	递延所得资产						
1901	待处理财产损益						
2001	短期借款		60 000	200101	工商银行		20 000
				200102	建设银行		40 000
2201	应付票据		50 000	220101	清河面粉厂		30 000
				220102	唐老三糖厂		20 000
2202	应付账款		176 300	220201	优渥农产品公司		78 600
				220202	朋力养鸡场		5 600
				220203	清河面粉厂		78 600
				220204	唐老三糖厂		13 500
2205	预收账款						
2211	应付职工薪酬		191 332	221101	工资		124 000
				221102	社会保险费		36 952
				221103	住房公积金		8 680
				221104	工会经费		2 480
				221105	职工教育经费		1 860
				221106	职工福利费		17 360
2221	应交税费	124 950		222101	应交增值税		
				222102	未交增值税		37 000
				222103	应交营业税		
				222104	应交城建税		2 590
				222105	应交教育费附加		740
				222106	应交所得税	182 640	
2231	应付股利						
2232	应付利息		7 200				
2241	其他应付款		22 320	224101	应付社会保险费		13 640
				224102	应付住房公积金		8 680

（续表）

总　账				二级明细账			
总账		期初余额		二级明细账		期初余额	
编号	名称	借方	贷方	编号	名称	借方	贷方
2411	预计负债						
2601	长期借款		500 000	260101	中行一基本建设		500 000
2602	应付债券						
2801	长期应付款						
2901	递延所得税负债						
4001	实收资本		7 000 000				
4002	资本公积		246 000				
4101	盈余公积		82 000				
4103	本年利润		638 000				
4104	利润分配		21 000	410401	未分配利润		21 000
5000	生产成本						
5101	制造费用						
5201	劳务成本						
5301	研发支出						
6001	主营业务收入						
6051	其他业务收入						
6101	公允价值变动损益						
6111	投资收益						
6301	营业外收入						
6401	主营业务成本						
6402	其他业务成本						
6405	营业税金及附加						
6601	销售费用						
6602	管理费用						
6603	财务费用						
6701	资产减值损失						
6711	营业外支出						
6801	所得税费用						
合计	9 431 310	9 431 310					

2. 表2:多味多食品有限公司2012年12月期初原材料结存表

材料类别	材料编号	材料名称	计量单位	数量	计划单价	金额
原料及主要材料	ZL01	低筋面粉	公斤	35 000	7	245 000
	ZL02	植物油	公斤	8 000	16	128 000
	ZL03	白砂糖	公斤	18 500	6	111 000
	ZL04	鸡蛋	公斤	28 600	14	400 400
	ZL05	牛奶	升	14 000	30	420 000
	ZL06	黄油	公斤	5 000	40	200 000
	ZL07	椰汁	公斤	1 420	25	35 500
	ZL08	高筋面粉	公斤	8 820	10	88 200
	ZL09	红豆	公斤	6 400	33	211 200
	ZL10	芝士	公斤	3 000	40	120 000
	ZL11	火腿	公斤	7 200	14	100 800
	ZL12	猪肉	公斤	7 800	12	93 600
	小计					**2 153 700**
辅助材料	FL01	盐	公斤	650	5	3 250
	FL02	泡打粉	公斤	7 600	20	152 000
	FL03	酵母	公斤	500	35	17 500
	小计					**172 750**
合计						**2 326 450**

3. 表3:多味多食品有限公司2012年12月期初周转材料结存表

种类	品名	状态	计量单位	数量	单价	金额
包装物	豆沙面包包装袋		包	250	40	10 000
	牛角面包包装袋		包	230	40	9 200
	豆沙面包包装箱		个	278	10	2 780
	牛角面包包装箱		个	300	10	3 000
	火腿三明治包装盒		盒	500	5	2 500
	猪肉三明治包装盒		盒	440	5	2 200
	火腿三明治包装箱		个	196	10	1 960
	猪肉三明治包装箱		个	310	10	3 100
低值易耗品	劳保用品	在库	套	450	50	22 500
		在用	套	340	50	17 000
		摊销				8 500
	耐热手套	在库		900	5	4 500
合计						**70 240**

4. 表4:多味多食品有限公司2012年12月期初库存商品结存表

品名	计量单位	数量	实际单位成本	金额
豆沙面包	公斤	12 800	35	448 000
牛角面包	公斤	10 400	40	416 000
火腿三明治	公斤	9 800	18	176 400
猪肉三明治	公斤	10 040	15	150 600
合计				**1 191 000**

5. 表5:多味多食品有限公司2012年1-11月损益类账户累计发生额

编号	总账科目	借方发生额合计	贷方发生额合计
6001	主营业务收入		6 637 600
6051	其他业务收入		116 284
6101	公允价值变动损益		
6111	投资收益		
6301	营业外收入		45 000
6401	主营业务成本	5 855 000	
6402	其他业务支出	11 352	
6405	营业税金及附加	12 078	
6601	销售费用	25 230	
6602	管理费用	135 424	
6603	财务费用	108 000	
6701	资产减值损失		
6711	营业外支出	13 800	
6801	所得税费用		

(二) 工作流程及岗位任务

1. 业务员进行期初试算平衡,编制期初试算平衡表。
2. 会计建总账。
3. 会计和出纳分工建明细账。

二　多味多食品有限公司2012年12月经济业务

业务1

1. **业务描述:**12月1日,签发转账支票支付清河面粉厂前欠货款。
2. **业务流程及岗位责任:**

出纳:签发转账支票。

会计:根据相关附件编制记账凭证,登记相关明细账。

出纳：根据记账凭证登记日记账。

3. **附件**：

中国银行 转账支票存根 Ⅶ00512301 科　　目______ 对方科目______ 出票日期　年　月　日 收款人： 金额： 用途： 单位主管　　会计	本支票付款期限10天	中国银行　转账支票　Ⅶ00512301 出票日期(大写)　年　月　日　付款行名称： 收款人：　　出票人账号： 人民币(大写)　亿 千 百 十 万 千 百 十 元 角 分 用　途______ 上列款项请从我账户内支付 出票人签章　　复核　　记账

业务 2

1. **业务描述**：12 月 1 日，从朋力养鸡场采购鸡蛋 1 000 公斤，签发转账支票支付货款。

2. **业务流程及岗位责任**：

业务员：填写材料入库单。

出纳：签发转账支票。

会计：根据相关附件编制记账凭证，登记相关明细账。

出纳：根据记账凭证登记银行存款日记账。

3. **附件**：

中国银行 转账支票存根 Ⅶ00512302 科　　目______ 对方科目______ 出票日期　年　月　日 收款人： 金额： 用途： 单位主管　　会计	本支票付款期限10天	中国银行　转账支票　Ⅶ00512302 出票日期(大写)　年　月　日　付款行名称： 收款人：　　出票人账号： 人民币(大写)　亿 千 百 十 万 千 百 十 元 角 分 用　途______ 上列款项请从我账户内支付 出票人签章　　复核　　记账

巴城增值税专用发票

45491442321　　发票联　　No 00151501

开票日期：2012 年 12 月 1 日

购货单位	名　　称：多味多食品有限公司					密码区		
	纳税人识别号：50090000236751							
	地址、电话：巴城渝南路 18 号　68594732							
	开户银行及账号：中国银行巴城分行兰桂路支行 626135690704							
货物或应税劳务名称	规格型号	单位	数量	单价	金　额	税率	税　额	
鸡蛋		公斤	1 000	14	14 000	17%	2 380	
合　计					14 000	17%	2 380	
价税合计（大写）	壹万陆仟叁佰捌拾元整						（小写）¥16 380	
销货单位	名　　称：朋力养鸡场					备注		
	纳税人识别号：281249860982322							
	地址、电话：城南市大兴路 12 号　62673425							
	开户银行及账号：工商银行城南市大兴路分理处 63432 1561 0305 4422							

收款人：　　复核：　　开票人：　　销货单位（章）

第一联　发票联　购货方记账凭证

巴城增值税专用发票

45491442321　　抵扣联　　No 00151501

开票日期：2012 年 12 月 1 日

购货单位	名　　称：多味多食品有限公司					密码区		
	纳税人识别号：50090000236751							
	地址、电话：巴城渝南路 18 号　68594732							
	开户银行及账号：中国银行巴城分行兰桂路支行 626135690704							
货物或应税劳务名称	规格型号	单位	数量	单价	金　额	税率	税　额	
鸡蛋		公斤	1 000	14	14 000	17%	2 380	
合　计					14 000	17%	2 380	
价税合计（大写）	壹万陆仟叁佰捌拾元整						（小写）¥16 380.00	
销货单位	名　　称：朋力养鸡场					备注		
	纳税人识别号：281249860982322							
	地址、电话：城南市大兴路 12 号　62673425							
	开户银行及账号：工商银行城南市大兴路分理处　63432 1561 0305 4422							

收款人：　　复核：　　开票人：　　销货单位（章）

第二联　抵扣联　购货方抵扣凭证

业务 3

1. **业务描述**：12 月 2 日，销售员王兴开会归来报销差旅费（车费 1 300 元，补助 160 元/天，住宿 200/天，共 3 天）。

2. **业务流程及岗位责任**：

业务员：根据相关票据填制报销单，交给出纳。

出纳：审核报销单，支付现金，将相关票据交给会计。

会计：编制记账凭证，登记相关明细账。

出纳：登记现金日记账。

3. **附件**：

多味多食品有限公司差旅费报销单

部门：　　　　　　　　　　填报日期　　　　　　　　　　年　　月　　日

姓名						出差事由						出差日期		自　年　月　日 至　年　月　日			共　天	
起讫时间及地点						车船费		夜间乘车补助费			出差补助费			住宿费			其他	
月	日	起	月	日	讫	类别	金额	时间	标准	金额	日数	标准	金额	日数	标准	金额	摘要	金额
								小时	%									
								小时	%									
								小时	%									
								小时	%									
								小时	%									
								小时	%									
小　计																		
共计金额（大写）											预支______核销______退补______							

附单据共　张

主管　王丽　　　　部门　　　　王丽　　　　审核　　　　李娜　　　　填报人

发车日期：　20121129

发车时间：　1330

发车班次：　D3379

巴城 ⟶ 陈东

人数：　1　　　　上车地点：　巴城站

总金额：　650.0　　　　上车门号：　4

保费：　0.0　　　　座位号：　12

票号：　017600401401

发车日期：　20121201

发车时间：　1730

发车班次：　DW8836

陈东 → 巴城

人数：　1　　上车地点：　陈东站

总金额：　650.0　　上车门号：　16

保费：　0.0　　座位号：　4

票号：017600401412

业务 4

1. **业务描述：**12 月 3 日购入办公用复印机两台，开出转账支票支付货款，复印机预计使用 5 年。

2. **业务流程及岗位责任：**

业务员：填写验收单。

会计：根据相关附件编制记账凭证，登记相关明细账。

出纳：用支票付讫，根据记账凭证登记银行存款日记账。

3. **附件：**

巴城增值税专用发票

45491442321　　发票联　　No　00151503

开票日期：2012 年 12 月 6 日

<table>
<tr><td rowspan="4">购货单位</td><td colspan="4">名　　称：多味多食品有限公司</td><td colspan="4" rowspan="4">密码区</td></tr>
<tr><td colspan="4">纳税人识别号：500900000236751</td></tr>
<tr><td colspan="4">地址、电话：巴城渝南路 18 号　68594732</td></tr>
<tr><td colspan="4">开户银行及账号：中国银行巴城分行兰桂路支行 626135690704</td></tr>
<tr><td colspan="2">货物或应税劳务名　　称</td><td>规格型号</td><td>单位</td><td>数量</td><td>单价</td><td>金　额</td><td>税率</td><td>税　额</td></tr>
<tr><td colspan="2">椰汁</td><td></td><td>公斤</td><td>4 000</td><td>24</td><td>96 000</td><td>17%</td><td>16 320</td></tr>
<tr><td colspan="2"></td><td></td><td></td><td></td><td></td><td></td><td></td><td></td></tr>
<tr><td colspan="2">合　计</td><td></td><td></td><td></td><td></td><td>96 000</td><td>17%</td><td>16 320</td></tr>
<tr><td colspan="2">价税合计（大写）</td><td colspan="5">拾壹万贰仟叁佰贰拾元整</td><td colspan="2">（小写）¥112 320</td></tr>
<tr><td rowspan="4">销货单位</td><td colspan="4">名　　称：优渥农产品公司</td><td colspan="4" rowspan="4">备注</td></tr>
<tr><td colspan="4">纳税人识别号：281249860982344</td></tr>
<tr><td colspan="4">地址、电话：北城丰收路 12 号　62673376</td></tr>
<tr><td colspan="4">开户银行及账号：工商银行城南市大兴路分理处　63432 15614572 4422</td></tr>
</table>

收款人：　　复核：　　开票人：　　销货单位（章）

巴城增值税专用发票

45491442321　　抵扣联　　No 00151502

开票日期：2012 年 12 月 3 日

购货单位	名　　称：多味多食品有限公司 纳税人识别号：500900002367 51 地址、电话：巴城渝南路 18 号　68594732 开户银行及账号：中国银行巴城分行兰桂路支行 626135690704	密码区					
货物或应税劳务名称	规格型号	单位	数量	单价	金　额	税率	税　额
惠普复印机	2 - 856	台	2	6 500	13 000	17%	2 210
合　计					13 000	17%	2 210
价税合计（大写）	壹万伍仟贰佰壹拾元整				（小写）￥15 210.00		
销货单位	名　　称：贝隆商厦 纳税人识别号：281249860982322 地址、电话：太平路 12 号　62673425 开户银行及账号：工商银行复兴路分理处 63432 1561 0305 4422	备注					

第二联　抵扣联　购货方抵扣凭证

收款人：　　复核：　　开票人：　　销货单位(章)

多味多食品有限公司固定资产验收单

验收日期：

资产类别		资产名称		规格	
数量		单位成本		总金额	
单位原值		单位残值		年折旧率	
生产厂家		取得方式		使用部门	
使用寿命					

主管：　　验收：　　采购：

中国银行 转账支票存根 Ⅶ00512303 科　　目＿＿＿＿＿ 对方科目＿＿＿＿＿ 出票日期　年　月　日 收款人： 金额： 用途： 单位主管　　会计	本支票付款期限10天	中国银行　转账支票　Ⅶ00512303 出票日期(大写)　年　月　日　付款行名称： 收款人：　　出票人账号： 人民币（大写）　亿 千 百 十 万 千 百 十 元 角 分 用　途＿＿＿＿＿ 上列款项请从我账户内支付 出票人签章　　复核　　记账

业务 5

1. **业务描述**：12 月 3 日，收到平头小食品货款。

2. **业务流程及岗位责任**：

会计：根据相关附件编制记账凭证，登记相关明细账。

出纳：根据记账凭证登记银行存款日记账。

3. **附件**：

托收凭证(收款通知)　1

委托日期：2012 年 11 月 20 日　　付款期限 2012 年 12 月 1 日

<table>
<tr><td>业务类型</td><td colspan="20">委托收款(☐邮划、☑电划)　托收承付(☐邮划、☐电划)</td></tr>
<tr><td rowspan="3">付款人</td><td>全　称</td><td colspan="3">平头小食品</td><td rowspan="3">收款人</td><td>全　称</td><td colspan="14">多味多食品有限公司</td></tr>
<tr><td>账　号</td><td colspan="3">8892 3476 4532 1578</td><td>账　号</td><td colspan="14">626135690704</td></tr>
<tr><td>地　址</td><td>山东省德州市县</td><td>开户行</td><td>工商银行</td><td>地址</td><td colspan="5">巴城渝南路 18 号</td><td colspan="4">开户行</td><td colspan="5">中国银行</td></tr>
<tr><td rowspan="2">金额</td><td colspan="8" rowspan="2">人民币
(大写)柒万元整</td><td>亿</td><td>千</td><td>百</td><td>十</td><td>万</td><td>千</td><td>百</td><td>十</td><td>元</td><td>角</td><td>分</td></tr>
<tr><td></td><td></td><td></td><td>¥</td><td>7</td><td>0</td><td>0</td><td>0</td><td>0</td><td>0</td><td>0</td></tr>
<tr><td>款项内容</td><td colspan="3">货款</td><td>托收凭据名　称</td><td colspan="3">发票</td><td colspan="6">附寄单证张数</td><td colspan="7">2</td></tr>
<tr><td>商品发运情况</td><td colspan="7">已发运</td><td colspan="6">合同名称号码</td><td colspan="7">20121132</td></tr>
<tr><td colspan="3">备注：
复核　　记账</td><td colspan="5">款项收妥日期：2012 年 12 月 3 日
年　月　日</td><td colspan="13">收款人开户银行签章
年　月　日</td></tr>
</table>

此联付款人开户银行凭以汇款或收款人开户行作收款通知

业务 6

1. **业务描述**：12 月 4 日，缴纳 11 月份各项税金。

2. **业务流程及岗位责任**：

会计：根据相关附件编制记账凭证。

出纳：根据记账凭证登记银行存款日记账。

3. **附件：**

中华人民共和国
税收通用缴款书 ㊟国

隶属关系：市属　　　　(2012)缴：No235754301
注册类型：民营企业　　填发日期：2012 年 12 月 4 日　　征收机关：巴城国税局

<table>
<tr><td rowspan="4">缴款单位(人)</td><td>代码</td><td>50090000236751</td><td rowspan="3">预算科目</td><td>编码</td><td></td></tr>
<tr><td>全称</td><td>多味多食品有限公司</td><td>名称</td><td>增值税</td></tr>
<tr><td>开户银行</td><td>中国银行巴城分行兰桂路支行</td><td>级次</td><td>地市收</td></tr>
<tr><td>账号</td><td>626135690704</td><td colspan="2">收款国库</td><td>巴城金库</td></tr>
<tr><td colspan="3">税款所属时期　2012 年 11 月 1 日-2012 年 11 月 30 日</td><td colspan="3">税款限缴时期　2012 年 12 月 10 日</td></tr>
</table>

品目名称	课税数量	计税金额或销售收入	税率或单位税额	已缴或扣除额	实缴金额
增值税		217 647	17%	0	37 000
金额合计	(大写)叁万柒仟元整				

缴款单位(人) (盖章) 经办人(章)	税务机关 (盖章) 填票人(章)	上列款项已收妥并划转收款单位账户。 国库(银行)盖章　年　月　日	备注

无银行收讫章无效　　　　逾期不缴按税法规定加收滞纳金

第一联(收据)国库(银行)收款盖章后退缴款单位(人)作完税凭证

中华人民共和国
税收通用缴款书

隶属关系：市属　　　　(2012)缴：No236864301
注册类型：民营企业　　填发日期：2012 年 12 月 4 日　　征收机关：巴城地税局

<table>
<tr><td rowspan="4">缴款单位(人)</td><td>代码</td><td>50090000236751</td><td rowspan="3">预算科目</td><td>编码</td><td></td></tr>
<tr><td>全称</td><td>多味多食品有限公司</td><td>名称</td><td>城建税　教育费附加
企业所得税</td></tr>
<tr><td>开户银行</td><td>中国银行巴城分行兰桂路支行</td><td>级次</td><td>地市收</td></tr>
<tr><td>账号</td><td>626135690704</td><td colspan="2">收款国库</td><td>巴城金库</td></tr>
<tr><td colspan="3">税款所属时期　2012 年 11 月 1 日-2012 年 11 月 30 日</td><td colspan="3">税款限缴时期　2012 年 12 月 10 日</td></tr>
</table>

品目名称	课税数量	计税金额或销售收入	税率或单位税额	已缴或扣除额	实缴金额
城建税 教育费附加 企业所得税		37 000 37 000	7% 2%	0 0	2 590 740 20 000
金额合计	(大写)贰万叁仟叁佰叁拾元整				

缴款单位(人) (盖章) 经办人(章)	税务机关 (盖章) 填票人(章)	上列款项已收妥并划转收款单位账户。 国库(银行)盖章　年　月　日	备注

无银行收讫章无效　　　　逾期不缴按税法规定加收滞纳金

第一联(收据)国库(银行)收款盖章后退缴款单位(人)作完税凭证

业务 7

1. **业务描述**：12 月 5 日，出纳员办理银行汇票一张，10 000 元，叫采购员李颖采购材料。

2. **业务流程及岗位责任**：

出纳：填写汇票申请书。

会计：根据相关附件编制记账凭证。

出纳：根据记账凭证登记银行存款日记账。

3. **附件**：

中国银行汇票申请书

2012 年 12 月 5 日

<table>
<tr><td>申请人</td><td></td><td>收款人</td><td colspan="10">明天面粉厂</td></tr>
<tr><td>账号</td><td></td><td>账号</td><td colspan="10">22062069</td></tr>
<tr><td>用途</td><td></td><td>代理付款行</td><td colspan="10">建行江铃分行</td></tr>
<tr><td colspan="3" rowspan="2">人民币（大写）：</td><td>千</td><td>百</td><td>十</td><td>万</td><td>千</td><td>百</td><td>十</td><td>元</td><td>角</td><td>分</td></tr>
<tr><td></td><td></td><td></td><td></td><td></td><td></td><td></td><td></td><td></td><td></td></tr>
<tr><td colspan="2">备注</td><td colspan="11">科目
对方科目
财务主管　　　　复核　　　　经办</td></tr>
</table>

业务 8

1. **业务描述**：12 月 5 日，票据到期，办理相关手续，款项 23 600 元存入银行。

2. **业务流程及岗位责任**：

出纳：填写进账单。

会计：根据相关附件编制记账凭证。

出纳：根据记账凭证登记银行存款日记账。

3. **附件**：

中国银行　进账单　（收账通知）　1

年　月　日

<table>
<tr><td rowspan="3">付款人</td><td>全　称</td><td>百味点心屋</td><td rowspan="3">收款人</td><td>全　称</td><td colspan="11"></td></tr>
<tr><td>账　号</td><td>61320109503136</td><td>账　号</td><td colspan="11"></td></tr>
<tr><td>开户银行</td><td>河北银行新华支行</td><td>开户银行</td><td colspan="11"></td></tr>
<tr><td rowspan="2">金额</td><td colspan="4" rowspan="2">人民币
（大写）</td><td>亿</td><td>千</td><td>百</td><td>十</td><td>万</td><td>千</td><td>百</td><td>十</td><td>元</td><td>角</td><td>分</td></tr>
<tr><td></td><td></td><td></td><td></td><td></td><td></td><td></td><td></td><td></td><td></td><td></td></tr>
<tr><td colspan="2">票据种类</td><td>商业汇票</td><td colspan="13" rowspan="3">开户银行盖章</td></tr>
<tr><td colspan="2">票据张数</td><td>1 张</td></tr>
<tr><td colspan="3">复核　　记账</td></tr>
</table>

此联是开户银行交给持（出）票人的回单

业务 9

1. **业务描述**：12 月 5 日，销售部支付广告费 44 700 元。

2. **业务流程及岗位责任**：

出纳：填写转账支票。

会计：根据相关附件编制记账凭证，登记相关明细账。

出纳：根据记账凭证登记银行存款日记账。

3. **附件**：

巴城服务业统一发票

发票联

2012 年 12 月 5 日　　No:78511

客户名称	多味多食品有限公司											
项　目	摘　要	数量	单价	金　额								
				百	十	万	千	百	十	元	角	分
广告费		1	44 700		¥	4	4	7	0	0	0	0
合计人民币(大写)	肆万肆仟柒佰元整				¥	4	4	7	0	0	0	0

第二联：发票

收费专用章　　制单　　业户名称：袁熙广告公司

中国银行 转账支票存根 Ⅶ00512304	中国银行　转账支票　Ⅶ00512304
科　　目＿＿＿＿＿＿ 对方科目＿＿＿＿＿＿ 出票日期　　年　月　日	出票日期(大写)　　年　　月　　日　付款行名称： 收款人：　　　　出票人账号：
收款人： 金额： 用途：	本支票付款期限10天 人民币(大写)　　亿 千 百 十 万 千 百 十 元 角 分 用　途＿＿＿＿＿＿ 上列款项请从我账户内支付
单位主管　　会计	出票人签章　　复核　　记账

业务 10

1. **业务描述**：12 月 6 日，向优渥农产品公司购入椰汁 4 000 公斤，支付转账支票，货物入库。

2. **业务流程及岗位责任**：

业务员：填写材料入库单。

出纳：签发转账支票。

会计：根据相关附件编制记账凭证，登记相关明细账。

出纳：根据记账凭证登记银行存款日记账。

3. **附件**：

<table>
<tr><td>中国银行
转账支票存根
Ⅶ00512305
科　　目________
对方科目________
出票日期　　年　月　日
收款人：
金额：
用途：
单位主管　　　会计</td><td>本支票付款期限10天</td><td>中国银行　转账支票　Ⅶ00512305
出票日期（大写）　　年　　月　　日　付款行名称：
收款人：　　　　　　　　　　出票人账号：
人民币（大写）　　亿 千 百 十 万 千 百 十 元 角 分
用　途________
上列款项请从我账户内支付
出票人签章　　　　　　复核　　　　记账</td></tr>
</table>

巴城增值税专用发票

45491442321　　　　发票联　　　　No　00151503

开票日期：2012 年 12 月 6 日

<table>
<tr><td rowspan="4">购货单位</td><td colspan="4">名　　称：多味多食品有限公司</td><td colspan="4" rowspan="4">密码区</td></tr>
<tr><td colspan="4">纳税人识别号：50090000236751</td></tr>
<tr><td colspan="4">地址、电话：巴城渝南路 18 号　68594732</td></tr>
<tr><td colspan="4">开户银行及账号：中国银行巴城分行兰桂路支行　626135690704</td></tr>
<tr><td colspan="2">货物或应税劳务名称</td><td>规格型号</td><td>单位</td><td>数量</td><td>单价</td><td>金　额</td><td>税率</td><td>税　额</td></tr>
<tr><td colspan="2">椰汁</td><td></td><td>公斤</td><td>4 000</td><td>24</td><td>96 000</td><td>17%</td><td>16 320</td></tr>
<tr><td colspan="2"></td><td></td><td></td><td></td><td></td><td></td><td></td><td></td></tr>
<tr><td colspan="2">合　计</td><td></td><td></td><td></td><td></td><td>96 000</td><td>17%</td><td>16 320</td></tr>
<tr><td colspan="2">价税合计（大写）</td><td colspan="5">拾壹万贰仟叁佰贰拾元整</td><td colspan="2">（小写）¥112 320</td></tr>
<tr><td rowspan="4">销货单位</td><td colspan="4">名　　称：优渥农产品公司</td><td colspan="4" rowspan="4">备注</td></tr>
<tr><td colspan="4">纳税人识别号：281249860982344</td></tr>
<tr><td colspan="4">地址、电话：北城丰收路 12 号　62673376</td></tr>
<tr><td colspan="4">开户银行及账号：工商银行城南市大兴路分理处　63432 15614572 4422</td></tr>
</table>

收款人：　　　　复核：　　　　开票人：　　　　销货单位（章）

巴城增值税专用发票

45491442321　　抵扣联　　No 00151503

开票日期：2012 年 12 月 6 日

<table>
<tr><td rowspan="4">购货单位</td><td colspan="5">名　　称：多味多食品有限公司</td><td colspan="3" rowspan="4">密码区</td></tr>
<tr><td colspan="5">纳税人识别号：50090000236751</td></tr>
<tr><td colspan="5">地址、电话：巴城渝南路 18 号　68594732</td></tr>
<tr><td colspan="5">开户银行及账号：中国银行巴城分行兰桂路支行　626135690704</td></tr>
<tr><td colspan="2">货物或应税劳务名称</td><td>规格型号</td><td>单位</td><td>数量</td><td>单价</td><td>金　额</td><td>税率</td><td>税　额</td></tr>
<tr><td colspan="2">椰汁</td><td></td><td>公斤</td><td>4 000</td><td>24</td><td>96 000</td><td>17%</td><td>16 320</td></tr>
<tr><td colspan="2"></td><td></td><td></td><td></td><td></td><td></td><td></td><td></td></tr>
<tr><td colspan="2">合　计</td><td></td><td></td><td></td><td></td><td>96 000</td><td>17%</td><td>16 320</td></tr>
<tr><td colspan="2">价税合计(大写)</td><td colspan="5">拾壹万贰仟叁佰贰拾元整</td><td colspan="2">(小写)￥112 320</td></tr>
<tr><td rowspan="4">销货单位</td><td colspan="5">名　　称：优渥农产品公司</td><td colspan="3" rowspan="4">备注</td></tr>
<tr><td colspan="5">纳税人识别号：281249860982344</td></tr>
<tr><td colspan="5">地址、电话：北城丰收路 12 号　62673376</td></tr>
<tr><td colspan="5">开户银行及账号：工商银行城南市大兴路分理处　63432 15614572 4422</td></tr>
</table>

收款人：　　复核：　　开票人：　　销货单位(章)

业务 11

1. **业务描述**：12 月 6 日，从优渥农产品公司购买红豆 500 公斤，办理转账支票支付货款，材料入库。

2. **业务流程及岗位责任**：

业务员：填写材料入库单。

出纳：办理银行转账支票。

会计：根据相关附件编制记账凭证，登记相关明细账。

出纳：根据记账凭证登记银行存款日记账、原材料明细账。

3. **附件**：

<table>
<tr><td>中国银行
转账支票存根
Ⅶ00512306
科　　目________
对方科目________
出票日期　　年　月　日
收款人：
金额：
用途：
单位主管　　会计</td>
<td>本支票付款期限10天</td>
<td>中国银行　转账支票　Ⅶ00512306
出票日期(大写)　　年　　月　　日　付款行名称：
收款人：　　出票人账号：
人民币(大写)　｜亿｜千｜百｜十｜万｜千｜百｜十｜元｜角｜分｜
用　途________
上列款项请从我账户内支付
出票人签章　　复核　　记账</td></tr>
</table>

巴城增值税专用发票

45491442321　　发票联　　No 00171768

开票日期:2012 年 12 月 6 日

购货单位	名　　称:多味多食品有限公司 纳税人识别号:50090000236751 地址、电话:巴城渝南路 18 号　68594732 开户银行及账号:中国银行巴城分行兰桂路支行　626135690704	密码区					
货物或应税劳务名称	规格型号	单位	数量	单价	金　额	税率	税　额
红豆		公斤	500	35	17 500	17%	2 975
合　计					17 500	17%	2 975
价税合计(大写)	贰万零肆佰柒拾伍元整				(小写)¥20 475		
销货单位	名　　称:优渥农产品公司 纳税人识别号:281249860982344 地址、电话:北城丰收路 12 号　62673376 开户银行及账号:工商银行城南市大兴路分理处　63432 15614572 4422	备注					

第一联　发票联　购货方记账凭证

收款人:　　复核:　　开票人:　　销货单位(章)

巴城增值税专用发票

45491442321　　抵扣联　　No 00171768

开票日期:2012 年 12 月 6 日

购货单位	名　　称:多味多食品有限公司 纳税人识别号:50090000236751 地址、电话:巴城渝南路 18 号　68594732 开户银行及账号:中国银行巴城分行兰桂路支行　626135690704	密码区					
货物或应税劳务名称	规格型号	单位	数量	单价	金　额	税率	税　额
红豆		公斤	500	35	17 500	17%	2 975
合　计					17 500	17%	2 975
价税合计(大写)	贰万零肆佰柒拾伍元整				(小写)¥20 475		
销货单位	名　　称:优渥农产品公司 纳税人识别号:281249860982344 地址、电话:北城丰收路 12 号　62673376 开户银行及账号:工商银行城南市大兴路分理处　63432 15614572 4422	备注					

第二联　抵扣联　购货方抵扣凭证

收款人:　　复核:　　开票人:　　销货单位(章)

业务 12

1. **业务描述**:12 月 6 日,车间按以下资料领用材料。

领用单位	用途	材料编号	材料名称	计量单位	数量
一车间	生产	ZL01	低筋面粉	公斤	14 500
一车间	生产	ZL03	白砂糖	公斤	9 800
一车间	生产	ZL04	鸡蛋	公斤	6 000
一车间	生产	ZL05	牛奶	升	12 000
一车间	生产	ZL06	黄油	公斤	2 000
一车间	生产	ZL07	椰汁	公斤	3 400
一车间	生产	ZL08	高筋面粉	公斤	4 600
一车间	生产	FL02	泡打粉	公斤	700
一车间	生产	FL03	酵母	公斤	300
二车间	生产	ZL01	低筋面粉	公斤	12 300
二车间	生产	ZL02	植物油	公斤	4 000
二车间	生产	ZL04	鸡蛋	公斤	3 000
二车间	生产	ZL08	高筋面粉	公斤	3 400
二车间	生产	ZL10	芝士	公斤	2 000
二车间	生产	ZL11	火腿	公斤	7 200
二车间	生产	ZL12	猪肉	公斤	4 300
二车间	生产	FL01	盐	公斤	450
二车间	生产	FL02	泡打粉	公斤	460
二车间	生产	FL03	酵母	公斤	200

2. **业务流程及岗位责任:**

业务员:开具材料出库单,将③仓库联交给出纳,留存第①和②联。

出纳:根据材料出库单登记原材料明细账。

业务 13

1. **业务描述**:12 月 7 日,出纳员开出一张现金支票发放上月职工工资。

2. **业务流程及岗位责任:**

会计:根据相关附件编制记账凭证,登记相关明细账。

出纳:根据记账凭证登记银行存款日记账。

3. **附件：**

中国银行 转账支票存根 Ⅶ00512307 科　　目________ 对方科目________ 出票日期　　年　月　日 收款人： 金额： 用途： 单位主管　　　会计	本支票付款期限10天	中国银行　转账支票　Ⅶ00512307 出票日期(大写)　　年　　月　　日　付款行名称： 收款人：　　　　出票人账号： 人民币（大写）　亿 千 百 十 万 千 百 十 元 角 分 用　途________ 上列款项请从我账户内支付 出票人签章　　　复核　　　记账

业务 14

1. **业务描述：**12 月 8 日，向北京崇明百货商场销售火腿三明治 3 000 公斤和猪肉三明治 4 040 公斤，收到转账支票。

2. **业务流程及岗位责任：**

业务员：开具增值税发票，将发票联和抵扣联交给市场部业务员。开具产品出库单，将③仓库联交给出纳，留存第①和②联。

出纳：根据转账支票编制进账单。

会计：根据相关附件编制记账凭证，登记相关明细账。

出纳：根据出库单③仓库联登记库存商品明细账，根据记账凭证登记银行存款日记账。购货单位信息如下：

名　　称：北京崇明百货商场
纳税人识别号：582345634209872
地址、电话：北京飞翔路 38 号　37827038
开户银行及账号：工商行飞翔分理处　56767061

3. **附件：**

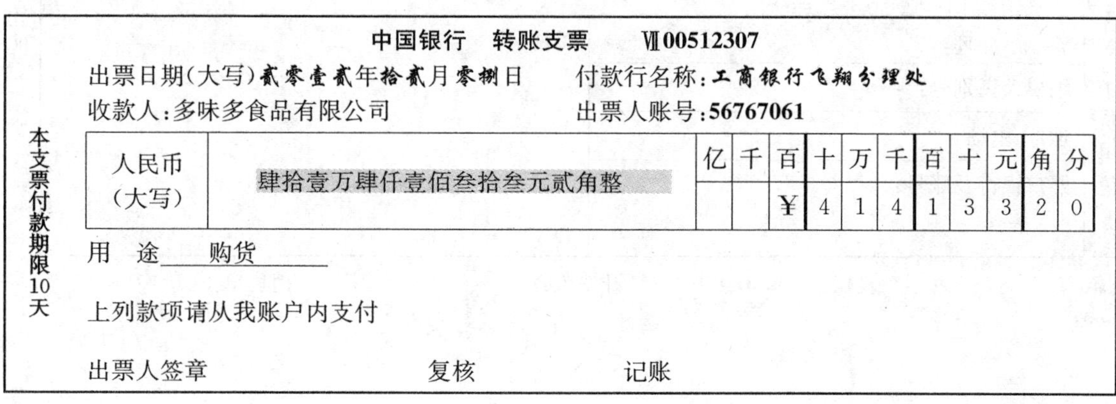

中国银行　转账支票　Ⅶ00512307

出票日期(大写)贰零壹贰年拾贰月零捌日　付款行名称：工商银行飞翔分理处

收款人：多味多食品有限公司　出票人账号：56767061

本支票付款期限10天

人民币（大写）	亿	千	百	十	万	千	百	十	元	角	分
肆拾壹万肆仟壹佰叁拾叁元贰角整			¥	4	1	4	1	3	3	2	0

用　途　购货

上列款项请从我账户内支付

出票人签章　　　复核　　　记账

中国银行　进账单　(回单)　1

年　月　日

<table>
<tr><td rowspan="3">付款人</td><td>全　称</td><td></td><td rowspan="3">收款人</td><td>全　称</td><td colspan="11"></td></tr>
<tr><td>账　号</td><td></td><td>账　号</td><td colspan="11"></td></tr>
<tr><td>开户银行</td><td></td><td>开户银行</td><td colspan="11"></td></tr>
<tr><td rowspan="2">金额</td><td colspan="4" rowspan="2">人民币
(大写)</td><td>亿</td><td>千</td><td>百</td><td>十</td><td>万</td><td>千</td><td>百</td><td>十</td><td>元</td><td>角</td><td>分</td></tr>
<tr><td></td><td></td><td></td><td></td><td></td><td></td><td></td><td></td><td></td><td></td><td></td></tr>
<tr><td colspan="2">票据种类</td><td>转账支票</td><td colspan="13" rowspan="3">开户银行盖章</td></tr>
<tr><td colspan="2">票据张数</td><td>1 张</td></tr>
<tr><td colspan="3">复核　记账</td></tr>
</table>

此联是开户银行交给持(出)票人的回单

巴城增值税专用发票

49124435421　　发票联　　No　00121208

开票日期：　年　月　日

<table>
<tr><td rowspan="4">购货单位</td><td colspan="3">名　称：</td><td colspan="5" rowspan="4">密码区</td></tr>
<tr><td colspan="3">纳税人识别号：</td></tr>
<tr><td colspan="3">地址、电话：</td></tr>
<tr><td colspan="3">开户银行及账号：</td></tr>
<tr><td colspan="2">货物或应税劳务名称</td><td>规格型号</td><td>单位</td><td>数量</td><td>单价</td><td>金　额</td><td>税率</td><td>税　额</td></tr>
<tr><td colspan="2"></td><td></td><td></td><td></td><td></td><td></td><td></td><td></td></tr>
<tr><td colspan="2"></td><td></td><td></td><td></td><td></td><td></td><td></td><td></td></tr>
<tr><td colspan="2"></td><td></td><td></td><td></td><td></td><td></td><td></td><td></td></tr>
<tr><td colspan="2"></td><td></td><td></td><td></td><td></td><td></td><td></td><td></td></tr>
<tr><td colspan="2">合　计</td><td></td><td></td><td></td><td></td><td></td><td></td><td></td></tr>
<tr><td colspan="2">价税合计
(大写)</td><td colspan="7">(小写)¥</td></tr>
<tr><td rowspan="4">销货单位</td><td colspan="3">名　称：</td><td colspan="5" rowspan="4">备注</td></tr>
<tr><td colspan="3">纳税人识别号：</td></tr>
<tr><td colspan="3">地址、电话：</td></tr>
<tr><td colspan="3">开户银行及账号：</td></tr>
</table>

第一联　发票联　购货方记账凭证

收款人：　　复核：　　开票人：　　销货单位(章)

巴城增值税专用发票

49124435421　　抵扣联　　No　00121208

开票日期：　　年　　月　　日

<table>
<tr><td rowspan="4">购货单位</td><td colspan="4">名　　称：</td><td colspan="4" rowspan="4">密码区</td></tr>
<tr><td colspan="4">纳税人识别号：</td></tr>
<tr><td colspan="4">地址、电话：</td></tr>
<tr><td colspan="4">开户银行及账号：</td></tr>
<tr><td colspan="2">货物或应税劳务名称</td><td>规格型号</td><td>单位</td><td>数量</td><td>单价</td><td>金　额</td><td>税率</td><td>税　额</td></tr>
<tr><td colspan="2"></td><td></td><td></td><td></td><td></td><td></td><td></td><td></td></tr>
<tr><td colspan="2"></td><td></td><td></td><td></td><td></td><td></td><td></td><td></td></tr>
<tr><td colspan="2"></td><td></td><td></td><td></td><td></td><td></td><td></td><td></td></tr>
<tr><td colspan="2"></td><td></td><td></td><td></td><td></td><td></td><td></td><td></td></tr>
<tr><td colspan="2">合　计</td><td></td><td></td><td></td><td></td><td></td><td></td><td></td></tr>
<tr><td colspan="2">价税合计（大写）</td><td colspan="7">（小写）¥</td></tr>
<tr><td rowspan="4">销货单位</td><td colspan="4">名　　称：</td><td colspan="4" rowspan="4">备注</td></tr>
<tr><td colspan="4">纳税人识别号：</td></tr>
<tr><td colspan="4">地址、电话：</td></tr>
<tr><td colspan="4">开户银行及账号：</td></tr>
</table>

第二联　抵扣联　购货方抵扣凭证

收款人：　　复核：　　开票人：　　销货单位（章）

巴城增值税专用发票

49124435421　　记账联　　No　00121208

开票日期：　　年　　月　　日

<table>
<tr><td rowspan="4">购货单位</td><td colspan="4">名　　称：</td><td colspan="4" rowspan="4">密码区</td></tr>
<tr><td colspan="4">纳税人识别号：</td></tr>
<tr><td colspan="4">地址、电话：</td></tr>
<tr><td colspan="4">开户银行及账号：</td></tr>
<tr><td colspan="2">货物或应税劳务名称</td><td>规格型号</td><td>单位</td><td>数量</td><td>单价</td><td>金　额</td><td>税率</td><td>税　额</td></tr>
<tr><td colspan="2"></td><td></td><td></td><td></td><td></td><td></td><td></td><td></td></tr>
<tr><td colspan="2"></td><td></td><td></td><td></td><td></td><td></td><td></td><td></td></tr>
<tr><td colspan="2"></td><td></td><td></td><td></td><td></td><td></td><td></td><td></td></tr>
<tr><td colspan="2"></td><td></td><td></td><td></td><td></td><td></td><td></td><td></td></tr>
<tr><td colspan="2">合　计</td><td></td><td></td><td></td><td></td><td></td><td></td><td></td></tr>
<tr><td colspan="2">价税合计（大写）</td><td colspan="7">（小写）¥</td></tr>
<tr><td rowspan="4">销货单位</td><td colspan="4">名　　称：</td><td colspan="4" rowspan="4">备注</td></tr>
<tr><td colspan="4">纳税人识别号：</td></tr>
<tr><td colspan="4">地址、电话：</td></tr>
<tr><td colspan="4">开户银行及账号：</td></tr>
</table>

第三联　记账联　销货方记账凭证

收款人：　　复核：　　开票人：　　销货单位（章）

业务 15

1. **业务描述**：12 月 8 日，缴纳上月社保和住房公积金。

2. **业务流程及岗位责任**：

业务员：填制社保及住房公积金缴款书。

出纳：签发转账支票缴纳住房公积金。

会计：根据相关附件编制记账凭证。

出纳：根据记账凭证登记银行存款日记账。

3. **附件**：

巴城市社会保险费征收专用票据

年　月　日

缴费单位名称		单位开户行		银行账号		
缴费项目	基本养老保险	基本医疗保险	失业保险	工伤保险	生育保险	合计
单位缴纳						
个人缴纳						
合计						

大写：

收款单位：巴城市社保中心　　　　开票人：

中国银行 转账支票存根 Ⅶ00512308 科　目______ 对方科目______ 出票日期　年　月　日 收款人： 金额： 用途： 单位主管　会计	本支票付款期限10天	中国银行　转账支票　Ⅶ00512308 出票日期(大写)　年　月　日　付款行名称： 收款人：　出票人账号： 人民币(大写)　亿 千 百 十 万 千 百 十 元 角 分 用　途______ 上列款项请从我账户内支付 出票人签章　复核　记账

住房公积金汇(补)缴书

填表时间：　　　年　　月　　日

金额单位：元

<table>
<tr><td>单位全称（盖章）</td><td></td><td colspan="3">单位代码</td><td colspan="6"></td></tr>
<tr><td rowspan="2">缴存金额（大写）</td><td rowspan="2"></td><td>百</td><td>十</td><td>万</td><td>千</td><td>百</td><td>十</td><td>元</td><td>角</td><td>分</td></tr>
<tr><td></td><td></td><td></td><td></td><td></td><td></td><td></td><td></td><td></td></tr>
</table>

☑ 汇缴　　年　　月份

☐ 补缴　　年　　月份；补缴原因　　　　　　　　　；补缴　　　人。

<table>
<tr><td colspan="2">项目</td><td>上月汇缴</td><td>调整前后差额</td><td>本月增加汇缴</td><td>本月减少汇缴</td><td>本月汇缴</td><td>本月补缴</td></tr>
<tr><td colspan="2">人数</td><td></td><td>—</td><td></td><td></td><td></td><td></td></tr>
<tr><td rowspan="3">金额</td><td>单位</td><td></td><td></td><td></td><td></td><td></td><td></td></tr>
<tr><td>个人</td><td></td><td></td><td></td><td></td><td></td><td></td></tr>
<tr><td>合计</td><td></td><td></td><td></td><td></td><td></td><td></td></tr>
</table>

<table>
<tr><td>支票号码：</td><td>住房公积金管理中心签章：</td></tr>
<tr><td>受托银行签章：</td><td></td></tr>
<tr><td>年　　月　　日</td><td></td></tr>
<tr><td></td><td>经办人：　　　　　　年　　月　　日</td></tr>
</table>

填表说明：

1. 本表由单位每月在柜台汇缴住房公积金时填写；“调整前后差额”为年度缴存额调整时产生的差额，应在调整后的首月填写。

2. 本月汇缴＝上月汇缴＋本月增加汇缴－本月减少汇缴；缴存金额＝本月汇缴＋本月补缴。

3. 发生“本月增加汇缴”、“本月减少汇缴”、“本月补缴”情形的，需附相应的《住房公积金汇缴变更清册》或《住房公积金个人补缴清册》。

4. 本表至少填写一式两份，住房公积金管理中心和单位各一份。

业务 16

1. **业务描述：**12 月 9 日，销售豆沙面包 7 000 公斤至西安万里糕点公司，代垫运费 400 元未收。

2. **业务流程及岗位责任：**

业务员：开具增值税发票，将发票联和抵扣联交给市场部业务员。开具产品出库单，将③仓库联交给出纳，留存第①和②联。购货单位信息如下：

名　　称：西安万里糕点公司
纳税人识别号：580467934209872
地址、电话：西安东山路 38 号　43567038
开户银行及账号：工商行东山分理处 56799061

出纳：开出转账支票替对方垫付运费 400 元。

会计：根据相关附件编制记账凭证，登记相关明细账。

出纳：根据产品出库单③仓库联登记库存商品明细账，根据记账凭证登记银行存款日记账。

3. **附件**：

巴城市运输专用发票

（发票联）

顾客名称：多味多食品有限公司　　2012年12月9日　　No：001212

项　目	超过拾万元无效	金额						
		万	千	百	十	元	角	分
运费				4	0	0	0	0
合计（大写）：肆佰元整		¥		4	0	0	0	0

填票：谭红　　收款人：陈敏　　业户名称：ST运输公司

巴城省增值税专用发票

49124435421　　记账联　　No　00121202

开票日期：　年　月　日

购货单位	名　称： 纳税人识别号： 地址、电话： 开户银行及账号：			密码区			
货物或应税劳务名称	规格型号	单位	数量	单价	金　额	税率	税　额
合　计							
价税合计（大写）				（小写）¥			
销货单位	名　称： 纳税人识别号： 地址、电话： 开户银行及账号：			备注			

第三联　记账联　销货方记账凭证

收款人：　　复核：　　开票人：　　销货单位（章）

<table>
<tr><td rowspan="6">本支票付款期限10天</td><td colspan="12">中国工商银行　转账支票　Ⅶ00512309</td></tr>
<tr><td colspan="12">出票日期(大写)贰零壹贰年拾贰月零玖日　付款行名称:工商银行东山分理处
收款人:多味多食品有限公司　出票人账号:56799061</td></tr>
<tr><td rowspan="2">人民币
(大写)</td><td rowspan="2">肆拾肆万贰仟陆佰元整</td><td>亿</td><td>千</td><td>百</td><td>十</td><td>万</td><td>千</td><td>百</td><td>十</td><td>元</td><td>角</td><td>分</td></tr>
<tr><td></td><td></td><td>¥</td><td>4</td><td>4</td><td>2</td><td>6</td><td>0</td><td>0</td><td>0</td><td>0</td></tr>
<tr><td colspan="13">用　途　购货
上列款项请从我账户内支付</td></tr>
<tr><td colspan="13">出票人签章　复核　记账</td></tr>
</table>

业务 17

1. **业务描述**:12 月 9 日,支票支付唐老三糖厂欠款。

2. **业务流程及岗位责任**:

出纳:开具转账支票。

会计:根据相关附件编制记账凭证,登记相关明细账。

出纳:根据记账凭证登记银行存款日记账。

3. **附件**:

<table>
<tr><td rowspan="6">中国银行
转账支票存根
Ⅶ00512310
科　目＿＿＿＿
对方科目＿＿＿＿
出票日期　年　月　日
收款人:
金额:
用途:
单位主管　会计</td><td rowspan="6">本支票付款期限10天</td><td colspan="13">中国银行　转账支票　Ⅶ00512310</td></tr>
<tr><td colspan="13">出票日期(大写)　年　月　日　付款行名称:
收款人:　出票人账号:</td></tr>
<tr><td rowspan="2">人民币
(大写)</td><td rowspan="2"></td><td>亿</td><td>千</td><td>百</td><td>十</td><td>万</td><td>千</td><td>百</td><td>十</td><td>元</td><td>角</td><td>分</td></tr>
<tr><td></td><td></td><td></td><td></td><td></td><td></td><td></td><td></td><td></td><td></td><td></td></tr>
<tr><td colspan="13">用　途＿＿＿＿
上列款项请从我账户内支付</td></tr>
<tr><td colspan="13">出票人签章　复核　记账</td></tr>
</table>

业务 18

1. **业务描述**:12 月 9 日,第二车间领用耐热手套 400 副。

2. **业务流程及岗位责任**:

业务员:填写周转材料领用单。

会计:根据周转材料领用单编制记账凭证,登记相关明细账。

出纳:根据记账凭证登记周转材料明细账。

业务 19

1. **业务描述**:12 月 10 日,报销汽车加油费 900 元,业务员电话费 300 元,现金支付。

2. **业务流程及岗位责任**:

业务员:填写报销单。

会计:根据相关附件编制记账凭证,登记相关明细账。

出纳:根据记账凭证登记现金日记账。

3. **附件**:

商业零售发票

发票联　　No 026557

2012 年 12 月 8 日　　付款户名:多味多食品公司

货物名称	规格	单位	数量	单价	金额					备注
					千	百	十	元	角	
0#				升		9	0	0	0	销售部门货车
合计					¥	9	0	0	0	
人民币(大写)玖佰元整	¥900.00									

开票人:王东　　收款人:　　开票单位:

中国移动通信集团巴城有限公司专业发票

发票联

客户名称:多味多食品有限公司
项目:电话费
金额:300.00
人民币大写:叁佰元整
收款单位:中国移动通信集团巴城有限公司
收款日期:2012 年 12 月 8 日

多味多食品有限公司费用报销单

年　月　日

部门名称					
费用项目					
序号	品名	单价	数量	金额	备注
1					
2					
3					
合计					
备注					
结算方式	1. 冲借款________元;2. 转账________元;3. 现金付讫________元。				
报销人签字或证明人签字:					
审批人:			审核人:		

业务 20

1. **业务描述**：12 月 10 日，为办公室购入计算器等办公用品 440 元，现金支付。

2. **业务流程及岗位责任**：

业务员：填写报销单。

会计：根据相关附件编制记账凭证，登记相关明细账。

出纳：用现金付讫，根据记账凭证登记现金日记账。

3. **附件**：

商业普通发票　　发票号码：№03573

2012 年 12 月 9 日

购货单位：

品　名	规　格	单　位	数　量	单　价	金　额							
					万	千	百	十	元	角	分	
打印纸		箱	1	100			1	0	0	0	0	第二联
签字笔		盒	10	20			2	0	0	0	0	
订书机		个	7	20			1	4	0	0	0	发票联
合　计						¥	4	4	0	0	0	
金额大写（人民币合计）：肆佰肆拾元整												

开票：明亮　　收款：陈红

多味多食品有限公司费用报销单

年　　月　　日

部门名称					
费用项目					
序号	品名	单价	数量	金额	备注
1					
2					
3					
合计					
备注					
结算方式	1. 冲借款________元；2. 转账________元；3. 现金付讫________元。				
报销人签字或证明人签字：					
审批人：			审核人：		

业务 21

1. **业务描述**：12 月 11 日，第二车间领用火腿三明治、猪肉三明治包装盒各 300 个。

2. **业务流程及岗位责任**：

业务员：填写周转材料领用单。

会计：根据周转材料领用单编制记账凭证，登记相关明细账。

出纳：根据记账凭证登记周转材料明细账。

业务 22

1. **业务描述**：12 月 12 日，购入三明治包装盒，火腿、猪肉各 1 000 个，货款未付。

2. **业务流程及岗位责任**：

业务员：填写周转材料入库单。

会计：根据相关附件编制记账凭证，登记相关明细账。

出纳：根据记账凭证登记原材料明细账。

3. **附件**：

巴城增值税专用发票

45491442321　　发票联　　No 00191939

开票日期：2012 年 12 月 12 日

<table>
<tr><td rowspan="4">购货单位</td><td colspan="4">名　　称：多味多食品有限公司</td><td rowspan="4" colspan="4">密码区</td></tr>
<tr><td colspan="4">纳税人识别号：50090000236751</td></tr>
<tr><td colspan="4">地址、电话：巴城渝南路 18 号　68594732</td></tr>
<tr><td colspan="4">开户银行及账号：中国银行巴城分行兰桂路支行　626135690704</td></tr>
<tr><td colspan="2">货物或应税劳务名称</td><td>规格型号</td><td>单位</td><td>数量</td><td>单价</td><td>金　额</td><td>税率</td><td>税　额</td></tr>
<tr><td colspan="2">火腿三明治包装盒</td><td></td><td>个</td><td>1 000</td><td>6</td><td>6 000</td><td>17%</td><td>1 020</td></tr>
<tr><td colspan="2">猪肉三明治包装盒</td><td></td><td>个</td><td>1 000</td><td>6</td><td>6 000</td><td>17%</td><td>1 020</td></tr>
<tr><td colspan="2"></td><td></td><td></td><td></td><td></td><td></td><td></td><td></td></tr>
<tr><td colspan="2"></td><td></td><td></td><td></td><td></td><td></td><td></td><td></td></tr>
<tr><td colspan="2">合计</td><td></td><td></td><td></td><td></td><td>12 000</td><td></td><td>2 040</td></tr>
<tr><td colspan="2">价税合计（大写）</td><td colspan="7">壹万肆仟零肆拾元整　　（小写）￥14 040</td></tr>
<tr><td rowspan="4">销货单位</td><td colspan="4">名　　称：北河纸箱厂</td><td rowspan="4" colspan="4">备注</td></tr>
<tr><td colspan="4">纳税人识别号：542806287659766</td></tr>
<tr><td colspan="4">地址、电话：巴城长湖路 23 号　48783469</td></tr>
<tr><td colspan="4">开户银行及账号：工商银行长湖路分理处 29098 7127 2379 8821</td></tr>
</table>

第一联　发票联　购货方购货凭证

收款人：　　复核：　　开票人：　　销货单位(章)

巴城增值税专用发票

45491442321　　　　抵扣联　　　　No　00191939

开票日期:2012 年 12 月 21 日

购货单位	名　　称:多味多食品有限公司 纳税人识别号:50090000236751 地址、电话:巴城渝南路 18 号　68594732 开户银行及账号:中国银行巴城分行兰桂路支行　626135690704	密码区

货物或应税劳务名称	规格型号	单位	数量	单价	金额	税率	税额
火腿三明治包装盒		个	1 000	6	6 000	17%	1 020
猪肉三明治包装盒		个	1 000	6	6 000	17%	1 020
合计					12 000		2 040
价税合计(大写)	壹万肆仟零肆拾元整				(小写)￥14 040		

销货单位	名　　称:北河纸箱厂 纳税人识别号:542806287659766 地址、电话:巴城长湖路 23 号　48783469 开户银行及账号:工商银行长湖路分理处 29098 7127 2379 8821	备注

收款人:　　　复核:　　　开票人:　　　销货单位(章)

第二联　抵扣联　购货方抵扣凭证

业务 23

1. **业务描述:**12 月 12 日,订购明年报纸,支付 2400 元定金。

2. **业务流程及岗位责任:**

会计:根据相关附件编制记账凭证,登记相关明细账。

出纳:用现金付讫,根据记账凭证登记现金日记账。

3. **附件：**

巴城邮政专用发票

（发票联）

顾客名称：多味多食品有限公司　　2012 年 12 月 12 日　　No：003518

项　目	超过拾万元无效	金额 万	千	百	十	元	角	分
运费		￥	2	4	0	0	0	0
合计（大写）：贰仟肆佰元整		￥	2	4	0	0	0	0

业务 24

1. **业务描述**：12 月 13 日，存出投资款 300 000 元购买股票。为了短期获利，买入惠明公司的股票。

2. **业务流程及岗位责任：**

会计：根据相关附件编制记账凭证，登记明细账。

出纳：根据记账凭证登记银行存款日记账。

3. **附件：**

上海证券中央登记计算中心

13/12/2012　　成交过户交割单　　买

股东编号 电脑编号 公司名称	B223786956 12703 多味多	成交证券 成交数量 成交价格	股票 20 000 10
申报编号 申报时间 成交时间	298	成交金额 佣金 过户费	200 000 760 20
上次余额 本次成交 本次余额 本次库存	0 100（手） 100（手） 100（手）	印花税 应付金额 附加费用 实付费用	200 200 980 0 200 980

中国银行
转账支票存根
Ⅶ00512319
科　目________
对方科目________
出票日期　年　月　日
收款人：
金额：
用途：
单位主管　会计

中国银行　转账支票　Ⅶ00512319

本支票付款期限10天

出票日期（大写）　年　月　日　付款行名称：
收款人：　出票人账号：

人民币（大写）	亿	千	百	十	万	千	百	十	元	角	分

用　途________

上列款项请从我账户内支付

出票人签章　　复核　　记账

业务 25

1. **业务描述：**12 月 13 日，销售四种产品各 4 000 公斤至西安万里糕点公司，收到支票。

2. **业务流程及岗位责任：**

业务员：开具增值税发票，将发票联和抵扣联交给市场部业务员。开具产品出库单，将③仓库联交给出纳，留存第①和②联。购货单位信息如下：

名　　称：西安万里糕点公司
纳税人识别号：580467934209872
地址、电话：西安东山路 38 号　43567038
开户银行及账号：工商行东山分理处　56799061

会计：根据相关附件编制记账凭证，登记相关明细账。

出纳：根据产品出库单③仓库联登记库存商品明细账，根据记账凭证登记银行存款日记账。

3. **附件：**

中国银行　进账单　（回单）　1

年　月　日

付款人	全　称		收款人	全　称											
	账　号			账　号											
	开户银行			开户银行											
金额	人民币（大写）				亿	千	百	十	万	千	百	十	元	角	分
票据种类	转账支票														
票据张数	1 张														
复核　记账			开户银行盖章												

此联是开户银行交给持（出）票人的回单

巴城增值税专用发票

49124435421　　发票联　　No 00121208

开票日期：　　年　　月　　日

购货单位	名　　称：	密码区					
	纳税人识别号：						
	地址、电话：						
	开户银行及账号：						

货物或应税劳务名称	规格型号	单位	数量	单价	金　额	税率	税　额
合　计							
价税合计（大写）	（小写）¥						

销货单位	名　　称：	备注
	纳税人识别号：	
	地址、电话：	
	开户银行及账号：	

收款人：　　复核：　　开票人：　　销货单位（章）

第一联　发票联　购货方记账凭证

巴城增值税专用发票

49124435421　　　　抵扣联　　　　No　00121208

开票日期：　　年　　月　　日

购货单位	名　　称：	密码区
	纳税人识别号：	
	地址、电话：	
	开户银行及账号：	

货物或应税劳务名称	规格型号	单位	数量	单价	金　额	税率	税　额
合　计							
价税合计（大写）			（小写）¥				

销货单位	名　　称：	备注
	纳税人识别号：	
	地址、电话：	
	开户银行及账号：	

收款人：　　　复核：　　　开票人：　　　销货单位（章）

第二联　抵扣联　购货方抵扣凭证

巴城增值税专用发票

49124435421　　　　记账联　　　　No 00121208

开票日期：　　年　　月　　日

购货单位	名　　称：				密码区		
	纳税人识别号：						
	地址、电话：						
	开户银行及账号：						
货物或应税劳务名称	规格型号	单位	数量	单价	金　额	税率	税　额
合　计							
价税合计（大写）				（小写）¥			
销货单位	名　　称：				备注		
	纳税人识别号：						
	地址、电话：						
	开户银行及账号：						

收款人：　　　　复核：　　　　开票人：　　　　销货单位（章）

第三联　记账联　销货方记账凭证

中国银行　转账支票　Ⅶ00512319

本支票付款期限10天

出票日期（大写）贰零壹贰年拾贰月拾叁日　　付款行名称：工商银行东山分理处

收款人：多味多食品有限公司　　出票人账号：56799061

人民币（大写）	亿	千	百	十	万	千	百	十	元	角	分
玖拾捌万柒仟肆佰捌拾元整			¥	9	8	7	4	8	0	0	0

用　途　购货

上列款项请从我账户内支付

出票人签章　　　　复核　　　　记账

业务 26

1. **业务描述：**12 月 13 日，购进电动面包机一套，价款 8 000 元，由生产车间使用，预计使用 10 年，不用安装。

2. **业务流程及岗位责任：**

业务员：填写固定资产验收单交给会计。

出纳：办理电汇付款，支付货款及对方代垫运费。

会计：根据相关附件编制记账凭证，登记相关明细账。

出纳：根据记账凭证登记银行存款日记账。

3. **附件：**

巴城增值税专用发票

45491442321　　　　发票联　　　　No　00191939

开票日期：2012 年 12 月 13 日

<table>
<tr><td rowspan="4">购货单位</td><td colspan="4">名　　称：多味多食品有限公司</td><td colspan="4" rowspan="4">密码区</td></tr>
<tr><td colspan="4">纳税人识别号：50090000236751</td></tr>
<tr><td colspan="4">地址、电话：巴城渝南路 18 号　68594732</td></tr>
<tr><td colspan="4">开户银行及账号：中国银行巴城分行兰桂路支行　626135690704</td></tr>
<tr><td colspan="2">货物或应税劳务名称</td><td>规格型号</td><td>单位</td><td>数量</td><td>单价</td><td>金额</td><td>税率</td><td>税额</td></tr>
<tr><td colspan="2">电动面包机</td><td>X－997</td><td>台</td><td>1</td><td>8 000</td><td>8 000</td><td>17%</td><td>1 360</td></tr>
<tr><td colspan="2"></td><td></td><td></td><td></td><td></td><td></td><td></td><td></td></tr>
<tr><td colspan="2">合计</td><td></td><td></td><td></td><td></td><td>8 000</td><td></td><td>1 360</td></tr>
<tr><td colspan="2">价税合计（大写）</td><td colspan="7">玖仟叁佰陆拾元整　　（小写）¥9 360.00</td></tr>
<tr><td rowspan="4">销货单位</td><td colspan="4">名　　称：华北商厦</td><td colspan="4" rowspan="4">备注</td></tr>
<tr><td colspan="4">纳税人识别号：542806544366766</td></tr>
<tr><td colspan="4">地址、电话：北京市开元路 23 号　68247869</td></tr>
<tr><td colspan="4">开户银行及账号：工商银行北京市开元分理处　29098 7127 4749 3321</td></tr>
</table>

第一联　发票联　购货方购货凭证

收款人：　　　　复核：　　　　开票人：　　　　销货单位（章）

巴城增值税专用发票

45491442321　　　　抵扣联　　　　No　00191939

开票日期：2012 年 12 月 21 日

<table>
<tr><td rowspan="4">购货单位</td><td colspan="4">名　　称：多味多食品有限公司</td><td colspan="4" rowspan="4">密码区</td></tr>
<tr><td colspan="4">纳税人识别号：50090000236751</td></tr>
<tr><td colspan="4">地址、电话：巴城渝南路 18 号　68594732</td></tr>
<tr><td colspan="4">开户银行及账号：中国银行巴城分行兰桂路支行　626135690704</td></tr>
<tr><td colspan="2">货物或应税劳务名称</td><td>规格型号</td><td>单位</td><td>数量</td><td>单价</td><td>金额</td><td>税率</td><td>税额</td></tr>
<tr><td colspan="2">电动面包机</td><td>X－997</td><td>台</td><td>1</td><td>8 000</td><td>8 000</td><td>17%</td><td>1 360</td></tr>
<tr><td colspan="2"></td><td></td><td></td><td></td><td></td><td></td><td></td><td></td></tr>
<tr><td colspan="2">合计</td><td></td><td></td><td></td><td></td><td>8 000</td><td></td><td>1 360</td></tr>
<tr><td colspan="2">价税合计（大写）</td><td colspan="7">玖仟叁佰陆拾元整　　（小写）¥9 360.00</td></tr>
<tr><td rowspan="4">销货单位</td><td colspan="4">名　　称：华北商厦</td><td colspan="4" rowspan="4">备注</td></tr>
<tr><td colspan="4">纳税人识别号：542806544366766</td></tr>
<tr><td colspan="4">地址、电话：北京市开元路 23 号　68247869</td></tr>
<tr><td colspan="4">开户银行及账号：工商银行北京市开元分理处　29098 7127 4749 3321</td></tr>
</table>

第二联　抵扣联　购货方抵扣凭证

收款人：　　　　复核：　　　　开票人：　　　　销货单位（章）

银行　　信汇凭证　（回单）　　1

委托日期　　　年　　月　　日

<table>
<tr><td rowspan="3">汇款人</td><td>全　称</td><td></td><td rowspan="3">收款人</td><td>全　称</td><td colspan="11"></td></tr>
<tr><td>账　号</td><td></td><td>账　号</td><td colspan="11"></td></tr>
<tr><td>汇出地点</td><td>省　　市/县</td><td>汇入地点</td><td colspan="11">省　　市/县</td></tr>
<tr><td colspan="2">汇出行名称</td><td></td><td colspan="2">汇入行名称</td><td colspan="11"></td></tr>
<tr><td rowspan="2">金额</td><td colspan="4" rowspan="2">人民币
（大写）</td><td>亿</td><td>千</td><td>百</td><td>十</td><td>万</td><td>千</td><td>百</td><td>十</td><td>元</td><td>角</td><td>分</td></tr>
<tr><td></td><td></td><td></td><td></td><td></td><td></td><td></td><td></td><td></td><td></td><td></td></tr>
<tr><td colspan="3" rowspan="2">汇出行签章</td><td colspan="2">支付密码</td><td colspan="11"></td></tr>
<tr><td colspan="13">附加信息及用途：

复核　　　　记账</td></tr>
</table>

此联汇出行给汇款人的回单

多味多食品有限公司固定资产验收单

验收日期：

资产类别		资产名称		规格	
数量		单位成本		总金额	
单位原值		单位残值		年折旧率	
生产厂家		取得方式		使用部门	
使用寿命					
主管：		验收：		采购：	

业务 27

1. **业务描述：**12 月 13 日，电汇支付北村纸制品厂货款(22 题)。

2. **业务流程及岗位责任：**

出纳：办理电汇付款，支付货款。

会计：根据相关附件编制记账凭证，登记相关明细账。

出纳：根据记账凭证登记银行存款日记账。

3. **附件：**

银行　信汇凭证　(回单)　1

委托日期　　年　　月　　日

<table>
<tr><td rowspan="3">汇款人</td><td>全　称</td><td></td><td rowspan="3">收款人</td><td>全　称</td><td colspan="11"></td></tr>
<tr><td>账　号</td><td></td><td>账　号</td><td colspan="11"></td></tr>
<tr><td>汇出地点</td><td>省　　市/县</td><td>汇入地点</td><td colspan="11">省　　市/县</td></tr>
<tr><td colspan="2">汇出行名称</td><td></td><td colspan="2">汇入行名称</td><td colspan="11"></td></tr>
<tr><td rowspan="2">金额</td><td colspan="4" rowspan="2">人民币
(大写)</td><td>亿</td><td>千</td><td>百</td><td>十</td><td>万</td><td>千</td><td>百</td><td>十</td><td>元</td><td>角</td><td>分</td></tr>
<tr><td></td><td></td><td></td><td></td><td></td><td></td><td></td><td></td><td></td><td></td><td></td></tr>
<tr><td colspan="3" rowspan="2">汇出行签章</td><td colspan="2">支付密码</td><td colspan="11"></td></tr>
<tr><td colspan="13">附加信息及用途：
复核　　　记账</td></tr>
</table>

此联汇出行给汇款人的回单

业务 28

1. **业务描述：**12 月 14 日，从宏泰食品材料有限公司购入芝士 3 000 公斤，单价 42 元，货款未付。

2. **业务流程及岗位责任：**

业务员：填写材料入库单。

会计：根据相关附件编制记账凭证，登记相关明细账。

出纳：根据记账凭证登记原材料明细账。

3. **附件：**

巴城增值税专用发票

45491442321　　　　发票联　　　　No　00191939

开票日期：2012 年 12 月 12 日

<table>
<tr><td rowspan="4">购货单位</td><td colspan="3">名　　称：多味多食品有限公司</td><td colspan="5" rowspan="4">密码区</td></tr>
<tr><td colspan="3">纳税人识别号：50090000236751</td></tr>
<tr><td colspan="3">地址、电话：巴城渝南路 18 号　68594732</td></tr>
<tr><td colspan="3">开户银行及账号：中国银行巴城分行兰桂路支行 626135690704</td></tr>
<tr><td colspan="2">货物或应税劳务名称</td><td>规格型号</td><td>单位</td><td>数量</td><td>单价</td><td>金　额</td><td>税率</td><td>税　额</td></tr>
<tr><td colspan="2">芝士</td><td></td><td>公斤</td><td>3 000</td><td>42</td><td>126 000</td><td>17%</td><td>21 420</td></tr>
<tr><td colspan="2"></td><td></td><td></td><td></td><td></td><td></td><td></td><td></td></tr>
<tr><td colspan="2">合计</td><td></td><td></td><td>3 000</td><td>42</td><td>126 000</td><td>17%</td><td>21 420</td></tr>
<tr><td colspan="2">价税合计(大写)</td><td colspan="5">拾肆万柒仟肆佰贰拾元整</td><td colspan="2">(小写)￥147 420</td></tr>
<tr><td rowspan="4">销货单位</td><td colspan="3">名　　称：宏泰食品材料有限公司</td><td colspan="5" rowspan="4">备注</td></tr>
<tr><td colspan="3">纳税人识别号：542806548477865</td></tr>
<tr><td colspan="3">地址、电话：巴城北冰路 23 号　68247869</td></tr>
<tr><td colspan="3">开户银行及账号：工商银行巴城北冰分理处 29098 7127 4749 9923</td></tr>
</table>

第一联　发票联　购货方购货凭证

收款人：　　　　复核：　　　　开票人：　　　　销货单位(章)

巴城增值税专用发票

45491442321　　抵扣联　　No 00191939

开票日期：2012年12月21日

购货单位	名　　称：多味多食品有限公司 纳税人识别号：500900000236751 地址、电话：巴城渝南路18号　68594732 开户银行及账号：中国银行巴城分行兰桂路支行　626135690704			密码区			
货物或应税劳务名称	规格型号	单位	数量	单价	金　额	税率	税　额
芝士		公斤	3 000	42	126 000	17%	21 420
合计			3 000	42	126 000	17%	21 420
价税合计（大写）	拾肆万柒仟肆佰贰拾元整				（小写）￥147 420		
销货单位	名　　称：宏泰食品材料有限公司 纳税人识别号：542806548477865 地址、电话：巴城北冰路23号　68247869 开户银行及账号：工商银行巴城北冰分理处 29098 7127 4749 9923			备注			

收款人：　　复核：　　开票人：　　销货单位（章）

第二联 抵扣联 购货方抵扣凭证

业务29

1. **业务描述：**12月14日，入库各种产品各6 000公斤。

2. **业务流程及岗位责任：**

业务员：填写产品入库单。

出纳：根据产品入库单第③联登记库存商品明细账。

中国工商银行　转账支票　Ⅶ08704147

出票日期（大写）贰零壹贰年拾贰月拾肆日　　付款行名称：工商行南京分理处

收款人：多味多食品有限公司　　出票人账号：56793476

人民币（大写）	叁拾万零柒仟玖佰肆拾肆元整	亿	千	百	十	万	千	百	十	元	角	分
				￥	3	0	7	9	4	4	0	0

用　途　购货

上列款项请从我账户内支付

出票人签章　　复核　　记账

本支票付款期限10天

业务30

1. **业务描述：**12月14日，向南京天天甜品销售牛角面包4 700公斤，收到货款。

2. **业务流程及岗位责任：**

业务员：开具增值税发票，将发票联和抵扣联交给市场部业务员。开具产品出库单，将③仓库联交给出纳，留存第①和②联。购货单位信息如下：

名　　称：南京天天甜品公司
纳税人识别号：580438763789872
地址、电话：南京东山路 38 号　43568768
开户银行及账号：工商行南京分理处　56793476

会计：根据相关附件编制记账凭证，登记相关明细账。

出纳：根据产品出库单③仓库联登记库存商品明细账，根据记账凭证登记银行存款日记账。

3. **附件：**

中国银行　　进账单　　（回单）　　1

年　　月　　日

<table>
<tr><td rowspan="3">付款人</td><td>全　称</td><td colspan="2"></td><td rowspan="3">收款人</td><td>全　称</td><td colspan="11"></td></tr>
<tr><td>账　号</td><td colspan="2"></td><td>账　号</td><td colspan="11"></td></tr>
<tr><td>开户银行</td><td colspan="2"></td><td>开户银行</td><td colspan="11"></td></tr>
<tr><td rowspan="2">金额</td><td colspan="5" rowspan="2">人民币
（大写）</td><td>亿</td><td>千</td><td>百</td><td>十</td><td>万</td><td>千</td><td>百</td><td>十</td><td>元</td><td>角</td><td>分</td></tr>
<tr><td></td><td></td><td></td><td></td><td></td><td></td><td></td><td></td><td></td><td></td><td></td></tr>
<tr><td colspan="2">票据种类</td><td colspan="2">转账支票</td><td colspan="13" rowspan="3">开户银行盖章</td></tr>
<tr><td colspan="2">票据张数</td><td colspan="2">1 张</td></tr>
<tr><td colspan="4">复核　　记账</td></tr>
</table>

此联是开户银行交给持（出）票人的回单

巴城增值税专用发票

49124435421　　发票联　　No 00121205

开票日期：　　年　　月　　日

<table>
<tr><td rowspan="4">购货单位</td><td colspan="4">名　　称：</td><td colspan="4" rowspan="4">密码区</td></tr>
<tr><td colspan="4">纳税人识别号：</td></tr>
<tr><td colspan="4">地址、电话：</td></tr>
<tr><td colspan="4">开户银行及账号：</td></tr>
<tr><td colspan="2">货物或应税劳务名称</td><td>规格型号</td><td>单位</td><td>数量</td><td>单价</td><td>金　额</td><td>税率</td><td>税　额</td></tr>
<tr><td colspan="2"></td><td></td><td></td><td></td><td></td><td></td><td></td><td></td></tr>
<tr><td colspan="2"></td><td></td><td></td><td></td><td></td><td></td><td></td><td></td></tr>
<tr><td colspan="2">合　计</td><td></td><td></td><td></td><td></td><td></td><td></td><td></td></tr>
<tr><td colspan="2">价税合计（大写）</td><td colspan="7">（小写）¥</td></tr>
<tr><td rowspan="4">销货单位</td><td colspan="4">名　　称：</td><td colspan="4" rowspan="4">备注</td></tr>
<tr><td colspan="4">纳税人识别号：</td></tr>
<tr><td colspan="4">地址、电话：</td></tr>
<tr><td colspan="4">开户银行及账号：</td></tr>
</table>

第一联　发票联　购货方记账凭证

收款人：　　复核：　　开票人：　　销货单位（章）

巴城增值税专用发票

49124435421　　抵扣联　　No 00121205

开票日期：　　年　　月　　日

<table>
<tr><td rowspan="4">购货单位</td><td colspan="4">名　　称：</td><td colspan="4" rowspan="4">密码区</td></tr>
<tr><td colspan="4">纳税人识别号：</td></tr>
<tr><td colspan="4">地址、电话：</td></tr>
<tr><td colspan="4">开户银行及账号：</td></tr>
<tr><td colspan="2">货物或应税劳务名称</td><td>规格型号</td><td>单位</td><td>数量</td><td>单价</td><td>金　额</td><td>税率</td><td>税　额</td></tr>
<tr><td colspan="2"></td><td></td><td></td><td></td><td></td><td></td><td></td><td></td></tr>
<tr><td colspan="2"></td><td></td><td></td><td></td><td></td><td></td><td></td><td></td></tr>
<tr><td colspan="2">合　计</td><td></td><td></td><td></td><td></td><td></td><td></td><td></td></tr>
<tr><td colspan="2">价税合计（大写）</td><td colspan="7">（小写）¥</td></tr>
<tr><td rowspan="4">销货单位</td><td colspan="4">名　　称：</td><td colspan="4" rowspan="4">备注</td></tr>
<tr><td colspan="4">纳税人识别号：</td></tr>
<tr><td colspan="4">地址、电话：</td></tr>
<tr><td colspan="4">开户银行及账号：</td></tr>
</table>

第二联　抵扣联　购货方抵扣凭证

收款人：　　复核：　　开票人：　　销货单位（章）

巴城增值税专用发票

49124435421　　记账联　　No　00121205

开票日期：　　年　　月　　日

购货单位	名　　称：					密码区		
	纳税人识别号：							
	地址、电话：							
	开户银行及账号：							
货物或应税劳务名称	规格型号	单位	数量	单价	金　额	税率	税　额	
合　计								
价税合计（大写）			（小写）¥					
销货单位	名　　称：					备注		
	纳税人识别号：							
	地址、电话：							
	开户银行及账号：							

第三联　记账联　销货方记账凭证

收款人：　　复核：　　开票人：　　销货单位（章）

业务 31

1. **业务描述：**12 月 14 日，收到北区永辉超市前欠货款。

2. **业务流程及岗位责任：**

出纳：根据交来的转账支票填写进账单。

会计：根据相关附件编制记账凭证，登记相关明细账。

出纳：根据记账凭证登记银行存款日记账。

3. **附件：**

中国工商银行　转账支票　Ⅶ08704132

出票日期（大写）贰零壹贰年拾贰月拾肆日　　付款行名称：工行明路兴分理处

收款人：多味多食品有限公司　　出票人账号：699333670

人民币（大写）	亿	千	百	十	万	千	百	十	元	角	分
柒万柒仟玖佰元整				¥	7	7	9	0	0	0	0

用　途　付货款

上列款项请从我账户内支付

出票人签章　　复核　　记账

本支票付款期限 10 天

中国银行　进账单　（回单）　1

年　月　日

<table>
<tr><td rowspan="3">付款人</td><td>全　称</td><td></td><td rowspan="3">收款人</td><td>全　称</td><td colspan="11"></td></tr>
<tr><td>账　号</td><td></td><td>账　号</td><td colspan="11"></td></tr>
<tr><td>开户银行</td><td></td><td>开户银行</td><td colspan="11"></td></tr>
<tr><td rowspan="2">金额</td><td colspan="4" rowspan="2">人民币
（大写）</td><td>亿</td><td>千</td><td>百</td><td>十</td><td>万</td><td>千</td><td>百</td><td>十</td><td>元</td><td>角</td><td>分</td></tr>
<tr><td></td><td></td><td></td><td></td><td></td><td></td><td></td><td></td><td></td><td></td><td></td></tr>
<tr><td colspan="2">票据种类</td><td>转账支票</td><td colspan="13" rowspan="3">开户银行盖章</td></tr>
<tr><td colspan="2">票据张数</td><td>1 张</td></tr>
<tr><td colspan="3">复核　记账</td></tr>
</table>

此联是开户银行交给持（出）票人的回单

业务 32

1. **业务描述**：12 月 15 日，缴纳电费。

2. **业务流程及岗位责任**：

出纳：填写转账支票。

会计：根据相关附件编制记账凭证，登记相关明细账。

出纳：根据记账凭证登记银行存款日记账。

3. **附件**：

<table>
<tr><td>中国银行
转账支票存根
Ⅶ00512311
科　目________
对方科目________
出票日期　年　月　日
收款人：
金额：
用途：
单位主管　会计</td><td>本支票付款期限10天</td><td>中国银行　转账支票　Ⅶ00512311
出票日期（大写）　年、　月　日　付款行名称：
收款人：　出票人账号：
人民币（大写）　亿 千 百 十 万 千 百 十 元 角 分
用　途________
上列款项请从我账户内支付
出票人签章　复核　记账</td></tr>
</table>

巴城增值税专用发票

49124435421　　　　发票联　　　　No 00131579

开票日期：2012 年 12 月 15 日

<table>
<tr><td rowspan="4">购货单位</td><td colspan="4">名　　称：多味多食品有限公司</td><td colspan="4" rowspan="4">密码区</td></tr>
<tr><td colspan="4">纳税人识别号：50090000236751</td></tr>
<tr><td colspan="4">地址、电话：巴城渝南路 18 号　68594732</td></tr>
<tr><td colspan="4">开户银行及账号：中国银行巴城分行兰桂路支行 626135690704</td></tr>
<tr><td colspan="2">货物或应税劳务名　称</td><td>规格型号</td><td>单位</td><td>数量</td><td>单价</td><td>金　额</td><td>税率</td><td>税　额</td></tr>
<tr><td colspan="2">电</td><td></td><td>度</td><td>25 000</td><td>0.45</td><td>11 250</td><td>17%</td><td>1 912.5</td></tr>
<tr><td colspan="2"></td><td></td><td></td><td></td><td></td><td></td><td></td><td></td></tr>
<tr><td colspan="2"></td><td></td><td></td><td></td><td></td><td></td><td></td><td></td></tr>
<tr><td colspan="2">合　计</td><td></td><td></td><td></td><td></td><td>11 250</td><td></td><td>1 912.5</td></tr>
<tr><td colspan="2">价税合计（大写）</td><td colspan="7">壹万叁仟壹佰陆拾贰元伍角　　（小写）￥13 162.5</td></tr>
<tr><td rowspan="4">销货单位</td><td colspan="4">名　　称：巴城电力公司</td><td colspan="4" rowspan="4">备注</td></tr>
<tr><td colspan="4">纳税人识别号：92340982600113</td></tr>
<tr><td colspan="4">地址、电话：巴城市中兴路 20 号　63792225</td></tr>
<tr><td colspan="4">开户银行及账号：工商银行巴城中兴分理处 65654 3783 0305 4256</td></tr>
</table>

第一联　发票联　购货方记账凭证

收款人：　　　复核：　　　开票人：　　　销货单位（章）

巴城增值税专用发票

49124435421　　　　　　　　抵扣联　　　　　　　　No　00131579

开票日期:2012 年 12 月 15 日

<table>
<tr><td rowspan="4">购货单位</td><td colspan="4">名　　称:多味多食品有限公司</td><td colspan="4" rowspan="4">密码区</td></tr>
<tr><td colspan="4">纳税人识别号:50090000236751</td></tr>
<tr><td colspan="4">地址、电话:巴城渝南路 18 号　68594732</td></tr>
<tr><td colspan="4">开户银行及账号:中国银行巴城分行兰桂路支行 626135690704</td></tr>
<tr><td colspan="2">货物或应税劳务名称</td><td>规格型号</td><td>单位</td><td>数量</td><td>单价</td><td>金额</td><td>税率</td><td>税额</td></tr>
<tr><td colspan="2">电</td><td></td><td>度</td><td>25 000</td><td>0.45</td><td>11 250</td><td>17%</td><td>1 912.5</td></tr>
<tr><td colspan="2"></td><td></td><td></td><td></td><td></td><td></td><td></td><td></td></tr>
<tr><td colspan="2"></td><td></td><td></td><td></td><td></td><td></td><td></td><td></td></tr>
<tr><td colspan="2">合　计</td><td></td><td></td><td></td><td></td><td>11 250</td><td></td><td>1 912.5</td></tr>
<tr><td colspan="2">价税合计（大写）</td><td colspan="7">壹万叁仟壹佰陆拾贰元伍角　　　　（小写）¥13 162.5</td></tr>
<tr><td rowspan="4">销货单位</td><td colspan="4">名　　称:巴城电力公司</td><td colspan="4" rowspan="4">备注</td></tr>
<tr><td colspan="4">纳税人识别号:92340982600113</td></tr>
<tr><td colspan="4">地址、电话:巴城市中兴路 20 号　63792225</td></tr>
<tr><td colspan="4">开户银行及账号:工商银行巴城中兴分理处 65654 3783 0305 4256</td></tr>
</table>

第二联　抵扣联　购货方抵扣凭证

收款人:　　　　复核:　　　　开票人:　　　　销货单位(章)

业务 33

1. **业务描述**:12 月 15 日,缴纳水费。

2. **业务流程及岗位责任**:

出纳:填写转账支票。

会计:根据相关附件编制记账凭证,登记相关明细账。

出纳:根据记账凭证登记银行存款日记账。

3. **附件：**

中国银行 转账支票存根 Ⅶ00512312 科　　目________ 对方科目________ 出票日期　　年　月　日 收款人： 金额： 用途： 单位主管　　　会计	本支票付款期限10天	中国银行　转账支票　Ⅶ00512312 出票日期(大写)　　年　　月　　日　付款行名称： 收款人：　　　　出票人账号： 人民币(大写)　　亿 千 百 十 万 千 百 十 元 角 分 用　途________ 上列款项请从我账户内支付 出票人签章　　　　复核　　　　记账

巴城增值税专用发票

49124435421　　　发票联　　　No　00151789

开票日期：2012 年 12 月 15 日

购货单位	名　　称：多味多食品有限公司 纳税人识别号：500900000236751 地址、电话：巴城渝南路 18 号　68594732 开户银行及账号：中国银行巴城分行兰桂路支行　626135690704				密码区		
货物或应税劳务名称	规格型号	单位	数量	单价	金　额	税率	税　额
自来水		吨	8 000	2.6	20 800	17%	3 536
合　计					20 800		3 536
价税合计(大写)	贰万肆仟叁佰叁拾六元整				(小写)￥24 336		
销货单位	名　　称：巴城自来水公司 纳税人识别号：219573215900400 地址、电话：巴城中兴路 35 号　66025646 开户银行及账号：工商银行巴城中兴分理处　65654 3783 3638 7755				备注		

第一联　发票联　购货方记账凭证

收款人：　　　复核：　　　开票人：　　　销货单位(章)

巴城增值税专用发票

49124435421　　抵扣联　　No 00151789

开票日期:2012 年 12 月 15 日

<table>
<tr><td rowspan="4">购货单位</td><td colspan="6">名　　称:多味多食品有限公司</td><td colspan="3" rowspan="4">密码区</td></tr>
<tr><td colspan="6">纳税人识别号:50090000236751</td></tr>
<tr><td colspan="6">地址、电话:巴城渝南路 18 号　68594732</td></tr>
<tr><td colspan="6">开户银行及账号:中国银行巴城分行兰桂路支行 626135690704</td></tr>
<tr><td colspan="2">货物或应税劳务名称</td><td>规格型号</td><td>单位</td><td>数量</td><td>单价</td><td>金　额</td><td>税率</td><td>税　额</td></tr>
<tr><td colspan="2">自来水</td><td></td><td>吨</td><td>8 000</td><td>2.6</td><td>20 800</td><td>17%</td><td>3 536</td></tr>
<tr><td colspan="2"></td><td></td><td></td><td></td><td></td><td></td><td></td><td></td></tr>
<tr><td colspan="2">合　计</td><td></td><td></td><td></td><td></td><td>20 800</td><td></td><td>3 536</td></tr>
<tr><td colspan="2">价税合计(大写)</td><td colspan="7">贰万肆仟叁佰叁拾六元整　　　　(小写)¥24 336</td></tr>
<tr><td rowspan="4">销货单位</td><td colspan="6">名　　称:巴城自来水公司</td><td colspan="3" rowspan="4">备注</td></tr>
<tr><td colspan="6">纳税人识别号:219573215900400</td></tr>
<tr><td colspan="6">地址、电话:巴城中兴路 35 号　66025646</td></tr>
<tr><td colspan="6">开户银行及账号:工商银行巴城中兴分理处 65654 3783 3638 7755</td></tr>
</table>

第二联　抵扣联　购货方抵扣凭证

收款人:　　　　复核:　　　　开票人:　　　　销货单位(章)

业务 34

1. **业务描述:**12 月 15 日,转账支付办公室耗材。

出纳:填写转账支票。

会计:根据相关附件编制记账凭证,登记相关明细账。

出纳:根据记账凭证登记银行存款日记账。

3. **附件：**

巴城增值税专用发票

49127798421　　发票联　　No 00151643

开票日期:2012 年 12 月 15 日

<table>
<tr><td rowspan="4">购货单位</td><td colspan="4">名　　称:多味多食品有限公司</td><td colspan="4" rowspan="4">密码区</td></tr>
<tr><td colspan="4">纳税人识别号:50090000236751</td></tr>
<tr><td colspan="4">地址、电话:巴城渝南路 18 号　68594732</td></tr>
<tr><td colspan="4">开户银行及账号:中国银行巴城分行兰桂路支行　626135690704</td></tr>
<tr><td colspan="2">货物或应税劳务名　　称</td><td>规格型号</td><td>单位</td><td>数量</td><td>单价</td><td>金　　额</td><td>税率</td><td>税　　额</td></tr>
<tr><td colspan="2">微机打印纸</td><td>A4</td><td>包</td><td>10</td><td>40</td><td>400</td><td>17%</td><td>68</td></tr>
<tr><td colspan="2">硒鼓</td><td>A-9</td><td>个</td><td>4</td><td>400</td><td>1 600</td><td>17%</td><td>272</td></tr>
<tr><td colspan="2"></td><td></td><td></td><td></td><td></td><td></td><td></td><td></td></tr>
<tr><td colspan="2">合　计</td><td></td><td></td><td></td><td></td><td>2 000</td><td></td><td>340</td></tr>
<tr><td colspan="2">价税合计(大写)</td><td colspan="7">贰仟叁佰肆拾元整　　　　(小写)¥2 340</td></tr>
<tr><td rowspan="4">销货单位</td><td colspan="4">名　　称:巴城智通办公用品公司</td><td colspan="4" rowspan="4">备注</td></tr>
<tr><td colspan="4">纳税人识别号:219573215923789</td></tr>
<tr><td colspan="4">地址、电话:巴城冯德路 12 号　66025646</td></tr>
<tr><td colspan="4">开户银行及账号:工商银行巴城冯德路分理处　65654 3783 3638 7755</td></tr>
</table>

收款人:　　　复核:　　　开票人:　　　销货单位(章)

第一联　发票联　购货方记账凭证

巴城增值税专用发票

49127798421　　抵扣联　　No 00151643

开票日期:2012 年 12 月 15 日

<table>
<tr><td rowspan="4">购货单位</td><td colspan="4">名　　称:多味多食品有限公司</td><td colspan="4" rowspan="4">密码区</td></tr>
<tr><td colspan="4">纳税人识别号:50090000236751</td></tr>
<tr><td colspan="4">地址、电话:巴城渝南路 18 号　68594732</td></tr>
<tr><td colspan="4">开户银行及账号:中国银行巴城分行兰桂路支行　626135690704</td></tr>
<tr><td colspan="2">货物或应税劳务名　　称</td><td>规格型号</td><td>单位</td><td>数量</td><td>单价</td><td>金　　额</td><td>税率</td><td>税　　额</td></tr>
<tr><td colspan="2">微机打印纸</td><td>A4</td><td>包</td><td>10</td><td>40</td><td>400</td><td>17%</td><td>68</td></tr>
<tr><td colspan="2">硒鼓</td><td>A-9</td><td>个</td><td>4</td><td>400</td><td>1 600</td><td>17%</td><td>272</td></tr>
<tr><td colspan="2"></td><td></td><td></td><td></td><td></td><td></td><td></td><td></td></tr>
<tr><td colspan="2">合　计</td><td></td><td></td><td></td><td></td><td>2 000</td><td></td><td>340</td></tr>
<tr><td colspan="2">价税合计(大写)</td><td colspan="7">贰仟叁佰肆拾元整　　　　(小写)¥2 340</td></tr>
<tr><td rowspan="4">销货单位</td><td colspan="4">名　　称:巴城智通办公用品公司</td><td colspan="4" rowspan="4">备注</td></tr>
<tr><td colspan="4">纳税人识别号:219573215923789</td></tr>
<tr><td colspan="4">地址、电话:巴城冯德路 12 号　66025646</td></tr>
<tr><td colspan="4">开户银行及账号:工商银行巴城冯德路分理处　65654 3783 3638 7755</td></tr>
</table>

收款人:　　　复核:　　　开票人:　　　销货单位(章)

第二联　抵扣联　购货方抵扣凭证

<table>
<tr><td rowspan="2">中国银行
转账支票存根
Ⅶ00512313
科　　目________
对方科目________
出票日期　　年　月　日</td><td colspan="2">中国银行　转账支票　Ⅶ00512313</td></tr>
<tr><td>本支票付款期限10天</td><td>出票日期(大写)　　年　　月　　日　付款行名称:
收款人:　　　　　　出票人账号:</td></tr>
<tr><td>收款人:</td><td rowspan="3"></td><td>人民币
(大写)　　　亿 千 百 十 万 千 百 十 元 角 分</td></tr>
<tr><td>金额:</td><td>用　途__________</td></tr>
<tr><td>用途:</td><td>上列款项请从我账户内支付</td></tr>
<tr><td>单位主管　　会计</td><td></td><td>出票人签章　　　　复核　　　记账</td></tr>
</table>

业务 35

1. **业务描述**:12 月 16 日,从优渥农产品公司购入 1 780 公斤牛奶。
2. **业务流程及岗位责任**:

业务员:填写材料入库单。

出纳:填写转账支票。

会计:根据相关附件编制记账凭证,登记相关明细账。

出纳:根据记账凭证登记银行存款日记账、原材料明细账。

3. **附件**:

巴城增值税专用发票

49127798421　　　　发票联　　　　No 00151641

开票日期:2012 年 12 月 16 日

<table>
<tr><td rowspan="4">购货单位</td><td colspan="4">名　　称:多味多食品有限公司</td><td colspan="4" rowspan="4">密码区</td></tr>
<tr><td colspan="4">纳税人识别号:50090000236751</td></tr>
<tr><td colspan="4">地址、电话:巴城渝南路 18 号　68594732</td></tr>
<tr><td colspan="4">开户银行及账号:中国银行巴城分行兰桂路支行　626135690704</td></tr>
<tr><td colspan="2">货物或应税劳务名称</td><td>规格型号</td><td>单位</td><td>数量</td><td>单价</td><td>金　额</td><td>税率</td><td>税　额</td></tr>
<tr><td colspan="2">牛奶</td><td></td><td>公斤</td><td>1 780</td><td>32</td><td>56 960</td><td>17%</td><td>9 683.2</td></tr>
<tr><td colspan="2"></td><td></td><td></td><td></td><td></td><td></td><td></td><td></td></tr>
<tr><td colspan="2"></td><td></td><td></td><td></td><td></td><td></td><td></td><td></td></tr>
<tr><td colspan="2"></td><td></td><td></td><td></td><td></td><td></td><td></td><td></td></tr>
<tr><td colspan="2">合　计</td><td></td><td></td><td></td><td></td><td>56 960</td><td>17%</td><td>9 683.2</td></tr>
<tr><td colspan="2">价税合计(大写)</td><td colspan="7">陆万陆仟陆佰肆拾叁元贰角　　　　(小写)¥66 643.2</td></tr>
<tr><td rowspan="4">销货单位</td><td colspan="4">名　　称:优渥农产品公司</td><td colspan="4" rowspan="4">备注</td></tr>
<tr><td colspan="4">纳税人识别号:201249060902344</td></tr>
<tr><td colspan="4">地址、电话:北城丰收路 12 号　62673376</td></tr>
<tr><td colspan="4">开户银行及账号:工商银行城南市大兴路分理处　63432 15614572 4422</td></tr>
</table>

第一联　发票联　购货方记账凭证

收款人:　　　　复核:　　　　开票人:　　　　销货单位(章)

巴城增值税专用发票

49127798421　　抵扣联　　No 00151641

开票日期：2012 年 12 月 16 日

购货单位	名　　称：多味多食品有限公司				密码区			
	纳税人识别号：500900000236751							
	地址、电话：巴城渝南路 18 号　68594732							
	开户银行及账号：中国银行巴城分行兰桂路支行　626135690704							
货物或应税劳务名称	规格型号	单位	数量	单价	金　额	税率	税　额	
牛奶		公斤	1 780	32	56 960	17%	9 683.2	
合　计					56 960	17%	9 683.2	
价税合计（大写）	陆万陆仟陆佰肆拾叁元贰角				（小写）￥66 643.2			
销货单位	名　　称：优渥农产品公司				备注			
	纳税人识别号：281249860982344							
	地址、电话：北城丰收路 12 号　62673376							
	开户银行及账号：工商银行城南市大兴路分理处　63432 15614572 4422							

第二联　抵扣联　购货方抵扣凭证

收款人：　　复核：　　开票人：　　销货单位（章）

中国银行 转账支票存根 **Ⅶ00512314** 科　目____ 对方科目____ 出票日期　年　月　日 收款人： 金额： 用途： 单位主管　会计	中国银行　转账支票　**Ⅶ00512314** 出票日期（大写）　年　月　日　付款行名称： 收款人：　出票人账号： 本支票付款期限10天 人民币（大写）　亿 千 百 十 万 千 百 十 元 角 分 用　途____ 上列款项请从我账户内支付 出票人签章　复核　记账

业务 36

1. **业务描述：**12 月 16 日，一车间、二车间各领用劳保用品 200 套。

2. **业务流程及岗位责任：**

业务员：填写周转材料领用单。

会计：根据周转材料领用单编制记账凭证，登记相关明细账。

出纳：根据记账凭证登记周转材料明细账。

业务 37

1. **业务描述**：12 月 16 日，一车间报废上月领取的劳保用品 8 500 元。

2. **业务流程及岗位责任**：

业务员：填写报废单。

出纳：根据转账支票填写进账单。

会计：根据相关附件编制记账凭证，登记相关明细账。

出纳：根据记账凭证登记银行存款日记账、周转材料明细账。

3. **附件**：

多味多食品公司周转材料报废单

年　月　日

部门：

劳保用品原值：

摊销方法：

领用日期		领用数量		已摊销金额		备注
报废日期		报废数量		摊销金额		
				摊销合计		

申请人：　　　　　　　　审批人：

中国工商银行　转账支票　Ⅶ08704132

本支票付款期限10天

出票日期（大写）贰零壹贰年拾贰月拾柒日　　付款行名称：工行明路兴分理处

收款人：多味多食品有限公司　　出票人账号：699333670

人民币（大写）	亿	千	百	十	万	千	百	十	元	角	分
叁万伍仟元整				¥	3	5	0	0	0	0	0

用　途　付货款

上列款项请从我账户内支付

出票人签章　　　　复核　　　　记账

中国银行　进账单　（回单）　1

年　月　日

付款人	全　称		收款人	全　称	
	账　号			账　号	
	开户银行			开户银行	

金额	人民币（大写）	亿	千	百	十	万	千	百	十	元	角	分

票据种类	转账支票	
票据张数	1张	
复核　记账		开户银行盖章

此联是开户银行交给持（出）票人的回单

业务 38

1. **业务描述：**12 月 17 日，收到尚品糕点的货款 35 000 元。

2. **业务流程及岗位责任：**

会计：根据相关附件编制记账凭证，登记相关明细账。

出纳：根据记账凭证登记银行存款日记账。

3. **附件：**

中国工商银行　转账支票　Ⅶ08704132

本支票付款期限10天

出票日期(大写)贰零壹贰年拾贰月拾柒日　　付款行名称：工行明路兴分理处

收款人：多味多食品有限公司　　出票人账号：699333670

人民币(大写)	亿	千	百	十	万	千	百	十	元	角	分
叁万伍仟元整				¥	3	5	0	0	0	0	0

用　途　付货款

上列款项请从我账户内支付

出票人签章　　复核　　记账

中国银行　进账单　(回单)　1

年　月　日

付款人	全　称		收款人	全　称	
	账　号			账　号	
	开户银行			开户银行	

金额	人民币(大写)	亿	千	百	十	万	千	百	十	元	角	分

票据种类	转账支票	
票据张数	1 张	
复核　记账		开户银行盖章

此联是开户银行交给持(出)票人的回单

业务 39

1. **业务描述：**12 月 17 日，向南区永辉超市销售以下产品，收到货款。

产品名称	单位	数量
牛角面包	公斤	5 000
豆沙面包	公斤	7 000

2. **业务流程及岗位责任：**

业务员：开具增值税发票，将发票联和抵扣联交给市场部业务员。开具产品出库单，将③仓库联交给出纳，留存第①和②联。购货单位信息如下：

名　　称:南区永辉超市
纳税人识别号:580467934209872
地址、电话:南区路38号　43567038
开户银行及账号:工商行南区分理处　56799061

会计:根据相关附件编制记账凭证,登记相关明细账。

出纳:根据产品出库单③仓库联登记库存商品明细账,根据记账凭证登记银行存款日记账。

3. **附件:**

中国银行　转账支票　Ⅶ00512315

本支票付款期限10天

出票日期(大写)贰零壹贰年拾贰月拾柒日　付款行名称:工商银行南区分理处

收款人:多味多食品有限公司　出票人账号:56799061

人民币（大写）	柒拾陆万玖仟捌百陆拾元整	亿	千	百	十	万	千	百	十	元	角	分
				¥	7	6	9	8	6	0	0	0

用　途　购货

上列款项请从我账户内支付

出票人签章　复核　记账

中国银行　进账单　(回单)　1

年　月　日

付款人	全　称		收款人	全　称	
	账　号			账　号	
	开户银行			开户银行	

金额	人民币（大写）	亿	千	百	十	万	千	百	十	元	角	分

票据种类	转账支票	
票据张数	1张	
复核　记账		开户银行盖章

此联是开户银行交给持(出)票人的回单

巴城增值税专用发票

49124435421　　发票联　　No　00121203

开票日期：　　年　　月　　日

<table>
<tr><td rowspan="4">购货单位</td><td colspan="4">名　　称：</td><td colspan="4" rowspan="4">密码区</td></tr>
<tr><td colspan="4">纳税人识别号：</td></tr>
<tr><td colspan="4">地址、电话：</td></tr>
<tr><td colspan="4">开户银行及账号：</td></tr>
<tr><td colspan="2">货物或应税劳务名称</td><td>规格型号</td><td>单位</td><td>数量</td><td>单价</td><td>金　额</td><td>税率</td><td>税　额</td></tr>
<tr><td colspan="2"></td><td></td><td></td><td></td><td></td><td></td><td></td><td></td></tr>
<tr><td colspan="2"></td><td></td><td></td><td></td><td></td><td></td><td></td><td></td></tr>
<tr><td colspan="2">合　计</td><td></td><td></td><td></td><td></td><td></td><td></td><td></td></tr>
<tr><td colspan="2">价税合计（大写）</td><td colspan="7">（小写）￥</td></tr>
<tr><td rowspan="4">销货单位</td><td colspan="4">名　　称：</td><td colspan="4" rowspan="4">备注</td></tr>
<tr><td colspan="4">纳税人识别号：</td></tr>
<tr><td colspan="4">地址、电话：</td></tr>
<tr><td colspan="4">开户银行及账号：</td></tr>
</table>

收款人：　　复核：　　开票人：　　销货单位（章）

第一联　发票联　购货方记账凭证

巴城增值税专用发票

49124435421　　抵扣联　　No　00121203

开票日期：　　年　　月　　日

<table>
<tr><td rowspan="4">购货单位</td><td colspan="4">名　　称：</td><td colspan="4" rowspan="4">密码区</td></tr>
<tr><td colspan="4">纳税人识别号：</td></tr>
<tr><td colspan="4">地址、电话：</td></tr>
<tr><td colspan="4">开户银行及账号：</td></tr>
<tr><td colspan="2">货物或应税劳务名称</td><td>规格型号</td><td>单位</td><td>数量</td><td>单价</td><td>金　额</td><td>税率</td><td>税　额</td></tr>
<tr><td colspan="2"></td><td></td><td></td><td></td><td></td><td></td><td></td><td></td></tr>
<tr><td colspan="2"></td><td></td><td></td><td></td><td></td><td></td><td></td><td></td></tr>
<tr><td colspan="2">合　计</td><td></td><td></td><td></td><td></td><td></td><td></td><td></td></tr>
<tr><td colspan="2">价税合计（大写）</td><td colspan="7">（小写）￥</td></tr>
<tr><td rowspan="4">销货单位</td><td colspan="4">名　　称：</td><td colspan="4" rowspan="4">备注</td></tr>
<tr><td colspan="4">纳税人识别号：</td></tr>
<tr><td colspan="4">地址、电话：</td></tr>
<tr><td colspan="4">开户银行及账号：</td></tr>
</table>

收款人：　　复核：　　开票人：　　销货单位（章）

第二联　抵扣联　购货方抵扣凭证

巴城增值税专用发票

49124435421　　　　　　　　记账联　　　　　　　　No　00121203

开票日期：　　　年　　月　　日

<table>
<tr><td rowspan="4">购货单位</td><td colspan="3">名　　称：</td><td colspan="5" rowspan="4">密码区</td><td rowspan="12">第三联　记账联　销货方记账凭证</td></tr>
<tr><td colspan="3">纳税人识别号：</td></tr>
<tr><td colspan="3">地址、电话：</td></tr>
<tr><td colspan="3">开户银行及账号：</td></tr>
<tr><td colspan="2">货物或应税劳务名称</td><td>规格型号</td><td>单位</td><td>数量</td><td>单价</td><td>金　额</td><td>税率</td><td>税　额</td></tr>
<tr><td colspan="2"></td><td></td><td></td><td></td><td></td><td></td><td></td><td></td></tr>
<tr><td colspan="2"></td><td></td><td></td><td></td><td></td><td></td><td></td><td></td></tr>
<tr><td colspan="2">合　计</td><td></td><td></td><td></td><td></td><td></td><td></td><td></td></tr>
<tr><td colspan="2">价税合计（大写）</td><td colspan="7">（小写）¥</td></tr>
<tr><td rowspan="4">销货单位</td><td colspan="3">名　　称：</td><td colspan="5" rowspan="4">备注</td></tr>
<tr><td colspan="3">纳税人识别号：</td></tr>
<tr><td colspan="3">地址、电话：</td></tr>
<tr><td colspan="3">开户银行及账号：</td></tr>
</table>

收款人：　　　　复核：　　　　开票人：　　　　销货单位(章)

业务 40

1. **业务描述**：12 月 18 日，从优渥农产品公司购入生菜 1 300 公斤，单价 4 元，计划成本 4 元，办理银行承兑汇票支付货款。

2. **业务流程及岗位责任**：

业务员：填写材料入库单。

出纳：办理银行承兑汇票。

会计：根据相关附件编制记账凭证，登记相关明细账。

出纳：根据记账凭证登记银行存款日记账、原材料明细账。

3. **附件：**

巴城增值税专用发票

45491442321　　发票联　　No 00171768

开票日期：2012年12月18日

<table>
<tr><td rowspan="4">购货单位</td><td colspan="3">名　　称：多味多食品有限公司</td><td colspan="5" rowspan="4">密码区</td></tr>
<tr><td colspan="3">纳税人识别号：50090000236751</td></tr>
<tr><td colspan="3">地址、电话：巴城渝南路18号　68594732</td></tr>
<tr><td colspan="3">开户银行及账号：中国银行巴城分行兰桂路支行　626135690704</td></tr>
<tr><td colspan="2">货物或应税劳务名称</td><td>规格型号</td><td>单位</td><td>数量</td><td>单价</td><td>金额</td><td>税率</td><td>税额</td></tr>
<tr><td colspan="2">生菜</td><td></td><td>公斤</td><td>1 300</td><td>4</td><td>5 200</td><td>17%</td><td>884</td></tr>
<tr><td colspan="2"></td><td></td><td></td><td></td><td></td><td></td><td></td><td></td></tr>
<tr><td colspan="2">合　计</td><td></td><td></td><td></td><td></td><td>5 200</td><td>17%</td><td>884</td></tr>
<tr><td colspan="2">价税合计（大写）</td><td colspan="7">陆仟零捌拾四元整　　（小写）￥6 084.00</td></tr>
<tr><td rowspan="4">销货单位</td><td colspan="3">名　　称：优渥农产品公司</td><td colspan="5" rowspan="4">备注</td></tr>
<tr><td colspan="3">纳税人识别号：281249860982344</td></tr>
<tr><td colspan="3">地址、电话：北城丰收路12号　62673376</td></tr>
<tr><td colspan="3">开户银行及账号：工商银行城南市大兴路分理处　63432 15614572 4422</td></tr>
</table>

收款人：　　复核：　　开票人：　　销货单位（章）

第一联　发票联　购货方购账凭证

巴城增值税专用发票

45491442321　　抵扣联　　No 00171768

开票日期：2012年12月18日

<table>
<tr><td rowspan="4">购货单位</td><td colspan="3">名　　称：多味多食品有限公司</td><td colspan="5" rowspan="4">密码区</td></tr>
<tr><td colspan="3">纳税人识别号：50090000236751</td></tr>
<tr><td colspan="3">地址、电话：巴城渝南路18号　68594732</td></tr>
<tr><td colspan="3">开户银行及账号：中国银行巴城分行兰桂路支行　626135690704</td></tr>
<tr><td colspan="2">货物或应税劳务名称</td><td>规格型号</td><td>单位</td><td>数量</td><td>单价</td><td>金额</td><td>税率</td><td>税额</td></tr>
<tr><td colspan="2">生菜</td><td></td><td>公斤</td><td>1 300</td><td>4</td><td>5 200</td><td>17%</td><td>884</td></tr>
<tr><td colspan="2"></td><td></td><td></td><td></td><td></td><td></td><td></td><td></td></tr>
<tr><td colspan="2">合　计</td><td></td><td></td><td></td><td></td><td>5 200</td><td>17%</td><td>884</td></tr>
<tr><td colspan="2">价税合计（大写）</td><td colspan="7">陆仟零捌拾四元整　　（小写）￥6 084.00</td></tr>
<tr><td rowspan="4">销货单位</td><td colspan="3">名　　称：优渥农产品公司</td><td colspan="5" rowspan="4">备注</td></tr>
<tr><td colspan="3">纳税人识别号：281249860982344</td></tr>
<tr><td colspan="3">地址、电话：北城丰收路12号　62673376</td></tr>
<tr><td colspan="3">开户银行及账号：工商银行城南市大兴路分理处　63432 15614572 4422</td></tr>
</table>

收款人：　　复核：　　开票人：　　销货单位（章）

第二联　抵扣联　购货方抵扣凭证

银行承兑协议(存根)　　1

编号：

银行承兑汇票的内容：
收款人全称＿＿＿＿＿＿＿＿　付款人全称＿＿＿＿＿＿＿＿
开户银行　＿＿＿＿＿＿＿＿　开户银行　＿＿＿＿＿＿＿＿
账　　号　＿＿＿＿＿＿＿＿　账　　号　＿＿＿＿＿＿＿＿
汇票号码　＿＿＿＿＿＿＿＿　汇票金额(大写)＿＿＿＿＿＿＿＿
签发日期＿＿年＿＿月＿＿日　到期日期＿＿年＿＿月＿＿日

以上汇票经承兑银行承兑，承兑申请人(下称申请人)愿遵守《银行结算办法》的规定以及下列条款：

一、申请人于汇票到期日前将应付票款足额交存承兑银行。

二、承兑手续费按票面金额万分之(五)计划，在银行承兑时一次付清。

三、承兑汇票如发生任何交易纠纷，均由收付双方自行处理，票款于到期前仍按第一条办理。

四、承兑汇票到期日，承兑银行凭票无条件支付票款。如到期日之前申请人不能足额交付票款，承兑银行对不足支付票款转作承兑申请逾期贷款，并按照有关规定计收罚息。

五、承兑汇票款付清后，本协议自动失效。

本协议第一、二联分别由承兑银行信贷部门和承兑申请人存执，协议副本由承兑银行会计部门存查。

承兑申请人签章：　　　　承兑银行签章：

订立承兑协议日期：　　　　年　　月　　日

业务41

1. **业务描述：**12月18日，按以下资料购入材料。

酵母	1 000 kg	价格 32
火腿	1 000 kg	价格 15
盐	750	价格 4.5

2. **业务流程及岗位责任：**

业务员：填写材料入库单。

出纳：填写转账支票。

会计：根据相关附件编制记账凭证，登记相关明细账。

出纳：根据记账凭证登记银行存款日记账、原材料明细账。

3. **附件：**

巴城增值税专用发票

45491442321

发票联

No 00171768

开票日期：2012 年 12 月 18 日

<table>
<tr><td rowspan="4">购货单位</td><td colspan="4">名　　称：多味多食品有限公司</td><td colspan="4" rowspan="4">密码区</td></tr>
<tr><td colspan="4">纳税人识别号：50090000236751</td></tr>
<tr><td colspan="4">地址、电话：巴城渝南路 18 号　68594732</td></tr>
<tr><td colspan="4">开户银行及账号：中国银行巴城分行兰桂路支行　626135690704</td></tr>
<tr><td colspan="2">货物或应税劳务名称</td><td>规格型号</td><td>单位</td><td>数量</td><td>单价</td><td>金　额</td><td>税率</td><td>税　额</td></tr>
<tr><td colspan="2">酵母</td><td></td><td></td><td>1 000</td><td>32</td><td>32 000</td><td>17%</td><td>5 440</td></tr>
<tr><td colspan="2">火腿</td><td></td><td></td><td>1 000</td><td>15</td><td>15 000</td><td></td><td>2 550</td></tr>
<tr><td colspan="2">盐</td><td></td><td></td><td>750</td><td>4.5</td><td>3 375</td><td></td><td>573.75</td></tr>
<tr><td colspan="2">合　计</td><td></td><td></td><td></td><td></td><td>50 375</td><td>17%</td><td>8 563.75</td></tr>
<tr><td colspan="2">价税合计（大写）</td><td colspan="7">伍万捌仟玖佰叁拾捌元柒角伍分　　（小写）¥58 938.75</td></tr>
<tr><td rowspan="4">销货单位</td><td colspan="4">名　　称：优渥农产品公司</td><td colspan="4" rowspan="4">备注</td></tr>
<tr><td colspan="4">纳税人识别号：281249860982344</td></tr>
<tr><td colspan="4">地址、电话：北城丰收路 12 号　62673376</td></tr>
<tr><td colspan="4">开户银行及账号：工商银行城南市大兴路分理处　63432 15614572 4422</td></tr>
</table>

第一联　发票联　购货方记账凭证

收款人：　　复核：　　开票人：　　销货单位（章）

巴城增值税专用发票

抵扣联

45491442321　　　　No 00171768

开票日期：2012 年 12 月 18 日

购货单位	名　　称：多味多食品有限公司 纳税人识别号：50090000236751 地址、电话：巴城渝南路 18 号　68594732 开户银行及账号：中国银行巴城分行兰桂路支行　626135690704	密码区					
货物或应税劳务名称	规格型号	单位	数量	单价	金额	税率	税额
酵母			1 000	32	32 000	17%	5 440
火腿			1 000	15	15 000		2 550
盐			750	4.5	3 375		573.75
合　计					50 375	17%	8 563.75
价税合计（大写）	伍万捌仟玖佰叁拾捌元柒角伍分　　（小写）￥58 938.75						
销货单位	名　　称：优渥农产品公司 纳税人识别号：281249860982344 地址、电话：北城丰收路 12 号　62673376 开户银行及账号：工商银行城南市大兴路分理处　63432 15614572 4422	备注					

第二联　抵扣联　购货方抵扣凭证

收款人：　　　复核：　　　开票人：　　　销货单位（章）

中国银行 转账支票存根 Ⅶ00512316 科　　目＿＿＿＿ 对方科目＿＿＿＿ 出票日期　　年　月　日 收款人： 金额： 用途： 单位主管　　　会计	中国银行　转账支票　Ⅶ00512316 本支票付款期限10天 出票日期（大写）　　年　　月　　日　付款行名称： 收款人：　　　　出票人账号： 人民币（大写）　　亿 千 百 十 万 千 百 十 元 角 分 用　途＿＿＿＿ 上列款项请从我账户内支付 出票人签章　　　　复核　　　记账

业务 42

1. **业务描述**：12 月 18 日，第二车间领用生菜 1 300 公斤。

2. **业务流程及岗位责任：**

业务员：开具材料出库单，将③仓库联交给出纳，留存第①和②联。

出纳：根据材料出库单登记原材料明细账。

业务 43

1. **业务描述：**12 月 18 日，按以下资料领用包装材料。

包装物	牛角面包包装袋	包	100
	豆沙面包包装袋	包	100
	猪肉三明治盒	个	100
	火腿三明治盒	个	100

2. **业务流程及岗位责任：**

业务员：开具周转材料出库单，将③仓库联交给出纳，留存第①和②联。

会计：根据周转材料仓库单编制记账凭证。

出纳：根据周转材料出库单登记周转材料明细账。

业务 44

1. **业务描述：**12 月 19 日，销售火腿三明治和猪肉三明治各 5 000 公斤。

2. **业务流程及岗位责任：**

业务员：开具增值税发票，将发票联和抵扣联交给市场部业务员。开具产品出库单，将③仓库联交给出纳，留存第①和②联。购货单位信息如下：

名　　称：北京一味糕点公司
纳税人识别号：580467934206574
地址、电话：北京隆庆街路 38 号　43567038
开户银行及账号：工商行隆庆街分理处　56792874

会计：根据相关附件编制记账凭证，登记相关明细账。

出纳：根据产品出库单③仓库联登记库存商品明细账，根据记账凭证登记银行存款日记账。

3. **附件：**

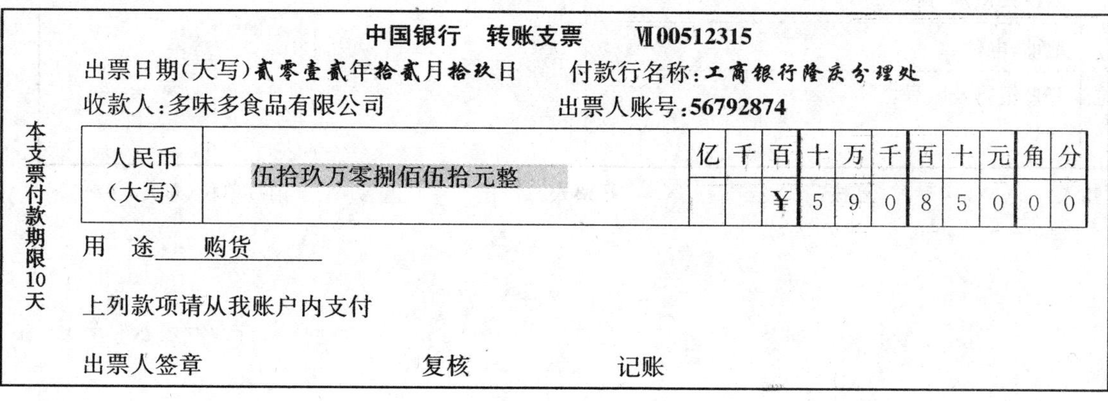

中国银行　转账支票　Ⅶ00512315

出票日期(大写)贰零壹贰年拾贰月拾玖日　　付款行名称：工商银行隆庆分理处

收款人：多味多食品有限公司　　出票人账号：56792874

本支票付款期限10天

人民币(大写)	伍拾玖万零捌佰伍拾元整	亿	千	百	十	万	千	百	十	元	角	分
				¥	5	9	0	8	5	0	0	0

用　途　购货

上列款项请从我账户内支付

出票人签章　　复核　　记账

中国银行　进账单　（回单）　　1

年　　月　　日

付款人	全　称		收款人	全　称	
	账　号			账　号	
	开户银行			开户银行	
金额	人民币（大写）		亿 千 百 十 万 千 百 十 元 角 分		
票据种类	转账支票				
票据张数	1张				
复核　　记账			开户银行盖章		

此联是开户银行交给持（出）票人的回单

巴城增值税专用发票

49124435421　　　　发票联　　　　No　00121203

开票日期：　　年　　月　　日

购货单位	名　　称：	密码区
	纳税人识别号：	
	地址、电话：	
	开户银行及账号：	

货物或应税劳务名称	规格型号	单位	数量	单价	金　额	税率	税　额
合　计							
价税合计（大写）				（小写）￥			

销货单位	名　　称：	备注
	纳税人识别号：	
	地址、电话：	
	开户银行及账号：	

收款人：　　　　复核：　　　　开票人：　　　　销货单位（章）

第一联　发票联　销货方记账凭证

巴城增值税专用发票

49124435421　　抵扣联　　No 00121203

开票日期：　年　月　日

购货单位	名　　称： 纳税人识别号： 地址、电话： 开户银行及账号：	密码区					
货物或应税劳务名称	规格型号	单位	数量	单价	金　额	税率	税　额
合　计							
价税合计（大写）	（小写）¥						
销货单位	名　　称： 纳税人识别号： 地址、电话： 开户银行及账号：	备注					

收款人：　复核：　开票人：　销货单位（章）

第二联　抵扣联　购货方抵扣凭证

巴城增值税专用发票

49124435421　　记账联　　No 00121203

开票日期：　年　月　日

购货单位	名　　称： 纳税人识别号： 地址、电话： 开户银行及账号：	密码区					
货物或应税劳务名称	规格型号	单位	数量	单价	金　额	税率	税　额
合　计							
价税合计（大写）	（小写）¥						
销货单位	名　　称： 纳税人识别号： 地址、电话： 开户银行及账号：	备注					

收款人：　复核：　开票人：　销货单位（章）

第三联　记账联　销货方记账凭证

业务 45

1. **业务描述**：12 月 19 日，第一车间报废烤箱一台。

2. **业务流程及岗位责任**：

会计：根据相关附件编制记账凭证，登记相关明细账。

3. **附件**：

多味多食品有限公司固定资产报废申请单

申请日期：2012 年 12 月 19 日

报废原因：正常报废

资产类别	机器设备	资产名称	电烤箱	规格	CC－47
数量	1	单位成本	24 700	总金额	24 700
单位原值	24 700	单位残值	2 470	年折旧率	9%
预计使用年限	10 年	已使用年限	10 年	已提折旧	22 230.00
使用部门	第一车间	技术鉴定小组意见	同意报废	主管部门意见	同意报废

业务 46

1. **业务描述**：12 月 20 日，支付工人清理费用 400 元，残值 864 元，结转固定资产处置损益。

2. **业务流程及岗位责任**：

业务员：填写费用报销单。

出纳：收回残值变现收入，填开收据。

会计：根据相关附件编制记账凭证，登记相关明细账。

出纳：根据记账凭证登记现金日记账。

3. **附件**：

多味多食品有限公司费用报销单

年　　月　　日

部门名称					
费用项目					
序号	品名	单价	数量	金额	备注
1					
2					
3					
合计					
备注					
结算方式	1. 冲借款________元；2. 转账________元；3. 现金付讫________元。				
报销人签字或证明人签字：					
审批人：			审核人：		

收　据

年　月　日　　　　00219604

今收到			第三联 会计凭证
交来			
人民币（大写）			
单位印章	会计主管	收款人	
经手人			

业务47

1. **业务描述：**12月20日，缴纳车辆保险费。

2. **业务流程及岗位责任：**

会计：根据相关附件编制记账凭证，登记相关明细账。

出纳：用现金付讫，根据记账凭证登记现金日记账。

3. **附件：**

收　据

2012年12月20日

今收到 多味多食品有限公司				第三联 会计凭证
交来 2013年车辆保险费				
人民币（大写）叁仟贰佰元整			￥3 200	
单位印章	会计主管	收款人 燕飞	经手人 马燕	

业务48

1. **业务描述：**12月20日，按以下资料领用材料。

	材料编号	材料名称	计量单位	计划单价	数量
第一车间	ZL01	低筋面粉	公斤	7	2 200
	ZL02	植物油	公斤	16	2 000
	ZL03	白砂糖	公斤	6	3 700
	ZL04	鸡蛋	公斤	14	4 600
	ZL05	牛奶	升	30	1 000
	ZL06	黄油	公斤	40	1 000
	ZL07	椰汁	公斤	25	1 020
	ZL08	高筋面粉	公斤	10	820
	ZL09	红豆	公斤	33	3 900
第二车间	ZL10	芝士	公斤	40	800
	ZL12	猪肉	公斤	12	2 500
	FL01	盐	公斤	5	350
	FL02	泡打粉	公斤	20	3 440
	FL03	酵母	公斤	35	700

2. **业务流程及岗位责任：**

业务员：开具材料出库单，将③仓库联交给出纳，留存第①和②联。

出纳：根据材料出库单登记原材料明细账。

业务 49

1. **业务描述：**12 月 21 日，产品入库。

牛角面包	10 000 kg
豆沙面包	12 000 kg
火腿三明治	16 000 kg
猪肉三明治	18 000 kg

2. **业务流程及岗位责任：**

业务员：填写产品入库单。

出纳：根据产品入库单第③联登记库存商品明细账。

业务 50

1. **业务描述：**12 月 21 日，买入华盛公司债券，到期还本付息，票面利率 12.5%，面值 200 000 元，未到期利息 25 000 元。佣金 225 元，印花税 67.5 元(到期日为 2013 年 7 月 1 日)。

2. **业务流程及岗位责任：**

会计：根据相关附件编制记账凭证，登记相关明细账。

出纳：登记相关明细账。

3. **附件：**

上海证券中央登记结算公司

21/12/2012　　　　债券成交过户交割单　　　　买

客户编号 电脑编号 客户名称	B0984657365 5087768 华盛公司债券	成交证券类别 成交证券名称 成交数量	债券 华盛债权 1 000
申报编号 申报时间 成交时间	26758 2012 年 12 月 21 日 2012 年 12 月 21 日	成交价格 成交金额 佣金	225 225 000 225
上次余额 本次成交 本次余额	0 100(手) 100(手)	印花税 应付金额 附加费用	67.5 225 292.5

业务 51

1. **业务描述：**12 月 22 日，支票支付展览费 10 000 元。

2. **业务流程及岗位责任：**

业务员：填写报销单。

出纳：开具转账支票。

会计：根据相关附件编制记账凭证，登记相关明细账。

出纳：根据记账凭证登记银行存款日记账。

3. **附件：**

服务业普通发票

发票号码：№06965

购货单位：多味多食品有限公司　　2012 年 12 月 22 日

品　名	规　格	单　位	数　量	单　价	金额 万	千	百	十	元	角	分
展览费				10 000	1	0	0	0	0	0	0
合　计					1	0	0	0	0	0	0
金额大写(人民币合计)：壹万元整											

第二联　发票联

开票：陈敏　　收款：百丽

中国银行
转账支票存根
Ⅶ00362310
科　　目______
对方科目______
出票日期　　年　月　日

收款人：
金额：
用途：

单位主管　　会计

本支票付款期限10天

中国银行　转账支票　Ⅶ00362310

出票日期(大写)　　年　　月　　日　付款行名称：
收款人：　　出票人账号：

人民币(大写)	亿	千	百	十	万	千	百	十	元	角	分

用　途______

上列款项请从我账户内支付

出票人签章　　复核　　记账

多味多食品有限公司费用报销单

年　　月　　日

部门名称					
费用项目					
序号	品名	单价	数量	金额	备注
1					
2					
3					
合计					
备注					
结算方式	1. 冲借款______元；2. 转账______元；3. 现金付讫______元。				
报销人签字或证明人签字：					
审批人：			审核人：		

业务 52

1. **业务描述**：12 月 22 日，从清河面粉厂购入高筋面粉 5 000 kg。

2. **业务流程及岗位责任**：

业务员：填写材料入库单。

会计：根据相关附件编制记账凭证，登记相关明细账。

出纳：根据记账凭证登记银行存款日记账、原材料明细账。

3. **附件**：

中国银行
转账支票存根
Ⅶ00512318

科　　目＿＿＿＿＿＿
对方科目＿＿＿＿＿＿
出票日期　　年　月　日

收款人：
金额：
用途：

单位主管　　会计

中国银行　转账支票　Ⅶ00512318

本支票付款期限10天

出票日期(大写)　　年　　月　　日　付款行名称：
收款人：　　　　　　　　　出票人账号：

人民币(大写)	亿	千	百	十	万	千	百	十	元	角	分

用　途＿＿＿＿＿＿

上列款项请从我账户内支付

出票人签章　　　　　复核　　　　记账

巴城增值税专用发票

45491442321　　　发票联　　　No　00171768

开票日期：2012 年 12 月 22 日

购货单位	名　称：多味多食品有限公司 纳税人识别号：50090000236751 地址、电话：巴城渝南路 18 号　68594732 开户银行及账号：中国银行巴城分行兰桂路支行　626135690704			密码区			
货物或应税劳务名称	规格型号	单位	数量	单价	金　额	税率	税　额
高筋面粉		公斤	5 000	11	55 000	17%	9 350
合　计					55 000	17%	9 350
价税合计(大写)	陆万肆仟叁佰伍拾元整				(小写)¥64 350.00		
销货单位	名　称：清河面粉有限公司 纳税人识别号：986240982600100 地址、电话：巴城中凯路 15 号　62681203 开户银行及账号：工商银行巴城中凯分理处 63432 1561 8183 2200			备注			

第一联　发票联　购货方购货凭证

收款人：　　　　复核：　　　　开票人：　　　　销货单位(章)

巴城增值税专用发票

45491442321　　抵扣联　　No 00171768

开票日期:2012 年 12 月 22 日

<table>
<tr><td rowspan="4">购货单位</td><td colspan="4">名　　称:多味多食品有限公司</td><td colspan="4" rowspan="4">密码区</td></tr>
<tr><td colspan="4">纳税人识别号:50090000236751</td></tr>
<tr><td colspan="4">地址、电话:巴城渝南路 18 号　68594732</td></tr>
<tr><td colspan="4">开户银行及账号:中国银行巴城分行兰桂路支行　626135690704</td></tr>
<tr><td colspan="2">货物或应税劳务名称</td><td>规格型号</td><td>单位</td><td>数量</td><td>单价</td><td>金　额</td><td>税率</td><td>税　额</td></tr>
<tr><td colspan="2">高筋面粉</td><td></td><td>公斤</td><td>5 000</td><td>11</td><td>55 000</td><td>17%</td><td>9 350</td></tr>
<tr><td colspan="2"></td><td></td><td></td><td></td><td></td><td></td><td></td><td></td></tr>
<tr><td colspan="2"></td><td></td><td></td><td></td><td></td><td></td><td></td><td></td></tr>
<tr><td colspan="2">合　计</td><td></td><td></td><td></td><td></td><td>55 000</td><td>17%</td><td>9 350</td></tr>
<tr><td colspan="2">价税合计(大写)</td><td colspan="7">陆万肆仟叁佰伍拾元整　　(小写)￥64 350.00</td></tr>
<tr><td rowspan="4">销货单位</td><td colspan="4">名　　称:清河面粉有限公司</td><td colspan="4" rowspan="4">备注</td></tr>
<tr><td colspan="4">纳税人识别号:986240982600100</td></tr>
<tr><td colspan="4">地址、电话:巴城中凯路 15 号　62681203</td></tr>
<tr><td colspan="4">开户银行及账号:工商银行巴城中凯分理处　63432 1561 8183 2200</td></tr>
</table>

第二联　抵扣联　购货方抵扣凭证

收款人:　　复核:　　开票人:　　销货单位(章)

业务 53

1. **业务描述:**12 月 23 日,按以下资料领用材料。

第二车间	低筋面粉	4 000 kg
	鸡蛋	9 000 kg

2. **业务流程及岗位责任:**

业务员:开具材料出库单,将③仓库联交给出纳,留存第①和②联。

出纳:根据材料出库单登记原材料明细账。

业务 54

1. **业务描述:**12 月 23 日,销售 6 000 kg 牛角面包、6 000 kg 豆沙面包。

2. **业务流程及岗位责任:**

业务员:开具增值税发票,将发票联和抵扣联交给市场部业务员。开具产品出库单,将③仓库联交给出纳,留存第①和②联。购货单位信息如下:

名　　称：重庆好味糕点公司
纳税人识别号：580467934209872
地址、电话：重庆新牌坊路 38 号　43563565
开户银行及账号：工商行新牌坊支行　56790013

会计：根据相关附件编制记账凭证，登记相关明细账。

出纳：根据产品出库单③仓库联登记库存商品明细账，根据记账凭证登记银行存款日记账。

3. **附件**：

中国银行　转账支票　Ⅶ00512315

本支票付款期限10天

出票日期(大写)贰零贰贰年拾贰月拾叁日　　付款行名称：工商银行新牌坊支行

收款人：多味多食品有限公司　　出票人账号：56790013

人民币（大写）	柒拾柒万贰仟贰佰元整	亿	千	百	十	万	千	百	十	元	角	分
				¥	7	7	2	2	0	0	0	0

用　途　购货

上列款项请从我账户内支付

出票人签章　　复核　　记账

中国银行　进账单　(回单)　1

年　月　日

付款人	全　称		收款人	全　称	
	账　号			账　号	
	开户银行			开户银行	

金额	人民币（大写）	亿	千	百	十	万	千	百	十	元	角	分

票据种类	转账支票	
票据张数	1张	
复核　记账		开户银行盖章

此联是开户银行交给持（出）票人的回单

巴城增值税专用发票

49124435421　　发票联　　No　00121203

开票日期：　　年　　月　　日

<table>
<tr><td rowspan="4">购货单位</td><td colspan="4">名　　称：</td><td colspan="4" rowspan="4">密码区</td></tr>
<tr><td colspan="4">纳税人识别号：</td></tr>
<tr><td colspan="4">地址、电话：</td></tr>
<tr><td colspan="4">开户银行及账号：</td></tr>
<tr><td colspan="2">货物或应税劳务名称</td><td>规格型号</td><td>单位</td><td>数量</td><td>单价</td><td>金　额</td><td>税率</td><td>税　额</td></tr>
<tr><td colspan="2"></td><td></td><td></td><td></td><td></td><td></td><td></td><td></td></tr>
<tr><td colspan="2"></td><td></td><td></td><td></td><td></td><td></td><td></td><td></td></tr>
<tr><td colspan="2">合　计</td><td></td><td></td><td></td><td></td><td></td><td></td><td></td></tr>
<tr><td colspan="2">价税合计（大写）</td><td colspan="7">（小写）¥</td></tr>
<tr><td rowspan="4">销货单位</td><td colspan="4">名　　称：</td><td colspan="4" rowspan="4">备注</td></tr>
<tr><td colspan="4">纳税人识别号：</td></tr>
<tr><td colspan="4">地址、电话：</td></tr>
<tr><td colspan="4">开户银行及账号：</td></tr>
</table>

第一联　发票联　购货方记账凭证

收款人：　　复核：　　开票人：　　销货单位（章）

巴城增值税专用发票

49124435421　　抵扣联　　No　00121203

开票日期：　　年　　月　　日

<table>
<tr><td rowspan="4">购货单位</td><td colspan="4">名　　称：</td><td colspan="4" rowspan="4">密码区</td></tr>
<tr><td colspan="4">纳税人识别号：</td></tr>
<tr><td colspan="4">地址、电话：</td></tr>
<tr><td colspan="4">开户银行及账号：</td></tr>
<tr><td colspan="2">货物或应税劳务名称</td><td>规格型号</td><td>单位</td><td>数量</td><td>单价</td><td>金　额</td><td>税率</td><td>税　额</td></tr>
<tr><td colspan="2"></td><td></td><td></td><td></td><td></td><td></td><td></td><td></td></tr>
<tr><td colspan="2"></td><td></td><td></td><td></td><td></td><td></td><td></td><td></td></tr>
<tr><td colspan="2">合　计</td><td></td><td></td><td></td><td></td><td></td><td></td><td></td></tr>
<tr><td colspan="2">价税合计（大写）</td><td colspan="7">（小写）¥</td></tr>
<tr><td rowspan="4">销货单位</td><td colspan="4">名　　称：</td><td colspan="4" rowspan="4">备注</td></tr>
<tr><td colspan="4">纳税人识别号：</td></tr>
<tr><td colspan="4">地址、电话：</td></tr>
<tr><td colspan="4">开户银行及账号：</td></tr>
</table>

第二联　抵扣联　购货方抵扣凭证

收款人：　　复核：　　开票人：　　销货单位（章）

巴城增值税专用发票

49124435421　　　　记账联　　　　No 00121203

开票日期：　　年　　月　　日

<table>
<tr><td rowspan="4">购货单位</td><td colspan="4">名　　称：</td><td colspan="4" rowspan="4">密码区</td></tr>
<tr><td colspan="4">纳税人识别号：</td></tr>
<tr><td colspan="4">地址、电话：</td></tr>
<tr><td colspan="4">开户银行及账号：</td></tr>
<tr><td colspan="2">货物或应税劳务名称</td><td>规格型号</td><td>单位</td><td>数量</td><td>单价</td><td>金　额</td><td>税率</td><td>税　额</td></tr>
<tr><td colspan="2"></td><td></td><td></td><td></td><td></td><td></td><td></td><td></td></tr>
<tr><td colspan="2"></td><td></td><td></td><td></td><td></td><td></td><td></td><td></td></tr>
<tr><td colspan="2">合　计</td><td></td><td></td><td></td><td></td><td></td><td></td><td></td></tr>
<tr><td colspan="2">价税合计（大写）</td><td colspan="7">（小写）¥</td></tr>
<tr><td rowspan="4">销货单位</td><td colspan="4">名　　称：</td><td colspan="4" rowspan="4">备注</td></tr>
<tr><td colspan="4">纳税人识别号：</td></tr>
<tr><td colspan="4">地址、电话：</td></tr>
<tr><td colspan="4">开户银行及账号：</td></tr>
</table>

第三联　记账联　销货方记账凭证

收款人：　　　复核：　　　开票人：　　　销货单位（章）

业务 55

1. **业务描述：**12 月 24 日，第一生产车间报销费用 3 740 元。

2. **业务流程及岗位责任：**

业务员：填写报销单。

会计：根据相关附件编制记账凭证，登记相关明细账。

出纳：用现金付讫，根据记账凭证登记现金日记账。

3. **附件：**

原始凭证粘贴单

2012 年 12 月 24 日　　　　单位：元

<table>
<tr><td rowspan="6">附件请粘贴在背后</td><td>用途</td><td>金额</td><td>经费开支渠道</td><td rowspan="7">附件共 10 张</td></tr>
<tr><td>机器润滑油</td><td>560</td><td rowspan="5">生产车间
备用金报销</td></tr>
<tr><td>车辆通行费</td><td>860</td></tr>
<tr><td>零部件</td><td>1 070</td></tr>
<tr><td>市交通费</td><td>1 250</td></tr>
<tr><td>合计</td><td>3 740</td></tr>
<tr><td colspan="2">合计人民币（大写）叁仟柒佰肆拾元整</td><td colspan="2">小写：¥3 740</td></tr>
</table>

业务 56

1. **业务描述：**12 月 25 日，报销业务招待费 27 800 元。

2. **业务流程及岗位责任：**

业务员：填写报销单。

出纳：根据报销单开具转账支票。

会计：根据相关附件编制记账凭证，登记相关明细账。

出纳：根据记账凭证登记银行存款日记账。

3. **附件**：

服务业普通发票

发票号码：№06973

2012 年 12 月 25 日

购货单位：多味多食品有限公司

品　名	规　格	单　位	数　量	单　价	金　额						
					万	千	百	十	元	角	分
业务招待费				27 800	2	7	8	0	0	0	0
合　计					2	7	8	0	0	0	0
金额大写（人民币合计）：贰万柒仟捌佰元整											

第二联　发票联

开票：林峰　　　　收款：王珂

中国银行 转账支票存根 Ⅶ00512320	本支票付款期限10天	中国银行　转账支票　Ⅶ00512320
科　　目＿＿＿＿＿＿ 对方科目＿＿＿＿＿＿ 出票日期　　年　月　日		出票日期（大写）　　年　　月　　日　付款行名称： 收款人：　　　　　　　　出票人账号：
收款人： 金额： 用途：		人民币（大写）　｜亿｜千｜百｜十｜万｜千｜百｜十｜元｜角｜分｜ 用　途＿＿＿＿＿＿ 上列款项请从我账户内支付
单位主管　　会计		出票人签章　　　　复核　　　　记账

多味多食品有限公司费用报销单

年　　月　　日

部门名称					
费用项目					
序号	品名	单价	数量	金额	备注
1					
2					
3					
合计					
备注					
结算方式	1. 冲借款＿＿＿＿元；2. 转账＿＿＿＿元；3. 现金付讫＿＿＿＿元。				
报销人签字或证明人签字：					
审批人：			审核人：		

业务 57

1. **业务描述**：12 月 26 日，销售火腿三明治和猪肉三明治各 7 000 kg。

2. **业务流程及岗位责任**：

业务员：开具增值税发票，将发票联和抵扣联交给市场部业务员。开具产品出库单，将③仓库联交给出纳，留存第①和②联。购货单位信息如下：

名　　称：北京一味糕点公司
纳税人识别号：580467934206574
地址、电话：北京隆庆街路 38 号　43567038
开户银行及账号：工商行隆庆街分理处　56792874

会计：根据相关附件编制记账凭证，登记相关明细账。

出纳：根据产品出库单③仓库联登记库存商品明细账，根据记账凭证登记银行存款日记账。

3. **附件**：

中国银行　转账支票　Ⅶ003690001

本支票付款期限10天

出票日期（大写）贰零壹贰年拾贰月贰拾陆日　付款行名称：工商银行隆庆分理处

收款人：多味多食品有限公司　出票人账号：56792874

人民币（大写）	捌拾贰万柒仟壹佰玖拾元整	亿	千	百	十	万	千	百	十	元	角	分
				¥	8	2	7	1	9	0	0	0

用　途　购货

上列款项请从我账户内支付

出票人签章　　复核　　记账

巴城增值税专用发票

49124435421　　发票联　　No　00121203

开票日期：　年　月　日

<table>
<tr><td rowspan="4">购货单位</td><td colspan="4">名　　称：</td><td colspan="4" rowspan="4">密码区</td></tr>
<tr><td colspan="4">纳税人识别号：</td></tr>
<tr><td colspan="4">地址、电话：</td></tr>
<tr><td colspan="4">开户银行及账号：</td></tr>
<tr><td colspan="2">货物或应税劳务名称</td><td>规格型号</td><td>单位</td><td>数量</td><td>单价</td><td>金　额</td><td>税率</td><td>税　额</td></tr>
<tr><td colspan="2"></td><td></td><td></td><td></td><td></td><td></td><td></td><td></td></tr>
<tr><td colspan="2"></td><td></td><td></td><td></td><td></td><td></td><td></td><td></td></tr>
<tr><td colspan="2">合　计</td><td></td><td></td><td></td><td></td><td></td><td></td><td></td></tr>
<tr><td colspan="2">价税合计（大写）</td><td colspan="7">（小写）¥</td></tr>
<tr><td rowspan="4">销货单位</td><td colspan="4">名　　称：</td><td colspan="4" rowspan="4">备注</td></tr>
<tr><td colspan="4">纳税人识别号：</td></tr>
<tr><td colspan="4">地址、电话：</td></tr>
<tr><td colspan="4">开户银行及账号：</td></tr>
</table>

第一联　发票联　购货方记账凭证

收款人：　　复核：　　开票人：　　销货单位（章）

巴城增值税专用发票

49124435421　　抵扣联　　No　00121203

开票日期：　年　月　日

<table>
<tr><td rowspan="4">购货单位</td><td colspan="4">名　　称：</td><td colspan="4" rowspan="4">密码区</td></tr>
<tr><td colspan="4">纳税人识别号：</td></tr>
<tr><td colspan="4">地址、电话：</td></tr>
<tr><td colspan="4">开户银行及账号：</td></tr>
<tr><td colspan="2">货物或应税劳务名称</td><td>规格型号</td><td>单位</td><td>数量</td><td>单价</td><td>金　额</td><td>税率</td><td>税　额</td></tr>
<tr><td colspan="2"></td><td></td><td></td><td></td><td></td><td></td><td></td><td></td></tr>
<tr><td colspan="2"></td><td></td><td></td><td></td><td></td><td></td><td></td><td></td></tr>
<tr><td colspan="2">合　计</td><td></td><td></td><td></td><td></td><td></td><td></td><td></td></tr>
<tr><td colspan="2">价税合计（大写）</td><td colspan="7">（小写）¥</td></tr>
<tr><td rowspan="4">销货单位</td><td colspan="4">名　　称：</td><td colspan="4" rowspan="4">备注</td></tr>
<tr><td colspan="4">纳税人识别号：</td></tr>
<tr><td colspan="4">地址、电话：</td></tr>
<tr><td colspan="4">开户银行及账号：</td></tr>
</table>

第二联　抵扣联　购货方抵扣凭证

收款人：　　复核：　　开票人：　　销货单位（章）

巴城增值税专用发票

49124435421　　　　记账联　　　　No　00121203

开票日期：　　年　　月　　日

购货单位	名　　称：	密码区
	纳税人识别号：	
	地址、电话：	
	开户银行及账号：	

货物或应税劳务名称	规格型号	单位	数量	单价	金　额	税率	税　额
合　计							
价税合计（大写）				（小写）¥			

销货单位	名　　称：	备注
	纳税人识别号：	
	地址、电话：	
	开户银行及账号：	

收款人：　　复核：　　开票人：　　销货单位（章）

第三联　记账联　销货方记账凭证

中国银行　进账单　（回单）　1

年　　月　　日

付款人	全　称		收款人	全　称	
	账　号			账　号	
	开户银行			开户银行	

金额	人民币（大写）	亿	千	百	十	万	千	百	十	元	角	分

票据种类	转账支票	
票据张数	1张	
复核　记账		开户银行盖章

此联是开户银行交给持（出）票人的回单

业务58

1. **业务描述：**12月29日，存货盘点，低筋面粉盘亏200 kg，椰汁盘盈120 kg（不考虑材料成本差异）。

2. **业务流程及岗位责任：**

会计：填写存货盘点报告表。

出纳：根据报告表登记存货明细账。

3. **附件：**

存货盘点报告表

2012 年 12 月 29 日

存货类别	计量单位	数量		单价	盘盈		盘亏		原因及处理批示
		账存	实存		数量	金额	数量	金额	
低筋面粉									正常损益计入当期损益
椰汁									
合计									

业务 59

1. **业务描述：**12 月 31 日，产品入库。

第 2 平间	火腿三明治	3 000 kg
	猪肉三明治	2 000 kg

2. **业务流程及岗位责任：**

业务员：填写产品入库单。

出纳：根据产品入库单第③联登记库存商品明细账。

业务 60

1. **业务描述：**12 月 31 日，计算分配 12 月的工资。

(1) 其中生产工人工资一车间 153 600 元，二车间 230 400 元，车间管理人员工资 60 000 元，管理部门工资 70 400 元，销售机构人员工资 41 992 元。

(2) 作为福利，本月每人发放各种产品各 10 公斤，生产工人 60 人(一车间 24 人，二车间 36 人)，车间管理人员 10 人，管理部门 10 人，销售部门 4 人。

2. **业务流程及岗位责任：**

出纳：编制工资分配表、非货币性福利费分配表。

会计：根据相关附件编制记账凭证，登记相关明细账。

3. **附件：**

工资结算分配表

2012 年 12 月 31 日

应借账户			成本项目	分配标准	分配率	分配金额
生产成本	第一车间	牛角面包	直接人工			
		豆沙面包	直接人工			
		小计	直接人工			
	第二车间	猪肉三明治	直接人工			
		火腿三明治	直接人工			
		小计	直接人工			
制造费用	第一车间		职工薪酬			
	第二车间		职工薪酬			
管理费用			职工薪酬			
销售费用			职工薪酬			
合计						

非货币性福利分配表

2012 年 12 月 31 日

应借账户			成本项目	分配标准	分配率	分配金额
生产成本	第一车间	牛角面包	直接人工			
		豆沙面包	直接人工			
		小计	直接人工			
	第二车间	猪肉三明治	直接人工			
		火腿三明治	直接人工			
		小计	直接人工			
制造费用	第一车间		职工薪酬			
	第二车间		职工薪酬			
管理费用			职工薪酬			
销售费用			职工薪酬			
合计						

业务 61

1. **业务描述：**12 月 31 日，结算分配五险一金、职工福利费、工会经费、职工教育经费。

2. **业务流程及岗位责任：**

业务员：编制五险一金、职工福利费、工会经费、职工教育经费结算表。

出纳：编制五险一金、职工福利费、工会经费、职工教育经费分配表。

会计：根据相关附件编制记账凭证，登记相关明细账。

3. **附件：**

五险一金、职工福利费、工会经费、职工教育经费分配表

2012 年 12 月 31 日

应借账户			成本项目	分配标准	分配率	分配金额
生产成本	第一车间	牛角面包	直接人工			
		豆沙面包	直接人工			
		小计	直接人工			
	第二车间	猪肉三明治	直接人工			
		火腿三明治	直接人工			
		小计	直接人工			
制造费用	第一车间		职工薪酬			
	第二车间		职工薪酬			
管理费用			职工薪酬			
销售费用			职工薪酬			
合计						

业务 62

1. **业务描述：**12 月 31 日，汇总本月领料单，编制发料凭证汇总表。

2. **业务流程及岗位责任：**

业务员：汇总本月领料单，编制发料凭证汇总（材料成本差异保留小数点后 4 位，尾差保留在管理费用中）。

会计：根据相关附件编制记账凭证，登记相关明细账（不再登记原材料明细账）。

3. **附件：**

发料凭证汇总表

2012 年 12 月 31 日

应借账户			成本项目	直接计入	分配计入			计划成本合计	差异率	材料成本差异	实际成本
					分配标准	分配率	分配金额				
生产成本	一车间	牛角面包	直接材料								
		豆沙面包	直接材料								
		小计	直接材料								
	二车间	猪肉三明治	直接材料								
		火腿三明治	直接材料								
		小计	直接材料								
合计											

业务 63

1. **业务描述**：12 月 31 日，分配外购电费。

2. **业务流程及岗位责任**：

业务员：编制外购电费分配表。

会计：根据相关附件编制记账凭证，登记相关明细账。

3. **附件**：

电费分配表

2012 年 12 月 31 日

应借账户			成本项目	用量(度)	单价	金额	分配标准	分配率	分配金额
生产成本	第一车间	牛角面包	直接材料						
		豆沙面包	直接材料						
		小计	直接材料	9 400					
	第二车间	猪肉三明治	直接材料						
		火腿三明治	直接材料						
		小计	直接材料	9 000					
制造费用	第一车间		电费	2 800					
	第二车间		电费	2 000					
管理费用			电费	1 800					
合计				25 000					

业务 64

1. **业务描述**：12 月 31 日，分配外购水费。

2. **业务流程及岗位责任**：

业务员：编制外购水费分配表。

会计：根据相关附件编制记账凭证，登记相关明细账。

3. **附件**：

水费分配表

2012 年 12 月 31 日

应借账户			成本项目	用量(吨)	单价	金额	分配标准	分配率	分配金额
生产成本	第一车间	牛角面包	直接材料						
		豆沙面包	直接材料						
		小计	直接材料	3 340					
	第二车间	猪肉三明治	直接材料						
		火腿三明治	直接材料						
		小计	直接材料	3 160					
制造费用	第一车间		水费	400					
	第二车间		水费	700					
管理费用			水费	400					
合计				8 000					

业务 65

1. **业务描述：**12 月 31 日，支付长期借款利息。

2. **业务流程及岗位责任：**

会计：根据相关附件编制记账凭证，登记相关明细账。

出纳：根据记账凭证登记银行存款日记账。

3. **附件：**

中国银行计收利息清单（支款通知）

2012 年 12 月 31 日

<table>
<tr><td>户名</td><td colspan="10">多味多食品有限公司</td><td>账号：632212120005 5599</td></tr>
<tr><td colspan="2">计息起止时间</td><td colspan="9">2012 年 1 月 1 日- 2012 年 12 月 31 日</td><td rowspan="7">左列贷款利息已从你单位账户中扣除。

转账日期：2013 年 12 月 31 日</td></tr>
<tr><td rowspan="4">贷款种类</td><td>贷款账号</td><td>计息日贷款余额</td><td colspan="3">计息积数</td><td colspan="2">利率</td><td colspan="3">利息金额</td></tr>
<tr><td>略</td><td>500 000</td><td colspan="3">略</td><td colspan="2">10%</td><td colspan="3">50 000</td></tr>
<tr><td></td><td></td><td colspan="3"></td><td colspan="2"></td><td colspan="3"></td></tr>
<tr><td></td><td></td><td colspan="3"></td><td colspan="2"></td><td colspan="3"></td></tr>
<tr><td rowspan="2">利息金额
人民币
（大写）</td><td colspan="2" rowspan="2">伍万元整</td><td>十</td><td>万</td><td>千</td><td>百</td><td>十</td><td>元</td><td>角</td><td>分</td></tr>
<tr><td>¥</td><td>5</td><td>0</td><td>0</td><td>0</td><td>0</td><td>0</td><td>0</td></tr>
</table>

单位主管：　　　　会计：　　　　复核：　　　　记账：

业务 66

1. **业务描述：**12 月 31 日，计提短期借款利息。

2. **业务流程及岗位责任：**

会计：编制记账凭证，登记相关明细账。

业务 67

1. **业务描述：**12 月 31 日，计提持有至到期投资利息，利率 12.5%。

2. **业务流程及岗位责任：**

业务员：编制持有至到期投资利息计提表。

会计：根据相关附件编制记账凭证，登记相关明细账。

3. **附件：**

持有至到期投资利息计提表

2012 年 12 月 31 日

持有至到期投资	面值	利率	利息
华盛公司债券			

制表：　　　　审核：

业务 68

1. **业务描述：**12 月 31 日，计提固定资产折旧。

2. **业务流程及岗位责任：**

业务员:编制固定资产折旧计算表。

会计:根据相关附件编制记账凭证,登记相关明细账。

使用单位	类别	年折旧率	本月应计提折旧额(元)
第一车间	房屋及建筑物	4.5%	1 200
	机器设备	9%	1 725
	小计		**2 925**
第二车间	房屋及建筑物	4.5%	937.5
	机器设备	9%	1 500
	小计		**2 437.5**
管理部门	房屋及建筑物	4.5%	1 125
	运输设备	9%	525
	管理设备	9%	225
	小计		**1 875**
合计			**7 237.5**

业务 69

1. **业务描述**:12 月 31 日,分配制造费用。

2. **业务流程及岗位责任**:

业务员:编制制造费用分配表。

会计:根据相关附件编制记账凭证,登记相关明细账。

3. **附件**:

制造费用分配表

2012 年 12 月 31 日

车间:

产品名称	分配标准	分配率	分配金额
合计			

制造费用分配表

2012 年 12 月 31 日

车间:

产品名称	分配标准	分配率	分配金额
合计			

业务 70

1. **业务描述**：12 月 31 日，计算当月完工产品成本，结转入库产品成本（本月月末无在产品）。

2. **业务流程及岗位责任**：

业务员：编制成本计算单。

会计：根据相关附件编制记账凭证，登记相关明细账。

3. **附件**：

产品成本计算单

2012 年 12 月

车间：　　　　产品名称：　　　　产量：

成本项目	期初在产品成本	本月生产费用	生产费用合计	月末在产品成本	完工产品总成本	完工产品单位成本
直接材料						
直接人工						
制造费用						
合计						

复核：　　　　制单：

业务 71

1. **业务描述**：12 月 31 日，结转本月出库产品的成本（尾差保留在月末结存商品中）。

2. **业务流程及岗位责任**：

业务员：编制出库产品成本汇总表。

会计：根据相关附件编制记账凭证，登记相关明细账。

3. **附件**：

出库商品汇总表

2012 年 12 月 31 日

产品名称	单价	销售	
		数量	金额
牛角面包			
豆沙面包			
猪肉三明治			
火腿三明治			
合计			

业务 72

1. **业务描述**：12 月 31 日，计提坏账准备。

2. **业务流程及岗位责任**：

业务员：编制坏账准备计提表。

会计：根据相关附件编制记账凭证，登记相关明细账。

3. **附件**：

坏账准备计提表

2012 年 12 月 31 日

应收账款年末余额	计提比例	坏账准备余额	坏账准备计提数	坏账准备冲销数

制单：　　　　　　　　　　　　　　　　审核：

业务 73

1. **业务描述**：12 月 31 日，摊销无形资产。

2. **业务流程及岗位责任**：

业务员：编制无形资产摊销表。

会计：根据相关附件编制记账凭证，登记相关明细账。

3. **附件**：

无形资产摊销表

2012 年 12 月 31 日

无形资产	使用年限	原值	年摊销额
土地使用权			

制表：　　　　　　　　　　　　　　　　审核：

业务 74

1. **业务描述**：12 月 31 日，计提无形资产减值准备。

2. **业务流程及岗位责任**：

业务员：编制无形资产减值准备计提表。

会计：根据相关附件编制记账凭证，登记相关明细账。

3. **附件**：

无形资产减值准备计提表

2012 年 12 月 31 日

无形资产	公允价值	原值	减值	应提减值准备
商标权	160 000			

制表：　　　　　　　　　　　　　　　　审核：

业务 75

1. **业务描述**：12 月 31 日，结转当月未交增值税。

2. **业务流程及岗位责任**：

业务员：编制未交增值税计算表。

会计：根据相关附件编制记账凭证，登记相关明细账。

3. **附件：**

未交增值税计算表

2012 年 12 月 31 日

销项税额	进项税额	未交增值税

制单：　　　　　　　　　　　　　　　　审核：

业务 76

1. **业务描述：**12 月 31 日，计提当月应交城建税及教育费附加。

2. **业务流程及岗位责任：**

业务员：编制城建税及教育费附加计提表。

会计：根据相关附件编制记账凭证，登记相关明细账。

3. **附件：**

城建税及教育费附加计提表

2012 年 12 月 31 日

计税依据		城市维护建设税		教育费附加	
项目	金额	税率	应纳税额	附加率	应交金额
增值税					
消费税					
营业税					
合计					

业务 77

1. **业务描述：**12 月 31 日，结转损益类账户 12 月发生额，计算全年税前利润。

2. **业务流程及岗位责任：**

业务员：编制税前利润计算表。

会计：根据相关附件编制记账凭证，登记相关明细账。

3. **附件：**

税前利润计算表

2012年12月31日

收入	1-11月发生额	12月发生额	合计	收入	1-11月发生额	12月发生额	合计
合计				合计			

业务78

1. **业务描述：**12月31日，计算应交所得税、所得税费用、递延所得税资产、递延所得税负债。

注1 当年营业收入包括主营业务收入和其他业务收入。

注2 管理费用中含业务招待费25 680元。

注3 销售费用中含广告费43 500元。

2. **业务流程及岗位责任：**

业务员：编制应交所得税计算表、递延所得税计算表。

会计：根据相关附件编制记账凭证，登记相关明细账。

3. **附件：**

应交所得税计算表

2012年12月31日

税前利润		
调整项目	调增	调减
公允价值变动损益		
购入股份的手续费		
业务招待费		
资产减值损失		
合计		
应纳税所得额		
应交所得税		

2012年12月31日

项目	账面价值	计税基础	应纳税暂时性差异	可抵扣暂时性差异	递延所得税负债	递延所得税资产
合计						

业务79

1. **业务描述**：12月31日，结转所得税费用。

2. **业务流程及岗位责任**：

会计：编制记账凭证，登记相关明细账。

业务80

1. **业务描述**：12月31日，结转本年利润。

2. **业务流程及岗位责任**：

会计：编制记账凭证，登记相关明细账。

业务81

1. **业务描述**：12月31日，计提法定盈余公积。

2. **业务流程及岗位责任**：

会计：编制记账凭证，登记相关明细账。

业务82

1. **业务描述**：12月31日，向投资者分配利润。

2. **业务流程及岗位责任**：

业务员：编制应付利润计算表。

会计：编制记账凭证，登记相关明细账。

3. **附件**：

应付利润计算表

2012年12月31日

<table>
<tr><td>上年未分利润</td><td>本年可供分配利润</td><td>可分配利润合计</td><td>分配比例</td><td>应付利润总额</td></tr>
<tr><td></td><td></td><td></td><td></td><td></td></tr>
<tr><td colspan="5">应付利润详细情况</td></tr>
<tr><td colspan="3"></td><td></td><td></td></tr>
<tr><td colspan="3">合计</td><td></td><td></td></tr>
</table>

业务83

1. **业务描述**：12月31日，结转利润分配。

2. **业务流程及岗位责任**：

会计：编制记账凭证，登记相关明细账。